KB075073

10대를 위한

직업의 세계

RIASEC

02

탐구형(I)

스토리텔링연구소 지음

(주) 삼양미디어

CONTENTS

SCIENTIST • 과학자(탐구형) •

PROFESSOR • 교수(탐구형) •

PSYCHOLOGIST • 심리학자(탐구형) •

MATHEMATICIAN • 수학자(탐구형) •

R I A S E C

01 홀랜드 검사란?

세상에는 수많은 직업이 있고, 사람들은 다양한 직업에 종사하며 살아갑니다. 그런데 직업을 가진 어른들 중에서 자신이 정말 원하는 직업을 갖고 있는 경우는 의외로 드물다고 합니다. 자신의 적성과 능력에 잘 맞는 직업을 선택하여 살아간다면 일이 즐겁고, 능력을 발휘할 기회도 많아져서 삶 자체가 더욱 행복해질 수 있겠지요. 그렇지만 자신의 적성과 흥미에 맞는 직업이 무엇인지 아는 일은 쉽지 않습니다. 이럴 때 적성 검사나 흥미 검사를 활용하면 도움이 됩니다. 이러한 검사를 통해 자신이 좋아하고 관심 있는 것과 잘할 수 있는 것을 알 수 있고, 자신의 성격과 장점을 보다 잘 파악할 수 있습니다.

오늘날 진로와 적성을 탐색하는 검사 방법이 많이 개발되어 있는데, 그 중에서 이 책에 소개하고자 하는 것은 홀랜드 검사 방법입니다.

홀랜드 검사는 미국의 저명한 심리학자 존 홀랜드가 사람의 직업적 성격 이론에 근거하여 만든 진로 및 적성 탐색 검사입니다. 홀랜드 검사에서는 이 세상에 존재하는 모든 직업을 특성이나 종사하는 사람들의 성격에 따라 6개의 유형으로 구분하고 있으며, 6가지 진로 유형을 'RIASEC 유형'이라고 합니다. RIASEC은 R형(Realistic, 실재형), I형(Investigative, 탐구형), A형(Artistic, 예술형), S형(Social, 사회형), E형(Enterprising, 기업형), C형(Conventional, 관습형)의 앞 글자를 딴 용어입니다.

• **존 홀랜드**(John L. Holland, 1919~2008) 미국 존스홉킨스 대학 심리학과 명예 교수로서 진로 발달 및 선택 이론인 홀랜드 직업 적성 검사를 개발했습니다. 그가 개발한 '직업적 성격 이론'은 개인의 성격과 직업적 환경과의 상호 연관성에 바탕을 두고 확립되었으며, 이 이론은 현재 전 세계의 진로 발달 및 상담 학계에서 가장 많이 이용되고 있습니다.

그의 저서 〈직업의 선택(Making Vocational Choices)〉은 진로 상담 부문에서 최고의 책으로 인정받고 있으며, 고트프레드슨과 함께 출간한 〈직업 코드 사전(DHOC)〉을 통하여 직업 사전에 있는 거의 모든 직업을 홀랜드 코드화하였습니다. 이러한 공로를 인정받아 1995년 미국 심리학회에서 수여하는 '저명한 학자로서의 학술상'을 받았습니다.

그의 검사 중 특히 홀랜드 SDS(Self Directed Search, 자기 탐색 검사)가 가장 널리 인정받고 있으며, 그 밖에 NEO 청소년 성격 검사, NEO 성인 성격 검사 등도 많이 이용되고 있습니다.

02 홀랜드 검사의 직업 유형 6가지

홀랜드 검사에서는 6가지 유형을 기본으로 하여 검사 결과에서 가장 많이 나타나는 두 가지 유형을 자신의 성격 유형 및 진로 코드로 정합니다(예 SC형). 왜냐하면 한 사람의 유형을 한 가지 유형으로 단정할 수 없기 때문입니다. 경우에 따라 세 가지 유형을 묶어서 표현할 수도 있습니다(예 SCA형). 검사 결과에서 가장 많은 유형을 제1유형, 그 다음으로 제2유형, 제3유형이 결정됩니다.

• 홀랜드의 RIASEC 유형 모형

실재형 (R)

성격 · 적성 말이 적고 운동을 좋아함 / 신체 활동을 좋아하고 소박하고 솔직함 / 성실하며 기계적 적성이 높음

대표 직업 항공기정비사, 항공기조종사, 비파괴검사원, 조리사, 제과제빵사, 칵테일 조주기능사, 소믈리에, 바리스타, 경찰관, 소방관, 안경사, 응급구조사, 연극영화 및 방송기술감독, 자동차기술자, 전기기술자, 치과기공사, 통신기술사

탐구형 (I)

성격 · 적성 탐구심이 많고 논리적이며 분석적임 / 합리적이며 지적 호기심이 많고 수학적 · 화학적 적성이 높음

대표 직업 미래직업트렌드 연구원, 비파괴검사원, 경영컨설턴트, 경제학 연구원, 마케팅 및 여론조사 전문가, 물리학 연구원, 생물학 연구원, 심리학 연구원, 언어치료사, 의사, 치과의사, 통역가, 화학 연구원

관습형 (C)

성격 · 적성 책임감이 강하고 빈틈이 없음 / 조심성이 있고 변화를 좋아하지 않음 / 계획성이 있으며 사무 능력과 계산 능력이 높음

대표 직업 공무원, 경리사무원, 공인회계사, 관세사, 보험계리사, 비서, 사서, 손해사정사, 안전관리사, 증권분석가, 출납창구사무원, 출판물 편집자, 컴퓨터보안전문가(프로그래머), 텔레마케터

R I C A E S

C

A

예술형 (A)

성격 · 적성 상상력이 풍부하고 감수성이 풍부함 / 자유분방하며 개방적임 / 예술적 소질이 있으며 창의적 적성이 높음

대표 직업 헤어디자이너, 메이크업 아티스트, 피부관리사, 건축설계사, 게임그래픽디자이너, 만화가, 음악가, 방송연출가, 작가, 번역가, 사진기자, 안무가, 영화배우 및 탤런트, 인테리어 디자이너, 일러스트레이터, 카피라이터

기업형 (E)

성격 · 적성 지도력과 설득력이 있음 / 열성적이고 경쟁적이며 이상적임 / 외향적이고 통솔력이 있으며 언어 적성이 높음

대표 직업 검사, 광고기획자, 사업가(CEO), 방송기자, 변호사, 정치가, 영업사원, 외교관, 부동산중개인, 선박항해사, 세무사, 아나운서, 연예인 매니저, 행사기획자, 호텔관리자

성격 · 적성 다른 사람에게 친절하고 이해심이 많음 / 남을 잘 도와주고 봉사적임 / 인간관계 능력이 높으며 사람들을 좋아함

대표 직업 경찰, 항공기객실승무원, 이미지컨설턴트, 간호사, 레크레이션 강사, 물리치료사, 미용사, 사회복지사, 상담전문가, 영양사, 유치원 교사, 중고등학교 교사, 직업능력개발훈련 교사

사회형 (S)

03 홀랜드 검사 영역과 진행 순서

홀랜드 검사는 일선 초등학교와 중 · 고등학교에서 학교 차원에서 이루어지기도 하고, 지방 자치 단체에서 청소년들을 대상으로 시행하기도 하며, 한국심리적성검사연구소 등 사설 심리연구소에서도 시행하고 있습니다.

홀랜드 검사 영역은 크게 진로 탐색 검사, 적성 탐색 검사, 자기 탐색 검사(SDS)로 나뉩니다. 검사 주최나 기관에 따라 조금씩 차이가 있지만, 검사 질문지의 주요 내용은 활동적 흥미 66문항, 직업적 흥미 84문항, 성격 72문항, 적성 유능감 66문항, 자기 평정 12문항 등으로 구성됩니다. 그 밖에 가치관에 관한 문항이나 진로 코드의 전공 및 직업 찾기 문항은 검사 영역에 따라 문항 수에 차이가 납니다.

• 홀랜드 검사의 진행 순서

1. 홀랜드 직업적 성격 유형 6가지, 즉 RIASEC의 '기본적 설명과 직업 예'를 보고 자신이 생각하는 유형의 순위를 매깁니다.
2. 자신이 좋아하고 자신에게 잘 맞을 것 같은 학과 및 직업을 〈간편 진로 코드 분류표〉를 이용하여 각각 3개씩 작성합니다.
3. 흥미/가치/성격/능력(유능감)/자기 평정 등 스스로 자기를 점검한다는 생각으로 솔직하게 체크합니다.
4. 검사 전과 검사 후의 코드를 비교하고, 진로 코드 및 유형 간의 일치도/변별도/일관도를 알아보고, 검사 후 밝혀진 객관적인 자기 유형을 알아봅니다.
5. RIASEC 유형에 대해 진행자의 설명을 듣고 이해합니다. 이때 진행자는 '가치관 검사'를 병행할 수도 있습니다.
6. 간편 진로 코드 분류표를 보고, 자신이 좋아하고 관심이 많이 가는 직업(자신의 진로 코드를 기준으로)을 20여 개 정도 알아봅니다.
7. 진행자는 〈직업 정보 시스템〉과 〈직업 사전〉을 통해 직업 정보를 찾아보도록 합니다.

04 홀랜드 검사의 결과 활용

홀랜드 검사 결과로 나온 각 유형별 성격 및 특징, 직업 활동 선호도, 적성 유능감* 및 대표 직업은 다음과 같습니다.

유형	실재형(R형)	탐구형(I형)	예술형(A형)
성격 및 특징	• 남성적이고 솔직하며, 성실하고 검소하다. • 지구력이 있고, 신체적으로 건강하며, 소박하다. • 말수가 적으며 고집이 있고, 직선적이며 단순하다.	• 탐구심이 많고 논리적 · 분석적 · 합리적이다. • 정확하고 지적 호기심이 많으며, 비판적이다. • 내성적이고 수줍음을 잘 타며, 신중하다.	• 상상력과 감수성이 풍부하다. • 자유 분방하며 개방적이다. • 감정이 풍부하고 독창적이며, 개성이 강하다. • 협동성이 떨어진다.
직업 활동 선호도	• 분명하고 질서 정연하며, 체계적인 조작을 주로 하는 기술을 좋아한다. • 교육적이거나 치료적 활동은 좋아하지 않는다.	• 물리적 · 생물학적 · 문화적 현상의 창조적 활동에 흥미를 보인다. • 사회적이고 반복적인 활동에는 관심이 떨어진다.	• 변화와 다양성을 좋아한다. • 체계적이고 구조화된 활동에는 흥미가 없다.
적성 유능감	• 기계를 다루는 능력과 운동 능력은 있으나 대인 관계 능력은 부족하다.	• 연구 능력이 높다. • 학구적이며, 지적인 자부심이 있다. • 수학적 · 과학적 능력은 높으나 지도력이나 설득력은 부족하다.	• 미술적 · 음악적 능력은 있으나, 사무적 기술은 부족하다. • 상징적 · 자유적 · 비체계적인 능력은 있으나 체계적 · 순서적인 능력은 부족하다.
대표 직업	엔지니어, 운동선수, 농부, 요리사, 군인, 항공기 조종사, 항공기 정비사, 전기 기계 기사 등	과학자, 의사, 심리학자, 수학자, 교수, 인류학자, 지질학자, 의료기술자 등	음악가, 작가, 건축가, 방송연출가, 만화가, 무대감독, 배우, 미술가, 무용가, 디자이너 등

* **유능감** 개인이 감각과 운동 능력을 사용하고 발전시키려는 강한 내적 경향성

사회형(S형)	기업형(E형)	관습형(C형)
• 사람들을 좋아하고, 사람들과 어울리는 것을 즐겨한다. • 친절하고 이해심이 많으며, 남을 잘 도와주고, 봉사 정신이 강하다. • 감정적이고 이상주의적이다.	• 지배적이고 통솔력과 지도력이 있다. • 말을 잘하고 설득력이 있다. • 경쟁적이고 야심이 많다. • 외향적이고 낙관적이며, 열성적이다.	• 정확하고 빈틈이 없다. • 조심성이 있으며, 세밀하고 계획성이 있다. • 변화를 좋아하지 않으며 완고하다. • 책임감이 강하다.
• 타인의 문제를 듣고 이해하는 데 흥미를 보이지만, 질서 정연하고 체계적 활동에는 흥미가 없다.	• 조직의 목적과 경제적 이익을 얻기 위해 타인을 이끌고 통제하는 것을 좋아한다. • 권위를 얻거나 남에게 인정받는 활동을 좋아한다. • 관찰적 · 체계적 활동에는 흥미가 없다.	• 정해진 원칙과 계획에 따라 자료를 정리 · 조작하는 일을 좋아한다. • 창의적 · 자율적 · 모험적인 활동에는 혼란을 느낀다.
• 사회적 · 교육적 지도력과 대인관계 능력은 있으나, 기계를 다루는 능력과 과학적 능력은 부족하다.	• 적극적이고 사회적이다. • 지도력과 언어 능력은 있으나 과학적인 능력은 부족하다. • 대인 관계 능력과 남을 설득하는 능력은 있으나 체계적 능력은 부족하다.	• 사무적이며 계산적이다. • 회계 정리 능력은 있지만 예술적인 면이나 상상하는 능력은 부족한 편이다. • 체계성 · 정확성은 있으나 탐구적 · 독창적 능력은 부족하다.
교육자, 사회복지사, 경찰, 항공기 객실승무원, 간호사, 종교지도자, 상담사, 임상치료사, 언어치료사 등	사업가(CEO), 정치가, 변호사, 영업사원, 외교관, 관리자 등	공인회계사, 행정공무원, 비서, 은행원, 컴퓨터보안전문가(프로그래머), 경제분석가, 세무사, 경리사원, 감사원, 안전관리사, 사서, 법무사 등

홀랜드 검사를 통해 자신의 적성과 흥미를 파악한 후, 미래에 종사하고 싶은 직업을 정했다면 이제 목표를 이루기 위해 꾸준히 노력해야 합니다. 이렇게 하고 싶은 일을 일찍 준비하여 능력을 가꾸어 나간다면 꿈을 이루는 순간이 더욱 빨리 찾아올 것입니다.

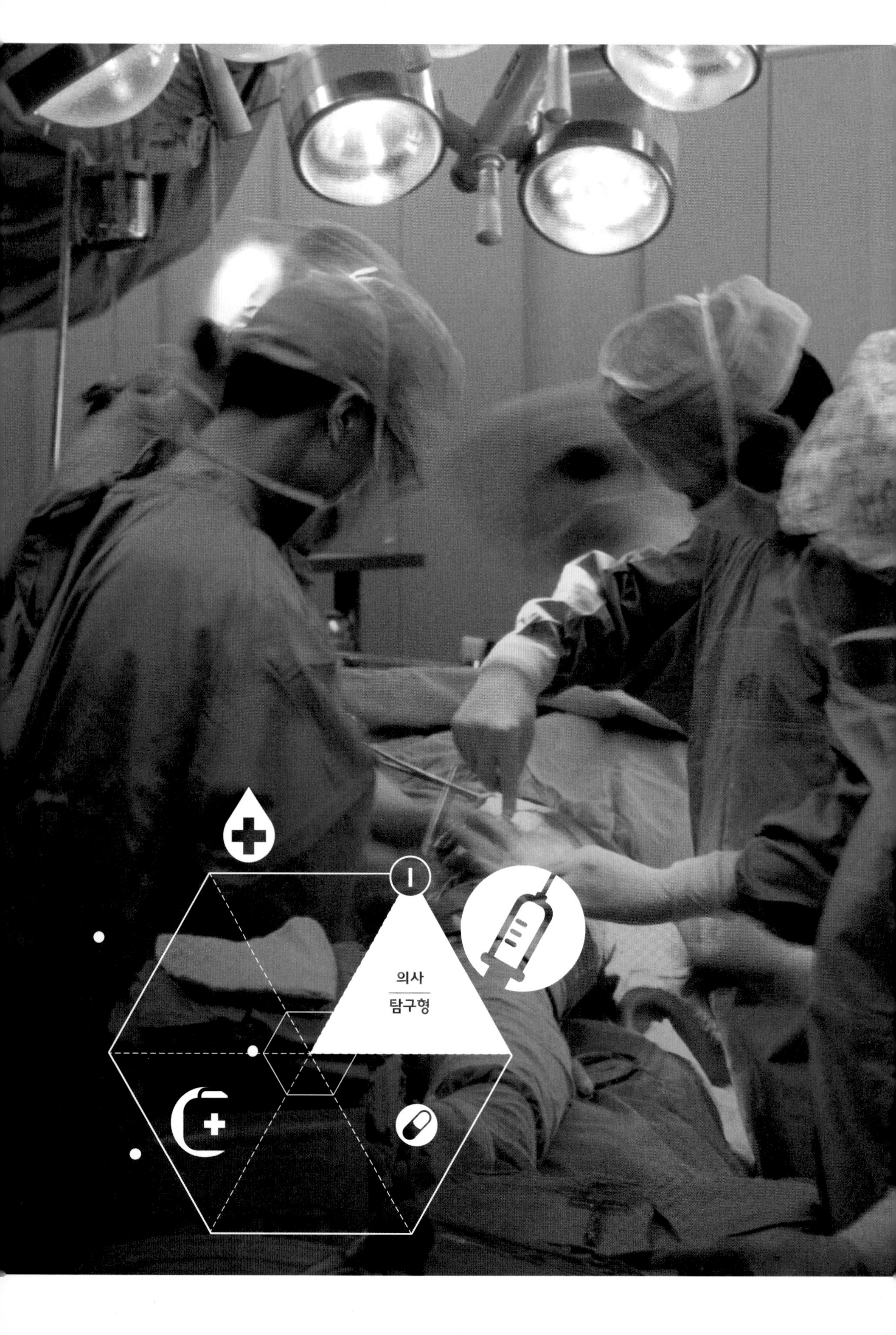
I
의사
탐구형

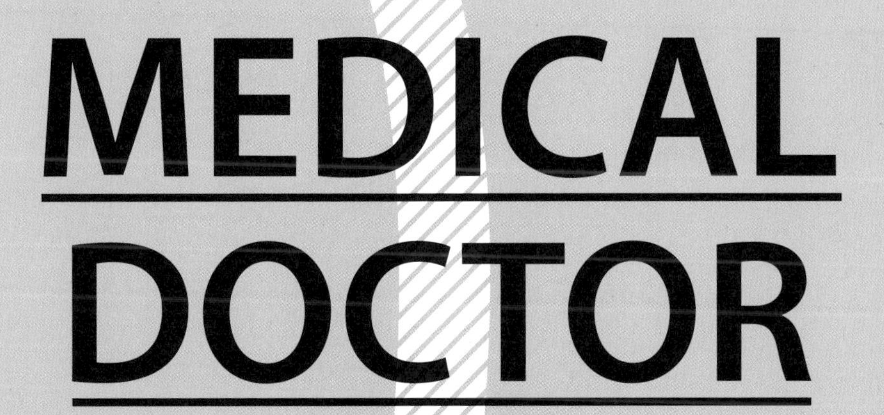

MEDICAL DOCTOR

의사(탐구형)

의사는 청소년들 사이에서 인기 있는 직업 중 하나입니다. 많은 청소년들이 의사가 되고 싶어 하는 까닭은 아픈 사람들을 치료해 주면서도 안정적으로 돈을 벌 수 있고, 사회적으로 존경도 받을 수 있기 때문입니다. 또한 어릴 때부터 병원에 가면 의사 선생님을 쉽게 만날 수 있어서 의사라는 직업에 대해 친근감이 크기 때문일 것입니다.

01 의사 이야기

1 의사란?

의사는 환자들의 상처, 질병, 통증 등 아픈 곳을 낫게 해 줍니다. 병원에 환자들이 찾아오면 어디가 불편하고 아픈지 환자의 말을 잘 들어본 다음, 체온이나 혈압을 재고 청진기를 통해 진찰합니다. 그리고 의학 지식을 이용하여 환자의 상태를 판단하여 진단을 내리고 병을 낫게 하거나 아픔을 덜어 줄 약을 처방합니다. 그런데 앞의 간단한 진찰로 병의 원인이 판단되지 않을 때는 혈액 검사나 소변 검사, 방사선 촬영 등의 검사를 통해 병의 원인을 찾고, 수술이 필요하다면 직접 수술을 하거나 대학병원 등의 상급 병원으로 보내기도 합니다. 환자의 병이 자신의 전문 분야가 아닌 경우에는 관련 분야의 전문의를 환자에게 추천하기도 합니다. 그리고 환자를 치료한 후에는 건강을 위해 주의할 점 등을 환자와 가족에게 설명하여 병이 재발되지 않도록 합니다.

의사는 이렇게 아픈 사람의 병을 낫게 하는 일도 하지만 건강한 사람들이 건강을 유지할 수 있도록 도와주는 일도 합니다. 독감 예방 주사와 같이 병을 예방하기 위해 백신을 처방하기도 하고, 예방 효과가 있는 음식을 권장하기도 합니다.

어떤 의사들은 전쟁이나 기아, 전염병, 지진 같은 재해로 인해 사람들이 위험에 빠진 지역이나 의료 혜택이 미치지 않는 오지에서 구호 활동을 하기도 합니다. 이들은 사람을 치료하고 생명을 구하는 일뿐만 아니라 현지에서 의사들을 키워 내기도 하고, 병원을 세우는 데 참여하기도 합니다.

Tip

잘 알려진 의료 구호 단체로 '국경 없는 의사회'가 있습니다. 이들은 정치, 경제, 종교에 구애받지 않고 어려움에 처한 세계 각 지역의 주민들을 구호하고 있습니다.

2 의사가 되려면

의사는 돈도 많이 벌고 사람들에게 존경받는 직업이라고 생각하지만 어려운 점도 많습니다. 항상 아픈 사람을 만나서 불만과 고통을 들어주어야 하고, 의학 지식과 기술을 동원하여 환자를 진찰하고 질병을 찾아

적절한 치료를 해야 하기 때문에 튼튼한 체력과 판단력, 정교한 손 기술이 필요합니다. 또한 내 몸이 아프고 피곤하더라도 환자를 친절하게 보살펴야 하는 만큼 생명을 귀하게 여기는 마음과 희생정신이 필요합니다. 그리고 나날이 발전하는 의료 기술을 익히기 위해 끊임없이 공부해야 합니다.

이런 많은 어려움을 이겨내고 훌륭한 의사가 되려면 사회에 꼭 필요한 일을 하고 있다는 사명감이 있어야 합니다.

3 의사가 되는 과정

우선 의과대학에 들어가야 합니다. 의과대학은 의예과 2년, 의학과 4년, 총 6년으로 구성되어 있습니다. 6년 동안의 의과대학 공부를 마치고 의사국가면허시험을 봐서 합격하면 의사가 될 수 있습니다.

의과대학에 입학하지 못한 경우에도 의사가 될 수 있는 방법이 있습니다. 전공에 상관없이 4년제 일반 대학을 졸업하고 다시 시험을 쳐서 4년제 의학전문대학원에 진학하면 됩니다. 의학전문대학원을 졸업하고 나서 의사국가면허시험에 합격하면 의사가 될 수 있습니다.

의사 면허를 딴 후 특정한 전문 분야를 선택하지 않고 진료하는 의사를 일반 의사라고 하며, 의사 면허를 딴 후 인턴과 레지던트 과정을 거쳐 다시 전문의 자격시험에 합격한 사람을 전문의라고 합니다.

4 의사의 종류

사람의 몸이 복잡한 만큼 다양한 분야를 전공한 의사들이 있습니다. 우리가 잘 알고 있는 내과의사와 외과의사가 있고, 그 밖에 정형외과, 흉부외과, 신경외과, 성형외과, 소아과, 산부인과, 안과, 이비인후과, 피부과, 비뇨기과, 신경과, 정신과, 진단방사선과, 치료방사선과, 마취과, 임상병리과 등 다양한 분야의 의사가 있습니다. 이렇듯 다양한 과로 나뉘어 있어서 아픈 증상과 부위에 따라 알맞은 진료를 받을 수 있습니다.

Tip

이 밖에도 의사의 종류에는 치아를 치료하는 치과의사, 동양의 의학으로 치료하는 한의사, 동물들의 건강을 돌보고 아픈 데를 치료하는 수의사 등이 있습니다.

5 의사의 직업 전망

요즘 의사의 수가 늘어남에 따라 의사가 된다고 해서 무조건 돈을 많이 벌 수 있다는 생각이 바뀌고 있습니다. 경쟁률이 심해서 대학병원 등에 취직하기도 어렵고, 동네에 병원을 차려도 잘 되지 않아 문을 닫는 경우도 많기 때문이다. 그렇지만 생활수준이 높아지면서 사람들이 건강하게 오래 살 수 있는 것에 관심을 보이고 있으며, 노인 인구가 증가하면서 이들을 돌볼 의사도 점점 더 필요해질 것입니다. 따라서 의사라는 직업은 앞으로도 안정적인 고수입을 올릴 수 있으면서 사회적인 존경도 받는 직업군에 속할 것입니다.

02 의사의 종류

의사의 종류는 전공 분야에 따라 무척 다양합니다. 수술을 많이 하는 의사도 있고, 정신적인 분야를 다루기 때문에 수술을 전혀 하지 않는 의사도 있습니다. 수술을 많이 하는 의사는 외과 의사를 비롯하여 정형외과, 신경외과, 흉부외과, 성형외과 의니다. 그 밖에 안과, 산부인과, 이비인후과, 비뇨기과, 피도 간혹 수술을 하고, 내과의사는 필요한 경우에 내시경을 을 합니다.

지금부터 내과 의사와 외과 의사를 중심으로 자세히 살 분야의 의사들이 하는 일들도 간단히 알아보기로 합니다.

1 내과 의사

사람들이 감기에 걸리거나 열이 나고 배가 아프면 일반적으로 동네의 내과병원에 가서 진료를 받습니다. 나이 어린 환자들을 치료해 주는 소아청소년과도 넓게 보면 내과에 속합니다.

내과 의사는 우리 몸속인 내장 기관에 생기는 병이나 장애, 알레르기 등을 진료하고 치료합니다. 감기나 배탈처럼 가벼운 질환에서부터 폐렴, 결핵, 암 같은 큰 병에 이르기까지 수많은 질병을 다룹니다. 엑스레이 촬영, 혈액 검사, 내시경 검사 등 각종 검사와 진찰을 통해 진단하고, 약과 물리 요법으로 치료하며, 수술은 거의 하지 않지만 간혹 내시경을 이용해서 하기도 합니다.

동네의 내과병원에서는 감기나 소화불량 등 사람들이 일상 속에서 자주 겪는 불편함이나 병을 진찰하지만, 대학병원이나 종합병원에 가면 내과가 세분화되어 있습니다. 먼저 간, 위장, 대장, 소장처럼 소화에 관여하는 기관에 이상이 느껴지면 소화기내과에 가서 진료를 받고, 혈액이 우리 온몸을 도는 과정과 관계된 기관에 문제가 있다면 순환기(심장) 내과에서 진료를 받아야 합니다. 또한 우리 피에서 노폐물을 걸러 주는 콩팥에 이상이 생기면 신장내과에 가야 하고, 숨 쉬는 기관인 폐와 관련된 질환은 호흡기내과에 가야 합니다.

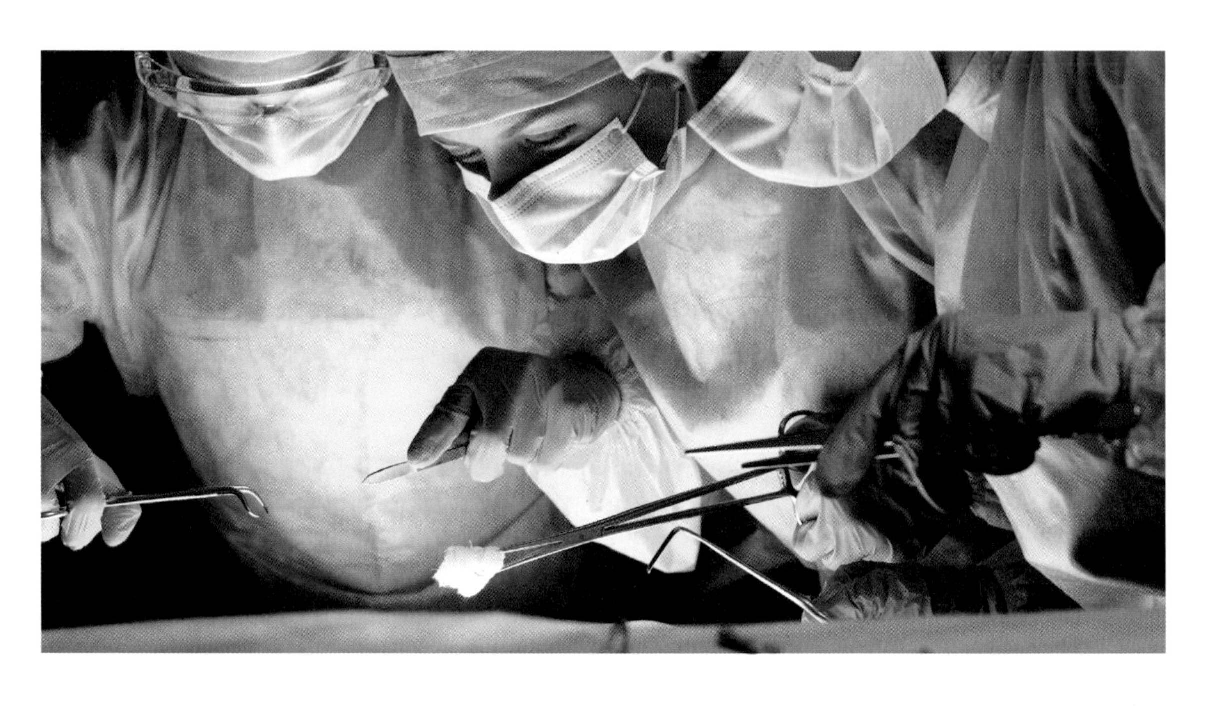

Tip

대학병원이나 종합병원에서 일하는 외과 의사는 분야별로 수술 팀을 만들어서 일합니다. 각자 특정한 신체 부위를 전문적으로 다루지요. 예를 들어 심장만 다루는 심장외과 전문의가 있고, 근육과 뼈만 다루는 정형외과 전문의가 있습니다.

2 외과 의사

외과 의사는 우리 몸에 상처가 나거나 부상을 입었을 때 혹은 위, 장, 항문, 간 등 내장 기관에 이상이 생겼을 때 약물이 아닌 수술과 같은 방법으로 치료하는 의사를 말합니다. 환자의 다친 상처를 꿰매고, 감염을 치료하고, 기형을 바로잡거나 아픈 기관을 새 기관으로 이식하는 일을 주로 수술이나 그와 비슷한 방법으로 치료합니다. 일반외과, 정형외과, 신경외과, 흉부외과, 성형외과, 안과, 이비인후과, 산부인과 등이 외과계에 속합니다.

성형 수술을 하는 성형외과도 외과의 한 분야입니다. 성형 수술의 본래 목적은 외모가 기형으로 태어나거나, 병이나 사고로 얼굴 등의 부위가 변한 사람들을 고쳐 주기 위한 것입니다. 그러나 요즘은 더 예뻐지고 잘 생겨지기 위해 성형 수술을 받는 사람이 많습니다. 외모에 자신감이 없는 사람들은 성형 수술을 통해서 자신감을 얻기도 합니다. 그래서 성형외과 의사는 의학 각 분야의 지식은 물론 미적인 안목도 갖춰야 합니다.

3 기타 다양한 분야의 의사들

소아청소년과는 막 태어난 아기부터 고등학생 정도의 청소년기의 환자를 대상으로 질병을 치료하고 예방접종 등을 실시합니다. 어린이의 경우 몸의 기관이 약하고 자라고 있는 중이라서 어른의 몸과는 다릅니다. 그래서 같은 병이라도 어른과 어린이의 증세가 다르고, 치료법도 다른 경우가 많습니다. 또 어린이들에게만 나타나는 특수한 병도 있습니다. 그래서 내과에서 소아과를 따로 분리해서 나이 어린 환자의 병을 치료하고 연구해 왔습니다. 2007년 의료법 개정으로 '소아과'에서 '소아청소년과'로 명칭이 바뀌었습니다.

산부인과에서는 임산부와 태아의 건강 상태를 진단하고 질병을 예방, 치료합니다. 안과는 눈의 질병을 예방, 치료하여 건강한 시력을 유지하게 하고, 이비인후과는 귀 · 코 · 목 등의 질병을 치료합니다. 감기에 걸렸을 때 내과 대신 이비인후과를 찾기도 합니다. 피부과에서는 피부의 염증 및 질병을 치료하고, 비뇨기과에서는 방광 · 요도 · 전립선 등 비뇨 생식 기관의 질병을 치료합니다.

신경과에서는 간질, 뇌졸중 등 중추 및 자율신경계와 근육 질환 등을 치료하고, 정신과에서는 우울증, 조현병, 치매, 약물 중독 등의 질병을 치료합니다.

영상의학과에서는 근골격계 및 뇌혈관계 등의 질병을 진단하며, 방사선종양학과에서는 방사선을 이용하여 우리 몸에 생긴 각종 종양이나 질병을 치료합니다. 마취통증의학과에서는 수술이나 치료 전에 환자에게 맞는 마취 방법과 양을 결정하고, 진단검사의학과에서는 환자의 혈액, 대소변 등을 채취하여 각종 질병의 원인을 분석하고 진단합니다. 병리과에서는 조직 검사 또는 세포 검사를 통해 질병의 원인을 분석하고 진단하며, 예방의학과에서는 각종 질병을 예방하기 위한 대책을 마련합니다. 재활의학과에서는 정신 및 신체에 장애가 있는 사람들이 정상인처럼 생활할 수 있도록 다양한 치료 방법을 결정하고 관리하며, 결핵과에서는 폐, 신장, 뼈나 관절 등에 결핵균이 침투하여 생긴 질병을 진단합니다.

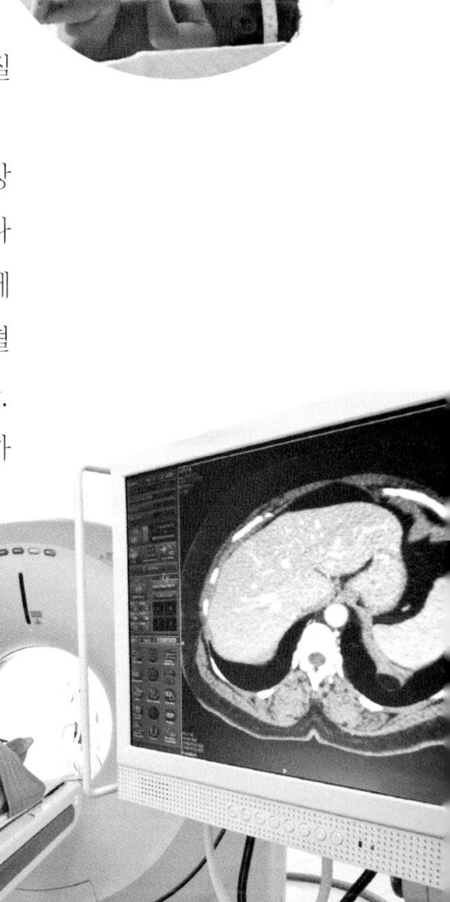

가정의학과에서는 환자의 질병이나 성별, 나이와 관계없이 흔히 발생하는 질병을 진단하고 종합적인 의료 서비스를 제공하며, 응급의학과에서는 생명이 위급한 응급 환자에게 최단 시간 내에 심폐 소생술 등의 응급처치를 시행합니다. 핵의학과에서는 방사성 의약품을 이용하여 질병을 진단하고 치료하며, 산업의학과에서는 산업현장에서 일하는 근로자들에게 발생할 수 있는 질병에 대해 연구하고 진단하며, 치료 · 재활 의무를 담당합니다.

4 치과 의사

치과 의사는 건강한 치아를 유지하기 위해 치아와 잇몸, 구강구조의 질병이나 상처 등을 치료하고 입 안의 건강을 돌보는 일을 합니다. 구강질환을 정밀하게 진단하기 위해 X-ray 및 기타 의료기기를 이용하여 검사를 하고, 치과 기구를 사용하여 외과적 수술 및 약물 치료를 합니다. 충치를 치료하고, 의치로 대체하는 작업을 통해 손상된 치아나 조직을 적절한 인공적 장치물로 대치하여 치아를 교정하기도 합니다. 또는 썩은 치아를 뽑고 인공 치아를 심는 임플란트 시술도 합니다. 그 밖에도 시린 치아의 치료와 보존, 표백 등을 수행하며 잇몸 염증과 치석을 제거하기도 합니다.

Tip

치과 의사가 되기 위해서는 일반 의과대학이 아닌 치과대학이나 치의학전문대학원을 졸업해서 치과의사국가면허시험에 합격해야 합니다. 그런 다음 인턴과 레지던트 과정을 거쳐 전문 치과 의사가 될 수 있습니다.

5 한의사

한의사는 동양의 의학인 한방 의료기술을 이용하여 환자를 진료하고 치료하는 일을 합니다. 한의학은 중국에서 전래되어 우리나라에서 독자적으로 발달한 전통 의학입니다. 한의사는 사람의 맥을 짚어 병을 진단한 다음 주로 약초를 이용하는 약물요법과 음식을 활용하는 식이요법, 침이나 뜸을 놓는 침구요법 등으로 우리 몸의 저항력을 길러 줍니다. 우리 몸은 스스로 병을 물리칠 수 있는 힘이 있기 때문입니다.

> **Tip**
> 한의학이 서양 의학과 다른 점은 한약, 침, 뜸 등을 이용하여 수술 없이 환자 스스로 회복할 수 있는 몸의 기능을 활용해서 병을 고친다는 점입니다.

진맥이란 한의사가 환자의 정맥을 맨손으로 짚어 맥박이 뛰는 세기와 간격, 특징 등을 분석해서 병을 판단하는 것을 말합니다. 진맥 후에 적절한 부위에 침을 놓으면 신기하게도 상태가 좋아지는 것을 느낄 수 있습니다. 하지만 기술적 도움 없이 맨손으로 진맥을 해야 하므로 한의사는 누구보다도 열심히 지식을 쌓고 실습을 많이 해야 합니다. 침을 놓을 부위를 실수로 잘못 선택하면 부작용이 생길 수도 있고, 한약을 제조할 때 분량을 잘못 처방하면 오히려 건강이 나빠질 수도 있습니다. 한약은 재료의 원산지나 신선도에 따라 약의 효능이 차이가 날 수도 있기 때문에 한약재를 선택할 때도 많은 주의가 필요합니다.

> **Tip**
> 한의학전문대학원 입학시험은 한자검정능력시험에서 2급 이상으로 합격한 사람에게만 볼 자격이 주어집니다. 그렇기 때문에 한의사가 되고 싶다면 한자를 미리 공부해 두는 게 좋습니다.

한의사가 되려면 두 가지 방법이 있습니다. 우선 대학에서 6년제 한의학과를 졸업해 한의학사 자격을 취득하는 방법이 있고, 한의학전문대학원에 입학해 한의학 석사 자격을 취득하고 한의사국가면허시험에 합격하는 방법이 있습니다.

한의사도 의사들처럼 전문의가 있습니다. 전문의 자격을 따려면 한의사 면허를 취득하고 난 후 한방병원에서 인턴 과정 1년, 레지던트 과정 3년을 거치고 전문의 자격시험에 합격해야 합니다.

6 수의사

수의사는 아픈 동물들을 치료하거나 병을 예방하기 위해 예방 접종 등의 일을 합니다. 간혹 필요할 때는 수술을 하기도 합니다.

수의사는 주로 개나 고양이 같은 반려동물 위주로 치료하지만, 소나 양, 돼지 같은 큰 동물의 병을 치료하는 수의사도 있습니다. 또한 가축 관련 연구소에서 일하는 수의사들도 있는데, 이들은 가축의 병을 예방하거나 가축이 위생적인 환경에서 잘 자라도록 도와주고, 가축을 위한 의약품을 개발하기도 합니다.

수의사가 되려면 대학의 수의학과에 입학해야 합니다. 우리나라에는 서울대학교를 비롯하여 10여 개의 대학에 수의학과가 있습니다. 수의학과에 들어가서 수의예과 2년, 수의학과 4년을 마치고 난 뒤 수의사국가면허시험에 합격해야 수의사 자격증을 얻을 수 있습니다. 수의사는 반려동물부터 가축, 야생동물, 희귀동물까지 돌봐야 하므로 수의학과도 의학과 못지않게 공부량이 많습니다.

Tip

수의사는 사람과 말이 통하지 않는 동물들의 병을 고쳐야 하기 때문에 동물들을 세심하게 관찰해야 합니다. 동물의 종류와 증세를 보고 어떤 병인지를 파악해야 하므로 동물들의 몸이 기본적으로 어떻게 생겼는지 잘 알아야 합니다.

03 역사, 책, 영화 속에서 만나는 의사

1 히포크라테스 선서

의과대학을 졸업하는 학생들은 졸업식에서 히포크라테스 선서를 읽으며 의사로서의 마음가짐을 확인합니다. 이 선서는 의학의 아버지라 불리는 고대 그리스의 의사 히포크라테스가 작성한 글로 의사들이 지켜야 할 윤리 강령을 포함하고 있습니다.

그런데 요즘 쓰이는 선서는 원래의 내용과 약간 다르다고 합니다. 오늘날의 상황에 맞게 새롭게 고친 히포크라테스 선서(제네바 선언)는 다음과 같습니다.

- 의업에 종사하는 일원으로서 인정받는 이 순간에, 나의 일생을 인류 봉사에 바칠 것을 엄숙히 서약한다.
- 나의 스승에 대하여 마땅히 존경과 감사를 드리겠다.
- 나의 양심과 품위를 유지하면서 의료직을 수행한다.
- 나는 환자의 건강을 가장 우선적으로 배려하겠다.
- 나는 알게 된 환자의 비밀을 환자가 사망한 이후에라도 절대로 지키겠다.
- 나는 나의 능력이 허락하는 한 모든 방법을 동원하여 의료직의 명예와 위엄 있는 전통을 지킨다.
- 나는 동료를 형제처럼 여기겠다.
- 나는 환자를 위해 의무를 다하는 데 있어 나이, 질병, 장애, 종교, 인종, 성별, 국적, 정치적 입장, 성적 지향, 사회적 지위나 신분 등에 따라 차별하지 않는다.
- 나는 생명이 수태된 순간부터 인간의 생명을 최대한 존중하겠다.
- 나는 어떤 위협이 닥칠지라도 나의 의학 지식을 인륜에 어긋나게 쓰지 않겠다.
- 나는 이 모든 약속을 나의 명예를 걸고 자유 의지로서 엄숙히 서약한다.

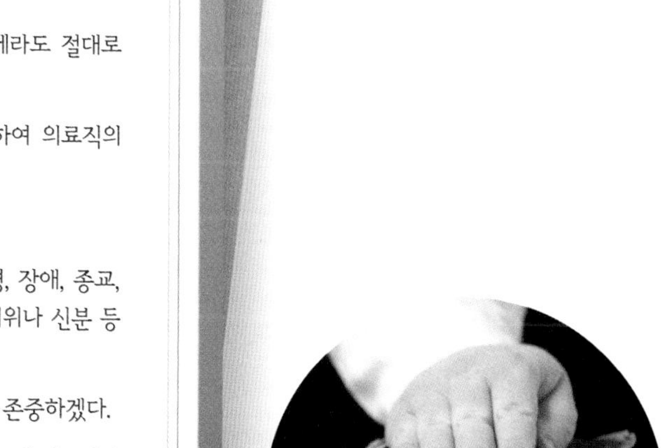

2 외과 수술을 한 옛 유럽의 이발사들

옛날 유럽에서는 이발소에서 외과 수술이 이루어졌습니다. 이발사가 머리카락을 자르거나 면도할 때 쓰는 칼로 수술을 했다고 합니다. 그래서 사람들이 다쳤을 때 이발소를 찾아가야 했기 때문에 이발소 앞에는 눈에 잘 띄는 표시를 해 두었습니다. 지금도 이발소 앞에서 볼 수 있는 원통 모양의 간판에는 빨강, 파랑, 흰색의 선이 구분되어 있는데, 빨간색은 동맥, 파란색은 정맥, 흰색은 붕대를 뜻한다고 합니다.

3 혈액형과 예방 주사

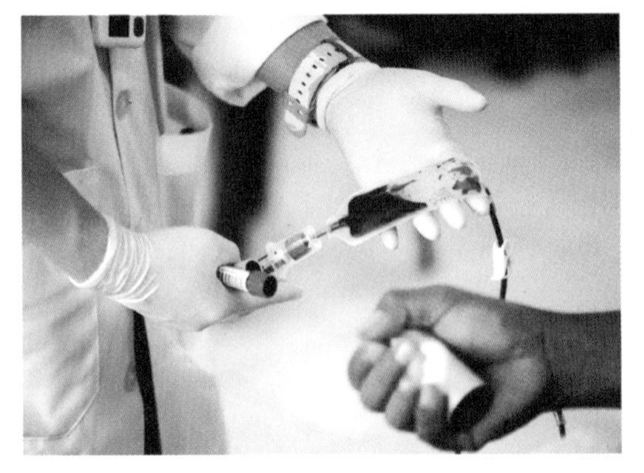

사람들이 큰 상처를 입으면 피를 많이 흘립니다. 이때 수혈을 하지 않으면 혈액이 부족하여 죽게 됩니다. 그래서 큰 상처를 입은 환자가 병원에 도착하기 전에 응급처치로 피가 더 이상 몸 밖으로 빠져 나가지 못하도록 압박 붕대로 상처 부위를 강하게 묶습니다.

수혈을 할 수 없었던 옛날에는 많은 사람들이 피를 흘리다 죽곤 했습니다. 1800년대부터 건강한 사람의 피를 환자의 몸속에 공급하는 수혈이 이루어졌지만 그 성공률이 너무 낮았습니다. 당시에는 사람마다 혈액형이 있다는 것을 몰랐기 때문입니다. 오랜 연구 끝에 사람의 피가 다 똑같지 않다는 것을 알게 되었고, A형 · B형 · O형 · AB형 등의 혈액형을 발견해 냈습니다. 그때부터 서로 다른 혈액형의 피를 수혈해서 사람이 죽는 일이 부쩍 줄어들었습니다.

프랑스의 파스퇴르(1822~1895)는 눈에 보이지 않는 작은 세균 때문에 병이 발생할 수도 있다는 사실을 처음으로 밝혀냈습니다. 그리고 한 차례 병에 걸렸다가 나으면, 다시는 그 병에 걸리지 않는다는 사실(면역성)도 발견했습니다. 그래서 병균을 아주 약하게 만든 백신(vaccine)을 사람 몸에 주사하는 예방 접종이 생겨났습니다.

이처럼 혈액형의 발견과 예방 접종으로 많은 사람들이 생명을 건질 수 있게 되었습니다.

4 관련 책

1) 〈동의보감〉

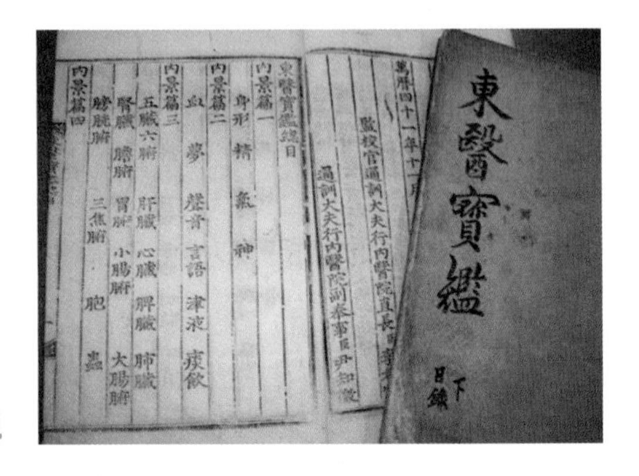

조선 중기에 허준이 저술한 한의학 서적으로, 우리나라 한의학의 발전에 큰 영향을 미친 귀중한 자료입니다.

이 책은 임진왜란이 소강 상태였던 1596년 선조가 허준과 정작, 양예수 등에게 명하여 편찬 작업에 들어갔습니다. 정유재란으로 잠깐 중단되었다가 전쟁이 끝난 뒤에 허준 혼자서 다시 글을 쓰기 시작했고, 1610년 세상에 모습을 드러내었습니다.

허준은 조선 왕실에 소장되어 있던 여러 의학서들을 꼼꼼하게 살폈고, 그것을 바탕으로 자신이 직접 체험한 치료법을 〈동의보감〉에 상세히 기록하였습니다. 〈동의보감〉이 다른 의학 서적에 비하여 돋보이는 점은 다음과 같습니다.

첫째, 중국에서 수입한 값비싼 약재 대신 우리 산천에서 쉽게 구할 수 있는 약재들을 다수 소개하고 있습니다. 둘째, 약재 이름을 의원들이 쓰는 전문 이름과 시중에서 민간인들이 일반적으로 쓰는 한글 이름으로 함께 기재해 놓아 누구라도 쉽게 약재를 찾을 수 있게 했습니다. 셋째, 세계 최초로 예방 의학을 강조했습니다. 이미 병이 들고 난 뒤 몸을 고치려 하기보다는 병이 나기 전에 몸을 보호해야 한다는 관점을 강조하여 세계보건기구가 중시하는 '정신적 · 육체적 · 사회적 건강과 안녕'이라는 이념을 이미 400여 년 전부터 실천하고 있습니다. 넷째, 중국 · 일본 · 대만 등지에 번역되어 동아시아 의학 발달에 크나큰 공헌을 했습니다.

〈동의보감〉에는 병의 종류와 치료 방법을 다섯 가지로 구분하여 총 25권의 책에 담고 있는데, 주요 내용은 다음과 같습니다.

Tip

〈동의보감〉은 의학적인 공로를 인정받아 2009년 유네스코 세계기록유산으로 등재되었으며, 우리나라에서는 보물 제1085호로 지정되어 국립중앙도서관 등에 보관되어 있습니다.

내경편 몸을 구성하고 있는 기본적인 요소인 오장육부에 관한 사항을 담았습니다.

외형편 눈에 보이는 몸의 각 부위에 관한 기능과 질병을 써 놓았습니다.

잡병편 몸에 생기는 여러 가지 병의 원인과 증상을 적고, 이에 따른 기본적인 치료 방법을 써 놓았습니다.

탕액편 약재를 쉽게 구하는 방법과 처방하는 요령을 적어 놓았습니다.

침구편 침과 뜸에 관한 이론과 시술 방법을 기록했습니다.

2) 〈궁금해요! 의사가 사는 세상〉 서홍관 지음. 창비. 2009

장래의 직업으로 의사를 꿈꾸는 10대 청소년 두 명이 국립암센터 암예방검진센터의 서홍관 의사를 인터뷰한 내용을 담고 있습니다.

먼저 '병원 24시!'를 통해 의사의 바쁜 하루 일과를 알아보고, 그 안에서 생기는 궁금증을 하나하나 해결해 나가는 형식을 취하고 있습니다.

1부 인터뷰 내용에서는 의사가 되기까지의 힘겨운 과정과 의사가 된 뒤 부딪쳐야 하는 어려움 등이 실려 있는데, 막연하게 갖고 있던 의사 생활에 대한 궁금증을 시원하게 해소해 줍니다. 그리고 2부 '의사가 들려주는 의사 이야기'를 통해 인터뷰 때 못다 한 이야기들을 들려주며 의사를 꿈꾸는 학생들이 확실하고 구체적인 미래 설계를 할 수 있도록 도와주고 있습니다.

3) 〈의사가 말하는 의사〉 김선 외 지음. 부키. 2011

이 책은 대학병원, 중소병원, 개인병원, 공공 의료 기관 등에서 원장, 과장, 레지던트, 인턴, 공중보건의사 등으로 일하는 20여 명의 의사들이 자신들의 일, 생활, 애환, 고충, 보람 등에 대한 이야기를 솔직하게 털어놓는 의사의 세계를 담고 있습니다.

의사라면 돈 잘 벌고 대우받는 삶을 살 것이라고 생각하지만 현실은 많이 다릅니다. 또한 모든 의사가 생명에 헌신적인 것도 아닙니다. 의사도 평범한 인간이며, 남들보다 생명에 대한 책임감을 조금 더 무겁게 느끼고 노력할 뿐입니다. 병원에서 흔히 접하는 내과, 외과, 소아과, 산부인과는 물론이고 아직은 덜 알려진 신경과, 정신과, 응급의학과, 마취통증의학과에 이르기까지 각 전문 과목별로 다양한 분야의 의사들이 그들의 일과 생활, 보람과 애환에 대해 얘기하고 있고, 병원이 아닌 연구소나 언론사 같은 곳에서 일하는 의사들의 생활도 소개하고 있습니다.

따라서 의사가 되기를 희망하는 청소년들과 진로 지도에 고심하는 학부모 및 교사, 의학대학원 진학을 고려하는 사람들까지 이 책을 읽으면 많은 도움을 받을 수 있을 것입니다.

5 관련 영화

1) 〈패치 아담스〉

1970년대부터 무료로 환자를 치료해 온 의사 헌터 아담스의 실제 이야기를 바탕으로 만든 영화로, 의사가 환자를 진정으로 치료한다는 것이 무엇인지 생각해 보게 합니다.

주인공 헌터 아담스는 불행한 가정환경에서 자라나 자살을 시도했다가 실패로 끝나자 스스로 정신병원에 들어갑니다. 삶의 방향을 잃고 방황하던 그는 정신병원에서 아픈 사람을 치료하는 웃음의 힘을 목격하고 의사가 되기로 결심합니다. 그리고 동료 환자로부터 '상처를 치유하다'라는 의미의 '패치(PATCH)'라는 별명을 얻으면서 '패치 아담스'로서 새 인생을 시작합니다.

의과대학에 진학한 그는 의대 친구들과 함께 무료 진료소를 세우고 환자들을 치료합니다. 하지만 아직 의사 자격증을 받지 못한 상황에서 하던 그의 진료 활동이 학교 당국에 알려져 퇴학을 당하고, 사랑하는 여자친구가 진료소를 찾아왔던 정신병 환자에게 살해당하는 사건까지 생깁니다. 실의에 빠진 헌터 아담스는 의사를 포기할 생각까지 하지만 결국 어떤 환자의 도움으로 실의를 딛고 일어섭니다. 그리고 자신의 퇴학 처분에 대해 주립의학협회에 제소하게 되고, 위원회는 학칙을 어겼지만 그의 열정과 학업 성적을 인정하여 마침내 의과대학을 졸업할 수 있게 됩니다.

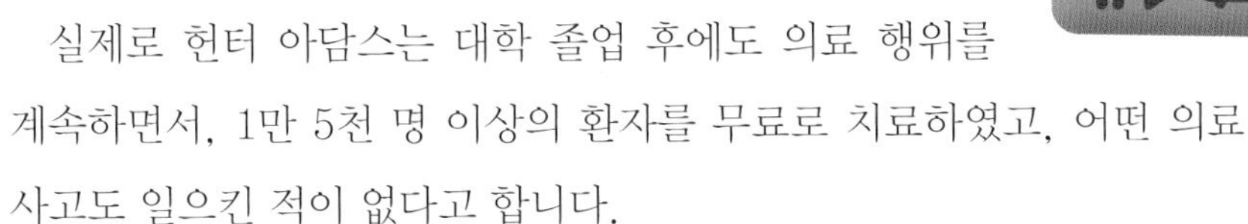

실제로 헌터 아담스는 대학 졸업 후에도 의료 행위를 계속하면서, 1만 5천 명 이상의 환자를 무료로 치료하였고, 어떤 의료 사고도 일으킨 적이 없다고 합니다.

2) 〈썸딩 더 로드 메이드〉

이 영화는 미국에서 실제로 있었던 일을 바탕으로 만들어진 것으로, 인종차별을 이겨내고 심장 수술 발전에 크게 공헌한 흑인 의사의 이야기를 담고 있습니다.

1930년대 미국 사회에서 흑인은 버스에서 백인과 분리되어 가장 뒤

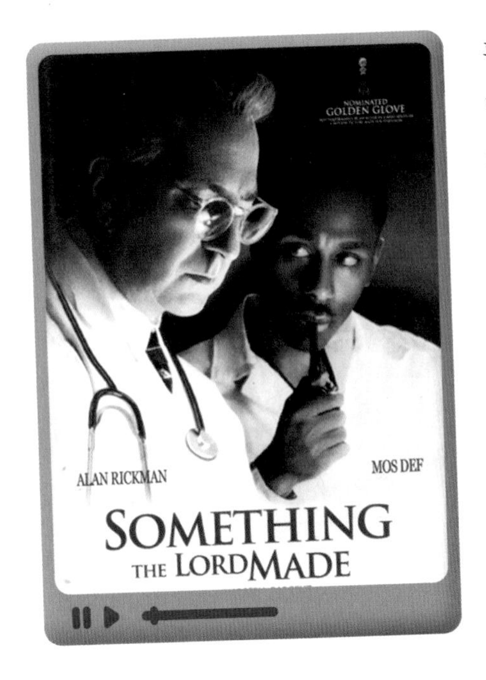

편에 앉아야 했으며, 정문을 출입할 수 없었습니다. 이때 미국 한 대학교의 실험실에 19세의 흑인 비비안 토머스가 청소부로 들어옵니다. 실험실의 주인인 알프레드 밸록은 토머스의 영특함을 알아보고 그에게 자신의 실험을 돕게 합니다. 토머스는 정식 의학 교육을 받지도 않았고 의사 면허도 없었지만, 타고난 손재주와 명석함으로 밸록 박사를 도와 심장 쇼크사에 대한 치료법을 발견하게 되는 등 심장병 치료에 커다란 공헌을 합니다. 이후 외과 분야에서 중요한 구실을 해낼 인재를 키워 내는 등 의료계에서 큰 활약을 합니다. 결국 비비안 토머스는 60세가 되던 해에 미국 의학의 명문 존스홉킨스 대학에서 세계적인 의학 대가들이 된 제자들의 박수를 받으며 박사학위를 받게 됩니다. 현재 존스홉킨스 대학에는 흑인에게 의사가 될 기회조차 주어지지 않던 시절에 그 벽을 깨고 훌륭한 업적을 세운 비비안 토머스를 기려 그의 초상화가 걸려 있다고 합니다.

3) 〈사랑의 기적〉

이 영화는 진정한 치료를 위한 의사와 환자의 관계란 무엇인지를 생각해 보게 하는 내용을 담고 있으며, 실화를 바탕으로 만들어졌습니다.

어릴 때 뇌염을 앓은 레너드는 그 후유증으로 11살 때부터 손이 떨리는 증세가 나타나고 글도 쓰지 못하게 되자 학교를 그만두고 병원에서 살게 됩니다. 그의 병명은 '후기뇌염기면성'으로 근육이 점점 굳어져 몸을 움직일 수 없게 되는 희귀병입니다. 레너드가 입원한 지 수십 년이 지난 뒤 세이어 박사가 그 병원에 부임해 옵니다. 세이어 박사는 후기뇌염기면성 환자들이 공을 받아내는 것을 보고 그들의 몸은 비록 굳었지만 내면은 살아 있다고 확신합니다. 그리고는 그들의 정신을 일깨울 수 있도록 환자의 이름을 불러 주거나 음악을 들려주는 등 인간적인 접촉을 통한 치료와 노력에 힘을 쏟습니다. 그러던 어느 날 파킨슨병에 효과가 있다는 약에 대한 발표를 듣고,

파킨슨병과 비슷한 증세를 보이는 후기뇌염기면성 환자들에게도 효과가 있을 것이라 생각합니다. 그리고 시험적으로 레너드에게 그 약을 투약했는데, 레너드가 기적적으로 몸을 움직일 수 있게 됩니다. 하지만 레너드는 오래지 않아 원래의 상태로 되돌아가고 맙니다. 세이어 박사의 치료는 비록 실패했지만 환자에 대한 의사의 열정을 잘 느낄 수 있는 영화입니다.

04 의사는 무슨 일을 할까?

1 의사의 하루

의사들이 하루를 어떻게 보내는지는 동네의 개인병원, 대학병원 또는 종합병원 등의 근무 환경에 따라, 외과, 정신과 등의 전공 분야에 따라 너무 달라서 일괄적으로 말하기는 어렵습니다.

일반적으로 동네의 개인병원은 오전 9시~1시까지 오전 진료를 하고, 점심 식사 후 2시~7시 정도까지 오후 진료를 본 다음 하루 일과를 마칩니다. 필요한 경우에는 오후 8~9시까지 근무하는 경우도 있고, 간단한 수술을 하는 경우도 있습니다. 종합병원 역시 진료는 오전 9시부터 시작되지만 8시 이전에 출근해서 진료 이외의 여러 업무를 처리하는 경우가 많습니다. 즉 오전 8시부터 오후 6시까지 근무합니다. 오후 6시가 지나도 입원 환자들 때문에 남아서 일하는 의사들도 있습니다.

지금부터 종합병원에 근무하는 의사의 하루를 알아보기로 합니다.

컨퍼런스 및 진료 준비 컨퍼런스란, 대규모로 열리는 회의나 회담을 가리키는 용어로, 학술단체나 기관에서는 컨퍼런스를 다양하게 진행합니다. 의사들 역시 빠른 속도로 발전하는 현대 의학을 따라잡기 위해 여럿이 모여 발표하고 토론하는 컨퍼런스를 자주 열고 있습니다. 발표는 돌아가면서 하는데, 자신의 차례가 되면 그동안 임상경험을 통해 축적한 질환에 대한 발표와 그에 따른 질의응답과 토론이 이루어집니다. 수백 명이 모이는 컨퍼런스도 있고, 서너 명이 모이는 컨퍼런스도 있습니다. 병원에서 열리는 소규모 컨퍼런스는 주로 논문을 한 편씩 읽고 와서 발표하는 형태입니다. 컨퍼런스가 매일 열리는 것은 아니고, 일주일에 2~3번 정도 진행됩니다. 따라서 컨퍼런스가 없는 날은 이 시각에 동료들과 함께 차를 마시면서 담소를 나누거나 진료 준비를 합니다.

회진 대개 아침마다 병실을 돌며 입원 환자들을 만납니다. 이때 담당 의사는 환자의 상태를 확인하면서 진단 결과를 알려 주거나 앞으로의 치료 방침을 알려 주기도 합니다.

오전 진료 진료 중에는 환자의 이야기를 듣고, 치료 방침을 결정하고, 검사를 시행하기도 하고, 환자와 가족이 궁금해하는 질문에 답변해 주기도 합니다. 이때 의사는 환자의 증상이나 진료 결과, 검사 결과를 모두 기록해야 하는데, 이 의무 기록을 '차트'라고 부릅니다. 자신이 진료하는 환자라도 의사가 환자에 관한 모든 정보를 기억할 수는 없기 때문에 차트는 환자의 상태를 파악하는 데 필수적입니다. 또한 현재 하고 있는 치료가 잘 되고 있는지도 차트를 봐야만 알 수 있습니다.

점심식사 보통 12시에 점심을 먹지만 수술이 있거나 진료가 급한 환자가 있으면 제때에 식사를 못하는 경우도 있습니다.

오후 진료 진료 중 환자와 대화하면서 의사는 계속 컴퓨터에 환자에 대한 기록을 입력합니다. 요즘은 진료 기록이 모

두 전산화되고, 방사선 사진도 필름으로 출력하지 않고 디지털화되어 컴퓨터 모니터에서 확인할 수 있습니다. 따라서 컴퓨터로 병리검사나 방사선 사진 결과를 보고, 검사나 투약 역시 컴퓨터로 처리하는 일이 많습니다. 진료를 하는 중간에 전화 상담을 하기도 합니다. 바빠서 병원에 오지 못하는 환자에게 검사 결과를 알려 주거나 상담을 해 줍니다.

진료 회의 의사들이 진료하는 과정에서 각 분야별로 문제점은 없는지 토론하기도 하고, 진료를 위한 학술적인 발표를 하기도 합니다.

2 병원 응급실 24시

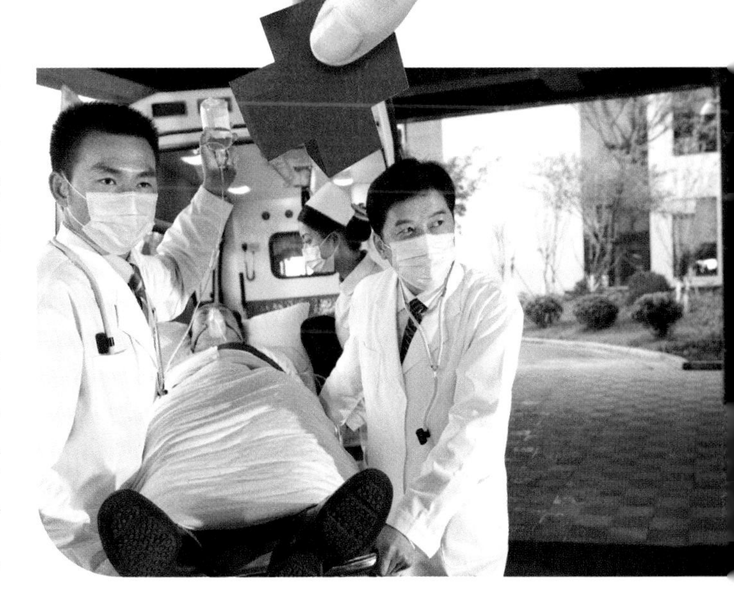

종합병원 등 대형 병원에는 대부분 응급실이 갖춰져 있습니다. 응급실은 응급환자를 진료하기 위한 인력과 시설을 갖춘 곳으로, 일반적으로 외래 또는 외래에 가까운 병동 끝에 설치되어 있습니다.

응급실을 찾는 환자들은 대부분 병원 진료 시간이 끝난 밤중이나 새벽에 몸에 이상이 있거나 상처를 입어서 찾아옵니다. 한밤중에 찾는 응급 환자들의 경우 싸움이 벌어져 다친 사람이나 아직 돌이 안 지난 어린아이들이 갑자기 경기를 일으켜 부모의 품에 안겨서 찾아오는 경우가 많습니다. 간혹 교통사고 환자나 호흡을 잘 못하는 위급한 환자들이 찾아오는 경우도 있습니다.

지금부터 위급한 환자가 찾아왔을 때의 응급실 상황을 살펴보기로 합니다.

요란한 사이렌과 함께 119 구급차가 도착하자마자 미리 대기하고 있던 간호사와 인턴들이 응급실로 환자를 옮깁니다. 인턴이 급히 환자를 살펴보니 의식이 없습니다. 심장 박동이 좋지 않아 심폐 소생술을 하기 위해 심장 전기 충격기 '디핍'을 준비합니다.

디핍이 준비되는 동안 응급실 레지던트는 두 손으로 환자의 가슴을 세게 눌렀다가 입에 숨을 불어넣는 동작을 되풀이합니다. 그러나 환자

Tip

심폐 소생술은 갑작스럽게 심장에 마비가 오거나 사고로 심장과 폐의 활동이 멈추었을 때 하는 응급 치료입니다. 최근에는 많은 초·중·고등학교에서 심폐소생술 훈련을 받고 있으며, 종종 학생들의 위급한 환자를 살리는 경우도 보도되고 있습니다.

의 상태는 좀처럼 좋아지지 않습니다. 이번에는 디핍을 사용할 차례입니다. 레지던트가 환자의 가슴에 전기 패드를 대자 환자의 몸이 크게 튕겨 올라갔다가 내려옵니다. 그래도 환자의 심장에 변화가 없으면 전압을 높여 다시 한 번 전기 충격을 줍니다. 마침내 환자의 눈이 깜빡이면 심장이 제대로 뛰기 시작했다는 증거입니다.

이렇게 하여 환자의 의식이 돌아오면 소변 검사와 혈액 검사, 엑스레이, MRI 등 여러 가지 검사를 합니다.

Tip

간호사 중에는 외과 전문의의 수술을 돕고 환자를 간호하는 수술 전문 간호사가 있습니다. 수술 전문 간호사는 수술실과 수술 도구의 위생 상태를 책임지며, 환자를 수술대 위에 눕히고, 온도와 조명 등의 수술실 환경을 환자에게 맞춰 줍니다. 수술이 진행되는 동안에는 외과 의사에게 필요한 수술 도구를 건네고, 의사가 붕대를 감거나 봉합을 할 때에도 도와줍니다. 수술이 끝나면 환자를 회복실로 데려가고, 환자의 몸과 정신 상태가 정상인지 확인합니다.

3 병원 수술실에서는 어떤 일이 벌어질까요?

수술은 외과 의사가 맡아서 합니다. 외과 의사가 수술을 할 때는 수술복을 입는데, 대부분 초록색입니다. 초록색이 의사의 집중력을 높여 주고, 수술을 받는 환자들에게도 편안함을 느끼게 하기 때문이라고 합니다. 의사는 수술복 외에도 수술용 보안경, 모자, 마스크, 장갑, 바지, 덧신, 집게, 봉합 바늘과 실, 외과용 거즈, 수술용 스테이플러, 메스, 당김기 등이 필요합니다. 수술실 안은 수술할 때 상처가 세균에 감염되지 않도록 균이 없는 상태로 만들어야 합니다. 단 한 마리의 병균도 환자에게는 아주 위험한 감염을 일으킬 수 있기 때문입니다.

간단한 수술은 외과 의사 한 명이 진행하지만 복잡하고 큰 수술은 3~4명의 외과 의사가 함께 합니다. 책임을 맡은 전문의와 그 곁에서 도와주는 후배 의사들이 동참합니다.

수술에 앞서 마취 의사가 환자에게 마취약을 투여합니다. 마취약은 수술 받을 환자의 나이, 건강 상태, 수술 종류에 따라 가장 적절하게 사용합니다. 마취에는 환자가 깊이 잠든 것처럼 의식과 감각을 없애는 전신마취와 환자가 의식을 잃지 않는 상태에서 수술하려는 부위만 마취하는 국소마취의 두 종류가 있습니다. 마취 의사는 외과 의사가 수술하는 동안 환자의 상태를 살피고, 수술이 끝나면 환자가 잘 깨어날 수 있도록 합니다.

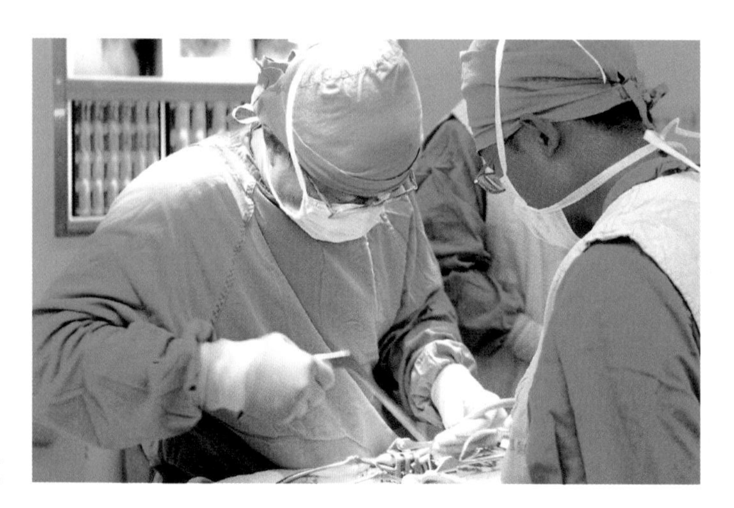

수술을 잘 끝낸 다음에는 수술 자리를 의료용 실과 바늘로 꿰매는 봉합을 해야 합니다. 수술을 잘 끝내는 것도 중요하지만 얼마나 섬세하게 봉합을 하느냐도 매우 중요합니다.

이처럼 수술을 무사히 끝내려면 유능한 외과 의사뿐만 아니라 마취 의사, 간호사 등 여러 사람의 협력이 이루어져야 합니다.

4 병원에서 하는 여러 가지 검사들

1) 소변 검사

건강한 사람의 소변은 옅은 노란색을 띱니다. 우리 몸에 어떤 이상이 생기면 소변이 아주 샛노랗게 되거나 검붉은 빛을 띠기도 합니다. 그 외에도 소변에는 우리 몸에 문제가 생겼다는 것을 알려주는 신호가 많으니 소변 검사를 하면 몸의 어디가 아픈지 좀 더 잘 알 수 있습니다.

2) 혈액 검사

우리 몸을 흐르는 혈액으로도 건강 상태를 확인할 수 있습니다. 혈액은 적혈구, 백혈구, 혈소판 등 여러 가지 성분으로 이루어져 있는데, 이런 성분들을 검사하면 간 기능이나 신장 기능, 각종 호르몬 수치도 알 수 있고, 각종 병균에 감염되었는지의 여부도 알 수 있습니다.

3) X선 촬영(엑스레이 검사)

1895년 뢴트겐이 엑스선을 발견한 이래 X선 촬영 검사는 지난 50년 동안 인체 내부의 영상을 얻을 수 있는 유일한 기법으로 진단 및 치료 분야에 이용되어 왔습니다. '단순 촬영'이라고도 불리는 X선 촬영은 말 그대로 X선을 이용하여 조영제나 기구 등을 사용하지 않고 인체를 촬영하는 것으로, 전후 사진 또는 필요에 따라 측면 또는 대각선 촬영 등을 하게 됩니다. 흔히 말하는 가슴 사진, 뼈 사진 등이 이에 속합니다.

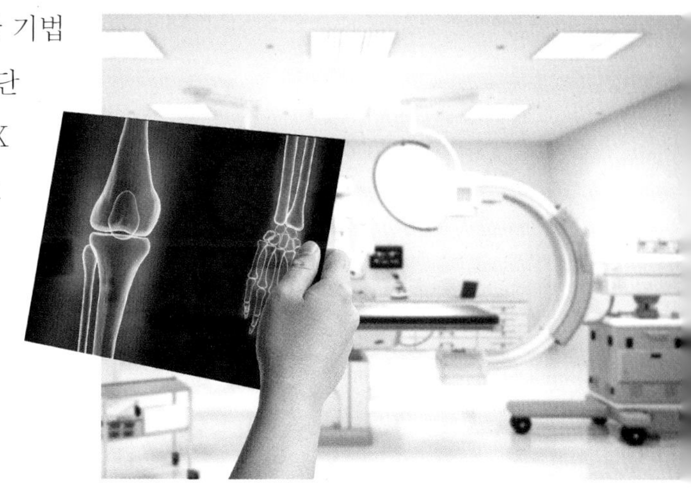

4) 초음파 검사

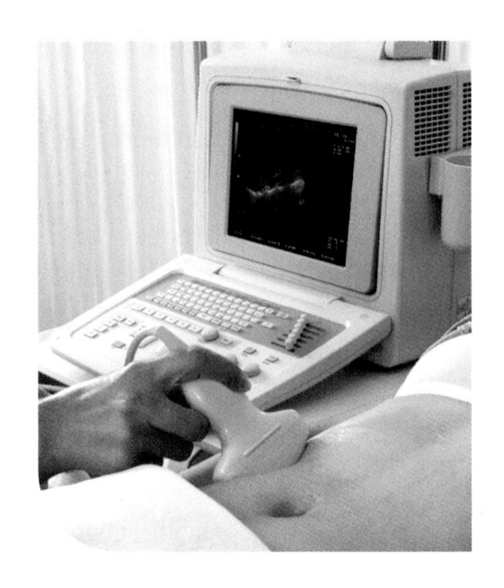

초음파를 생성하는 탐촉자를 검사 부위에 밀착시켜 초음파를 보낸 다음 되돌아오는 초음파를 실시간 영상화하는 방식으로 진행되는 검사입니다. 검사가 간편하고, 검사 시 환자가 편안하며, 인체에 해가 없습니다. 유방, 갑상선, 근골격 검사에 많이 이용됩니다.

5) CT(컴퓨터단층촬영) 검사

X선 발생장치가 있는 원형의 큰 기계에 들어가서 촬영하며, 단순 X선 촬영과 달리 인체를 가로로 자른 횡단면상을 얻을 수 있습니다. 단순 X선 촬영에 비해 구조물이 겹쳐지는 것이 적어 병의 원인을 좀 더 명확히 볼 수 있습니다. 대부분의 장기 및 질환에서 질병이 의심되고 정밀검사를 시행해야 할 필요가 있을 때 기본으로 하는 검사법입니다.

6) MRI(자기공명영상) 검사

자기장이 발생하는 커다란 자석통 속에 사람을 들어가게 한 후 고주파를 발생시켜 촬영합니다. 인체를 단면으로 보여준다는 점에서는 CT와 유사하지만 인체에 해가 없고, 환자의 자세 변화 없이 원하는 방향에 따라 자유롭게 촬영할 수 있다는 장점이 있습니다. 각종 암이나 심장, 뇌의 질병 등을 자세히 검사할 때 쓰이며, 검사비가 비싼 편입니다.

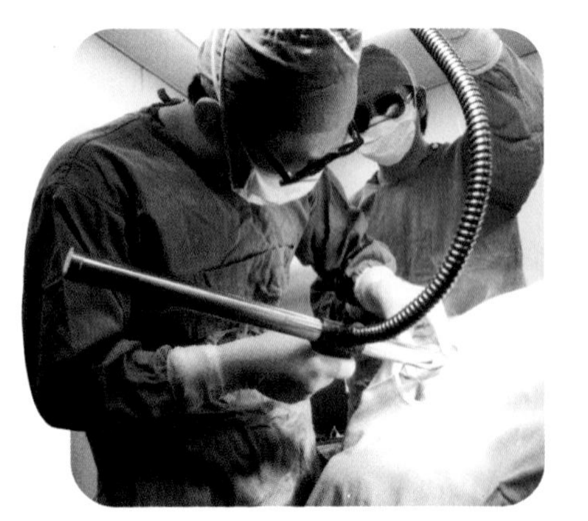

7) 내시경 검사

옛날에는 내장에 문제가 있는지 알아보기 위해 배를 꾹꾹 눌러 보거나, 청진기를 대고 소리를 듣기만 했습니다. 하지만 요즘은 내시경이 있어 내장 안을 직접 들여다볼 수 있게 되었습니다. 내시경에는 위 내시경, 대장 내시경 등이 있는데, 내시경 검사를 통해 결석이나 암 등을 진단할 수 있습니다. 내시경 검사를 하는 방법은, 긴 관 끝에 카메라나 확대경을 달아 놓은 내시경을 사람의 장기 속으로 들여보내 의사가 화면을 통해 내장 안을 보는 것입니다. 관을 넣는 것이 고통스러울 수 있어서 요즘은 수면 내시경을 하는 사람도 많습니다. 수면 내시경은 아주 잠깐 동안 마취한 채로 검사를 하는 것입니다.

05 의사가 되기 위해 필요한 능력

1 우수한 성적과 폭넓은 공부

의사가 되려면 중 · 고등학교 시절 학교 성적이 상위 1% 안에 들어야 합니다. 의사가 되고 싶어 하는 학생이 너무 많아서 의과대학의 입학 경쟁이 치열하기 때문입니다.

또한 의사가 되려면 고등학교 때 이과를 선택해야 하고, 이과에서 좋은 성적을 유지하려면 수학을 잘해야 합니다. 그런데 정작 의대 공부는 암기 중심이고, 암기를 잘하려면 다양한 배경 지식이 필요합니다. 따라서 의사가 되려면 수학, 과학뿐만 아니라 사회, 역사 등 폭넓은 공부가 필요합니다.

2 다양한 분야의 독서

좋은 의사가 되려면 공부를 폭넓게 열심히 해야 하는 것은 물론 어릴 때부터 다양한 분야의 책을 읽어 두어야 합니다. 의사가 되기 위한 공부만 한다면 미래를 준비하는 데 많이 부족합니다. 빠르게 변화하는 현대 사회에서 지금 필요한 지식과 나중에 어른이 되어서 필요한 지식이 다를 수 있으니 꼭 의학 공부만 할 게 아니라 역사와 사회에 대

한 이해, 인간에 대한 이해의 폭을 넓히는 것이 중요합니다. 모든 학문은 서로 연관되어 있고 미래 사회는 지금과 다른 모습으로 변화할 테니까요.

3 의사로서의 적성

치열한 입시 경쟁을 뚫고 의과대학에 입학했어도 시체를 해부하는 과정이나 다소 충격적인 수술 과정을 견디지 못하고 중간에 그만두는 학생들이 간혹 있습니다. 따라서 자신이 피를 보고도 당황하지 않고, 살을 찢고 꿰매는 수술을 할 수 있는 성격인지 잘 파악하고 나서 의과대학을 지원해야 합니다.

4 판단력과 분석력

의사는 환자를 진료하고 정확한 진단을 내려야 하기 때문에 판단력과 논리적 분석 능력을 갖춰야 합니다. 특히 위급한 환자를 만났을 때 정확하고 빠른 판단을 해야 환자의 목숨을 살리고 치료도 성공적으로 마칠 수 있습니다.

5 사명감과 책임감

의사는 체력적으로나 정신적으로 힘든 직업입니다. 따라서 훌륭한 의사가 되려면 생명을 살린다는 사명감과 긍지를 가져야 힘든 과정을 견딜 수 있습니다. 또한 환자에 대한 세심한 배려와 생명에 대한 책임감도 필요합니다.

6 끊임없는 노력

의사가 된 후로도 진료를 하는 틈틈이 공부를 많이 해야 합니다. 예전에는 없던 새로운 병들이 생기고, 새로운 치료법이나 수술법이 개발되기 때문에 능력 있는 의사가 되려면 이런 새로운 의술을 익혀 정확하게 사용할 줄 알아야 합니다. 따라서 세미나에 참석하는 등 늘 공부하는 자세로 시대의 변화에 맞춰 끊임없이 노력해야 합니다.

06 의사의 장단점

1 장점

1) 경제적인 안정성

의사가 되면 경제적으로 안정된 생활을 할 수 있습니다. 요즘은 대학을 졸업한 후에 사회에 진출하거나 결혼해야 하는 중요한 시기에 취직이 안 되는 젊은이들이 많습니다. 또한 취직이 되더라도 40대 중반 이후에는 회사에서 언제 밀려날까 걱정하면서 살아가야 하는 것이 현실입니다.

그런데 의사 자격증이 있으면 거의 100% 취업이 되고, 건강하다면 70세, 심지어 80세까지도 일할 수 있습니다. 즉 정년이 없는 직업이지요. 이처럼 의사가 되면 평생 안정적인 소득을 보장받으며 나이 들어서까지 일할 수 있다는 것이 최대의 장점입니다.

2) 사회적으로 존경받는 직업

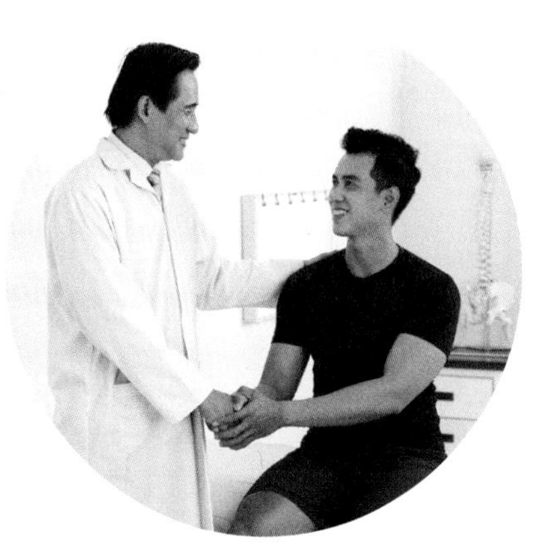

의사가 치료를 잘하면 환자와 그 가족이 의사한테 감사하다고 인사를 합니다. 공짜로 치료한 게 아니라 돈을 받고 치료해 준 것인데도 잘 치료해 주었다고 인사를 받는 것이지요. 또 의사가 환자에게 조금만 배려해서 신경을 써 주어도 감사하다는 말을 들을 수 있습니다. 그러니 의사로서 자신의 본분을 다하고 아픈 사람들을 인간적으로 대하면 사람들로부터 많은 사랑과 존경을 받을 수 있는 직업입니다.

3) 보람과 자부심

아픈 환자를 치료하여 낫게 하고, 죽어 가던 환자를 살려내면 의사로서 굉장히 큰 보람과 자신감을 갖게 됩니다. 감사해 하는 환자나 가족들의 말을 듣고 있으면 자신이 사람들에게 소중한 것을 선물했다는 생각에 굉장한 보람을 느끼게 됩니다.

2 단점

1) 의학 공부의 어려움

의과대학에 들어가면 공부할 양이 어마어마하게 많습니다. 대부분 암기 위주로 지루하고 재미도 없습니다. 또한 인체를 알기 위해 시체 해부 같은 실습도 해야 하는데, 이걸 끔찍해 하거나 거부감을 느낀다면 의학 공부를 계속 해 나가기가 어렵습니다.

2) 시간에 쫓기는 생활

의사는 늘 시간에 쫓기면서 삽니다. 특히 전문의가 되기까지의 과정이 육체적으로나 정신적으로 스트레스가 무척 큽니다. 하루 종일 환자를 진료하는 한편 논문 준비도 따로 해야 하니 하루에 잠을 3~4시간씩밖에 자지 못합니다. 또 일주일에 2~3번 열리는 컨퍼런스 준비도 해야 합니다. 진료하느라 힘든데 컨퍼런스를 위해 관련된 논문을 찾아서 읽고 공부해야 하니 스트레스가 큽니다.

3) 오진의 위험

의사도 인간인 만큼 오진을 하는 등 실수가 있을 수 있습니다. 가벼운 병의 오진인 경우는 괜찮지만 암처럼 위중한 병을 발견하지 못했다가 나중에 발견하여 치료 시기를 놓친다면 정말 마음이 괴롭습니다. 이보다 더 심각한 때는 수술을 하다가 자신의 실수로 환자가 죽었을 경우입니다. 이럴 때 의사는 자신의 직업에 대해 회의를 느끼게 됩니다. 설상가상으로 의료 소송에 휘말려서 검찰이나 경찰에 불려 다닌다면 정말 죽고 싶은 심정이 들 것입니다.

의사가 환자들의 병을 낫게 하거나 죽을병에 걸린 환자를 살릴 수 있는 반면에 이런 어두운 면도 있다는 것을 알아야 합니다. 그리고 이런 압박감에서 벗어나기 위해서는 평소에 스트레스 관리를 잘 해야 합니다.

4) 엄격한 위계질서

의사들의 세계는 선후배 사이가 엄격하기로 유명합니다. 이것은 수련 과정이 제자가 스승에게 절대적으로 복종하는 도제식으로 이루어지기 때문입니다. 인간의 질병은 매우 다양해서 경험을 통해서 배워 나가는 부분이 많습니다. 물론 혼자 공부해야 할 부분도 있지만 환자를 만나서 진찰하고, 검사하고, 그 결과를 종합해서 진단을 내리고 치료하는 모든 과정에서 윗사람의 경험을 통해 배우는 부분이 많습니다.

의료계에서 선배가 후배를 강하게 통제하는 경우는 외과에서 특히 강합니다. 외과는 수술을 많이 하는데, 수술에서 실수가 없게 하자면 엄격한 위계질서가 필요하기도 합니다. 그래서 외과 의사들은 상사나 선배들의 눈에 어긋나지 않도록 신경을 많이 씁니다.

> **Tip**
>
> 의학은 고대로부터 스승이 제자에게 도제식으로 전수했습니다. 이때 스승이 가르쳐 주고 싶지 않으면 안 가르쳐 줄 권한이 있으므로 제자는 스승의 말에 절대적으로 복종할 수밖에 없었습니다.

5) 질병 감염의 위험

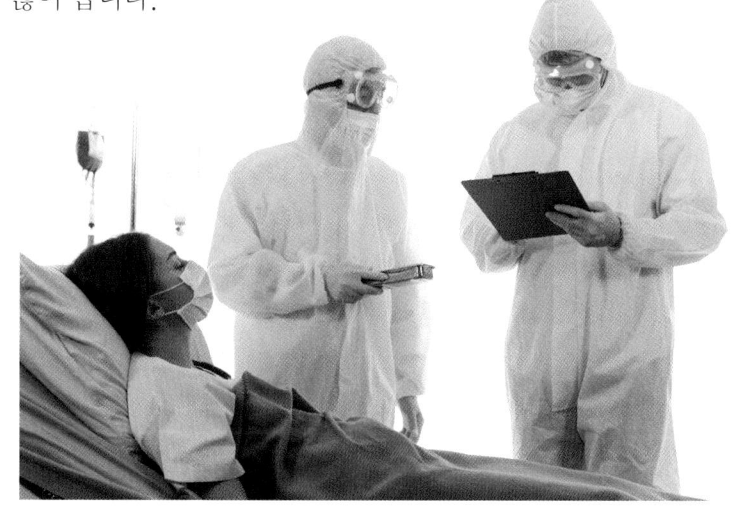

흔히 의사들은 병에 잘 걸리지 않을 거라 생각하지만 실제로는 병의 위험에 더 많이 노출되어 있습니다. 의사는 늘 아픈 사람을 대하고, 환자가 많은 병원에서 지내기 때문에 세균이나 바이러스에 감염될 가능성이 높습니다. 또한 수술이나 치료를 하다가 베이고 다치는 경우도 있습니다. 거기다 늘 피로에 시달리니 면역력이 떨어져 질병에 취약해질 수 있습니다. 그러니 늘 자신의 건강을 돌보고, 컨디션 조절에 신경 써야 합니다.

07 의사가 되기 위한 과정

1 중 · 고등학교 시절

중 · 고등학교 시절에는 무엇보다 학교 성적을 잘 관리해야 합니다. 의과대학은 입시 경쟁이 너무나 치열하기 때문에 최상위권 성적을 유지해야 진학을 꿈꿀 수 있습니다. 고등학교에서는 이과를 선택해야 하는데, 특히 수학 성적을 잘 받아야 의과대학 진학에 유리합니다.

또한 의과대학에 가서 공부를 해내려면 자신의 적성이 의사와 맞는지도 짚고 넘어가야 합니다. 의과대학에서 시체 해부는 필수 과정이므로 영화나 드라마를 보면서 피 흘리는 장면을 무서워하거나 상처 입은 사람이나 동물의 모습에 지나친 거부감을 느낀다면 의과대학 진학을 피하는 것이 좋습니다.

마지막으로 학교 공부뿐만 아니라 다양한 책을 읽어 두는 것도 필요합니다. 의학 관련 서적뿐만 아니라 과학 서적, 인문학 서적 등을 많이 읽어 두어야 합니다. 특히 소설책은 인간과 사회에 대한 이해의 폭을 넓혀 주므로 의사가 되어 다양한 환자들을 접할 때 큰 도움이 될 수 있습니다.

2 의과대학 시절

일반 대학은 보통 4년 과정이지만 의과대학은 6년 과정입니다. 의과대학은 의예과(예과) 2년, 의학과(본과) 4년으로 나누어지는데, 2년의 예과 시절에는 일반 대학생들과 비슷한 생활을 합니다.

예과를 둔 이유는 의대의 본과 과정이 너무 어렵고 힘들기 때문에 그런 과정에 들어가기 전에 충분한 교양을 쌓으라는 뜻입니다. 예과에서는 의학 공부뿐만 아니라 여러 가지 교양 과목도 듣고 동아리 활동도 합니다.

Tip

예과에서 배우는 교양 과목으로 다양한 인문학과 과학 등이 있으며, 의학개론 등도 배웁니다. 의학개론에서는 질병이나 건강에 대한 개념이라든지 의료윤리를 공부합니다.

2년 동안의 예과를 마친 후 본과에 접어들면 비로소 의과대학 생활의 시작이라 할 수 있습니다. 공부량이 엄청나게 많은데, 우리 몸에 있는 206개의 뼈와 뼈의 구멍, 혈관, 신경의 이름까지 몽땅 외워야 하는 것을 시작으로 의학 공부는 대부분 암기입니다.

그리고 시체 해부 실습도 해야 합니다. 시체의 몸을 갈라서 그 안을 살펴보는 것이지요. 시체를 처음 접하면 방부제 냄새가 코를 찌르고, 으스스한 기운이 느껴집니다. 한 구의 시체로 여덟 명 정도의 학생이 함께 실습을 하는데, 시체 해부는 장기를 관찰하는 것부터 시작합니다. 맨 먼저 배를 가르면 장기의 모습이 그대로 드러나는데, 이때 겁이 나서 울거나 토하는 학생들도 생깁니다. 이 과정을 못 넘기고 중퇴하는 학생들이 간혹 있습니다. 해부용 시체는 사망하기 전에 미리 시신 기증을 약속한 분들의 것이나 무연고(주인 없는) 시신을 이용합니다.

본과 3학년이 되면 강의실을 떠나 본격적으로 임상 실습을 합니다. 임상 실습이란 병원에 가서 담당 교수들이 환자를 어떻게 진료하는지 지켜보면서 배우는 것을 말합니다. 이때 가장 중요한 건 관찰입니다. 교수들이 진료하는 것을 관찰하면서 수업 시간에 배운 것과 연관 지어서 확인하고 익혀야 합니다.

본과 4학년이 되면 의사국가고시를 준비해야 합니다. 나라에서 실시하는 의사국가고시에 합격하면 의사 면허증을 받게 되는데, 이런 의사를 일반의라고 부릅니다.

일반의가 되었다는 것은 대한민국에서 어떤 종류의 의료 행위도 할 수 있다는 것을 뜻합니다. 개인 병원을 차릴 수도 있고, 다른 병원에 취업을 해도 됩니다.

Tip

레지던트들은 보통 일주일에 100시간 넘게 병원에서 일합니다. 많게는 140시간까지 일할 때도 있다고 합니다. 이렇듯 하루 종일 환자들을 돌보는 한편, 틈틈이 논문이나 컨퍼런스를 준비해야 하기 때문에 보통 이틀에 한 번 꼴로 집에 들어간다고 합니다.

3 인턴 · 레지던트 과정

의사 면허증이 있다고 해도 현실적으로 의과대학을 갓 졸업한 일반의의 경우 임상 경험이 부족하기 때문에 환자를 진료하는 데 어려움이 많습니다. 그리고 일반의 자격으로는 병원에 취직하려 해도 보수가 적고, 자신의 병원을 차려도 환자들이 별로 신뢰하지 않기 때문에 대부분의 의과대학 졸업생들은 전공의(레지던트) 수련을 받으려고 합니다.

전공의 수련 과정은 인턴 1년 레지던트 4년이며, 가정의학과의 경우 인턴 1년 레지던트 3년입니다. 인턴 과정에서는 의사가 환자를 치료하는 것을 도우면서 내과, 외과, 소아과 등 병원의 여러 분야를 두루 경험합니다. 이렇게 인턴 시절 병원의 여러 전문 분야를 경험하고 의료 기술을 갈고 닦는 과정을 거치면서 자신의 적성에 맞는 분야를 찾을 수 있습니다. 하지만 인턴들이 하는 일은 주사를 놓고, 혈액을 채취하고, 검사 결과를 확인한다든지 하는 매우 사소한 것들이어서 일을 하는 과정에서 큰 보람을 느끼지 못할 수도 있습니다.

인턴 과정을 마치면 전공의인 레지던트가 되는데, 이때에는 여러 분야 중 자기에게 맞는 분야를 선택해서 3~4년 동안 환자들을 치료하는 일을 합니다. 전공을 고를 때 인기 있는 과는 내과, 이비인후과, 성형외과, 피부과, 안과 등입니다. 반면에 외과, 산부인과, 흉부외과(수술로 폐, 심장 등의 질병을 치료), 응급의학과(응급 환자를 치료) 등은 신청자가 아주 적습니다. 다른 과보다 힘이 많이 들고 수술에 대한 부담도 있기 때문입니다.

레지던트가 되면 앞으로 자신이 해야 할 일들이 정해져 있고, 자신을 지도할 선배 의사들도 정해져 있어서 인턴 때보다는 심리적으로 안정감을 얻을 수 있습니다. 그러나 상상을 초월하는 노동 강도에 시달려야 합니다.

또한 보수도 매우 적어서 생활하기가 빠듯하여 집에서 생활비를 얻어다 쓰는 경우도 생깁니다. 그래서 대형 병원들이 레지던트들의 노동력을 저임금으로 착취한다는 말도 나오고 있습니다.

이렇게 힘든 레지던트 과정이 끝나면 전문의 시험을 볼 수 있는 자격이 생깁니다. 전문의 자격시험을 통과하면 내과 전문의나 외과 전문의 등 총 26개 분야에서 전문의로 일할 수 있게 됩니다. 비로소 완벽한 의사로 태어난 것입니다.

4 군대 복무

남자의 경우 의사들도 군대에 다녀와야 하는데, 대부분 군대에서 군인들을 진료하는 군의관이 됩니다. 군의관은 군대 병원에 배치되어 군인들의 질병 예방에 앞장서고, 아픈 병사가 있으면 진료를 보고 치료를 합니다.

그런데 군대에 가기 전에 어떤 과정에 있었느냐에 따라 군대에서의 지위가 달라집니다. 사회에서의 의사 경력이 1년일 경우 중위로, 3년 이상일 경우 대위로 임관합니다. 대학병원에서 근무하고 입대한 의사들은 인턴을 마치면 중위로, 레지던트를 마치면 대위로 임관됩니다. 또한 의사로서의 경력이 이보다 긴 경우에는 대위로 임관한 후 소령 진급 심사를 받고 소령으로 진급하는 경우도 있습니다. 따라서 대개 전공의 수련을 마치고 군대에 가고 싶어 합니다. 나이가 젊을 때 수련을 받는 것이 아무래도 수월하기 때문이며, 군대에 가서도 높은 지위에서 좋은 대우를 받으며 생활할 수 있기 때문입니다.

5 전문의 이후 생활

인턴과 레지던트의 힘든 과정을 마치고 전문의가 되면 자신의 병원을 열거나 종합병원 또는 개인병원 전문의로 취업할 수 있습니다. 취업을 하는 의사들은 일반적으로 종합병원을 선호합니다. 그리고 병원에 전문의로 취업하면 수입이 매우 높기 때문에 열심히 돈을 모아서 자신의 병원을 차리기도 합니다.

많지 않은 경우지만 대학병원에서 교수가 되는 길도 있습니다. 대학병원에 남으려면 전문의 자격을 얻은 뒤에도 다시 2년 동안의 펠로우

Tip

어느 분야, 어느 대학이나 마찬가지지만 의과대학에 남는 일은 경쟁이 매우 치열합니다. 또한 경제적으로도 어렵고, 준비 기간도 많이 필요하고, 때로는 운도 따라야 합니다.

(전임의) 과정을 거쳐야 합니다. 펠로우 과정을 마치면 분과 전문의 시험을 볼 수 있고, 이 시험에 통과하면 교수나 연구의가 될 수 있습니다.

6 의학전문대학원 제도

의사가 되기 위해 반드시 의과대학으로 진학해야 하는 건 아닙니다. 4년제 일반 대학을 나와서 의학전문대학원에 입학하여 공부를 마친 다음 의사국가고시를 보는 방법도 있습니다.

의학전문대학원에 입학하려면 4년제 대학 졸업자가 의학교육 입문시험인 MEET를 통과해야 합니다. MEET는 의사의 기본 자질인 지적 능력과 인성을 평가하고, 의사소통 및 언어 구사 능력, 인문 사회 · 자연 과학 분야의 배경 지식 및 추론 능력 등을 평가하는 시험입니다. 그 밖에 공인 영어능력시험 성적과 대학시절 성적도 평가 항목에 포함됩니다.

08 의사의 마인드맵

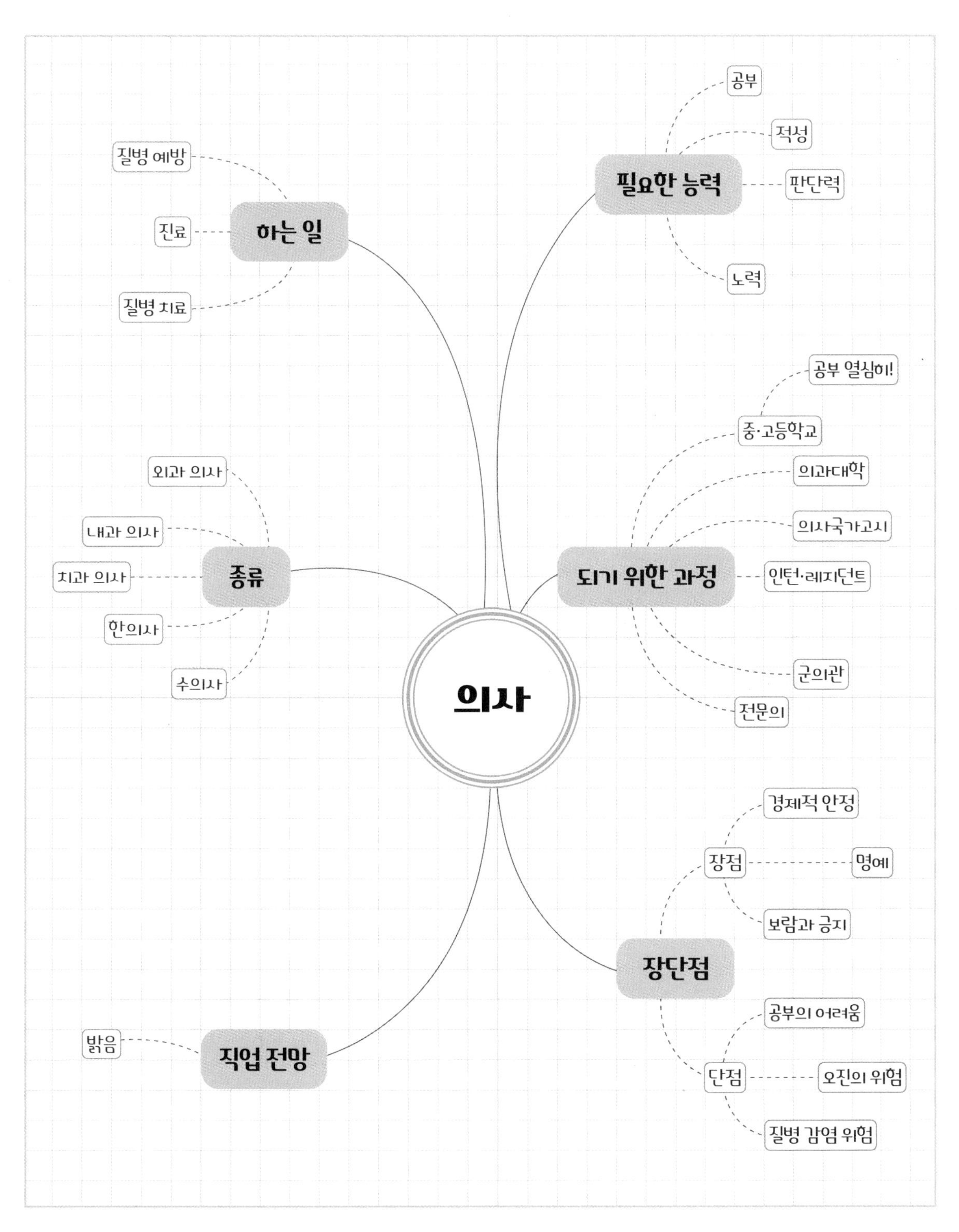

의사
하는 일
질병 예방
진료
질병 치료
필요한 능력
공부
적성
판단력
노력
종류
외과 의사
내과 의사
치과 의사
한의사
수의사
되기 위한 과정
공부 열심히!
중·고등학교
의과대학
의사국가고시
인턴·레지던트
군의관
전문의
장단점
장점
경제적 안정
명예
보람과 긍지
단점
공부의 어려움
오진의 위험
질병 감염 위험
직업 전망
밝음

09 의사와 관련하여 도움받을 곳

1 직업 정보를 얻을 수 있는 기관

● 서울대학교병원 의학박물관(http://www.medicalmuseum.org) 의료기기 1,000여 점과 한국 근대의학사료 8,000여 권을 소장한 의학 전문 박물관으로, 한국 근대의학의 발달과 의료기기의 변천사, 서울대학교병원의 변천사를 살펴볼 수 있습니다.

이 박물관에는 우리나라에 근대의학이 도입된 이후의 각종 의료기기, 병원사와 관련된 문화 자료, 사진, 영상자료 등과 소암 기창덕이 기증한 한국 의학과 관련 있는 사료들이 전시되어 있습니다. 주요 사업으로 수집품의 이력과 활용 방법, 관련 개인사 및 기관사 등을 기록하고 학술 표본을 수집하며, 대학교와 병원의 학술적 연구 성과를 대외적으로 공개하는 일에 힘쓰고 있습니다.

시설은 전시실 4실과 소암의문화사료실 2실, 수장고로 구성되어 있습니다. 박물관이 자리 잡은 시계탑 건물은 1908년에 세워진 대한의원 본관 건물로서 사적 제248호로 지정되어 있습니다.

● 교육부 어린이 홈페이지(http://kids.moe.go.kr) 아이들이 궁금해 할 만한 다양한 직업에 대해 가나다순으로 알기 쉽게 설명되어 있습니다. 직업에 대한 기본 정보를 알고 나서 교육부에서 주관하는 창의적 체험 활동에 참여하면 효과가 더욱 클 것입니다.

● 고용노동부 워크넷(https://www.work.go.kr) 한국고용정보원에서 운영하는 사이트로 무료로 직업 심리 검사를 이용할 수 있습니다. 직업 정보 검색, 직업 · 진로 자료실, 학과 정보 검색 등의 정보를 제공하며 직업 · 학과 동영상, 이색 직업, 테마별 직업 여행, 직업인 인터뷰 자료를 볼 수 있습니다. 온라인 진로 상담 서비스도 제공합니다.

● **진로정보망 커리어넷(https://www.career.go.kr)** 한국직업능력개발원이 운영하는 사이트로 초등학생부터 성인, 교사에 이르기까지 대상별로 진로 및 직업 정보를 제공하며 온라인 상담도 할 수 있습니다. 심리 검사를 무료로 이용할 수 있으며, 학생들이 만든 UCC 자료도 무료로 볼 수 있습니다.

2 직업 체험 프로그램

● **의사직업체험박람회** 각 지역의 의사들이 재능 기부로 지역 어린이들을 위해 박람회를 개최하고 있습니다. 2014년에는 대전과 대구에서 각각 열렸습니다.

2014년 7월에 대전 컨벤션센터에서 열린 의사직업체험박람회에서는 실제 병원에서 사용하는 의료장비를 직접 만져 보고 사용해 볼 수 있었습니다. 주요 체험 프로그램으로는 수술실 체험, 치과 의사 체험, 인턴 체험, 외과 의사 체험, 정형외과 의사 체험, 응급 의사 체험, 내과 의사 체험, 119 구급차 체험, 의료 기기 체험 등이 있었습니다. 박람회에는 대전 지역 10개 병 · 의원이 참가했다고 합니다.

2014년 9월 대구에서 열린 의사직업체험박람회 역시 대구 지역 의료진들의 기부로 열렸으며, 성형외과 · 치과 · 신경외과 · 안과 · 한의학과 · 마취통증학과 · 피부과 · 정형외과 · 산부인과 등의 의사 체험을 할 수 있었고, 이 밖에도 수술실 체험과 약국 체험이 준비되었다고 합니다. 특히 병원에서 실제로 사용하고 있는 갖가지 의료 기구들이 총동원되어 까다로운 수술실 체험과 수술 봉합 체험을 할 수 있어 아이들에게 매우 유익했다고 합니다. 또한 150여 명의 의료진들이 함께하여 아이들의 체험을 직접 지도하고, 의사가 어떤 일을 하는지도 몸소 보여 주었다고 합니다.

앞으로도 지역별로 이런 박람회가 열릴 예정이니 의사가 되고 싶은 어린이와 청소년들은 이런 정보를 찾아 보고 기회가 되면 반드시 참여하면 좋을 것입니다.

● 인체의 신비 전시회 독일의 군터 폰 하겐스라는 사람이 사람의 몸과 장기를 반영구적으로 보관할 수 있는 방법을 개발하여 200여 점의 인체 표본을 만들어 전 세계를 돌아다니며 '인체의 신비'라는 제목으로 전시회를 하고 있습니다.

최초의 전시는 1996~1998년 일본에서 열렸으며, 독일, 벨기에, 오스트리아 등 유럽 각국에서 전시회가 열렸고, 우리나라에서는 2002~2003년, 2011~2012년, 그리고 2014년에 열렸습니다. 충격적인 사진이 많은데 특히 폐암으로 사망한 환자의 돌처럼 망가진 폐는 담배를 피우면 안 된다는 경각심을 불러일으킵니다.

이 전시는 윤리적인 문제와 도덕적인 논란을 일으키고 있기는 하지만 평소 확인하기 힘든 우리 몸 내부의 모습과 실제 단면도를 구석구석 볼 수 있다는 점에서 의학적인 공부가 될 수 있습니다. 의사나 간호사를 꿈꾸는 청소년들은 기회가 된다면 한 번쯤 관람하는 것을 추천합니다.

3 의료 봉사 단체

Tip

의료 봉사단체를 기억해 두었다가 나중에 의사가 되면 이런 단체에 가입하여 봉사 활동을 해 보세요. 인생을 더욱 뜻 있고 보람 있게 보낼 수 있을 것입니다.

의사들은 평소 병원에 근무하면서 환자들을 진료해 주고 돈을 법니다. 그런데 몇몇 뜻 있는 의사들은 휴가 때나 휴일에도 쉬지 않고 가난해서 병원에 오기 어려운 이웃이나 섬이나 시골 오지에 살아서 의료 혜택을 받지 못하는 사람들을 위해 시간과 노력을 기부하고 있습니다.

우리나라에서 활동하고 있는 의료 봉사 단체에는 다음과 같은 것이 있습니다.

● 인도주의실천의사협의회(http://www.humanmed.org) 노숙자 진료, 도서 지역 주민 진료, 북한 어린이에게 의약품 지원, 외국인 노동자 지원 사업 등을 벌이고 있습니다.

● 열린의사회(http://www.opendrs.or.kr) 해외 무료 진료 활동과 함께 장애인 시설, 양로원, 보육원, 외국인 근로시설 등에 무료 진료를 나갑니다. 소외 계층은 무료로 수술해 주고 수술 기금을 마련하기 위한 콘서트, 바자회 등을 개최하고 있습니다.

● 비전케어(http://www.vcs2020.org) 저소득층, 노숙인, 외국인 노동자 등을 대상으로 안과 검진과 수술 등을 하고 있습니다.

● 한국의료봉사회(http://한국의료봉사회.info) 저소득층 노인을 대상으로 한 의치나 보청기 무료 지원 사업, 노인복지관 및 노인생활시설에 대한 의료 지원 사업 등을 벌이고 있습니다.

10 유명한 의사

1 히포크라테스(기원전 460~기원전 377로 추정)

고대 그리스의 의사로, 의학의 아버지라 부릅니다.

그리스의 코스 섬에서 태어났으며, 할아버지와 아버지는 의학의 신인 아스클레피오스를 섬기는 제사장이자 의사로서 활동했습니다. 이 때문에 어린 시절 할아버지와 아버지로부터 전문적인 의학 지식을 배울 수 있었습니다. 당시 의사와 환자들은 아스클레피오스 신전에 와서 기도를 드리고 제사를 올리면 자신의 병이 치료된다고 믿었고, 의사들은 질병을 치료하는 데 주술을 사용하곤 했습니다. 하지만 히포크라테스는 이런 방식을 거부했습니다.

히포크라테스는 질병은 자연적인 원인으로 생기기 때문에 자연 작용에 따라 진단하고 치료할 수 있다고 주장했습니다. 그리고 자신이 쓴 책 〈인간의 본성〉에서 인간의 질병은 네 가지 체액인 혈액, 흑담즙, 황담즙, 점액이 균형을 이루지 못해 생긴다고 주장했습니다. 그리고 이 이론은 19세기 말까지 질병의 원인을 설명하는 가장 유력한 이론이 되었습니다. 그리고 그의 영향을 받은 의사들은 의학 서적이나 경험을 통해 얻은 지식이나 과학적인 방법으로 질병을 치료할 수 있었습니다.

무엇보다도 히포크라테스는 의사들의 윤리 강령인 '히포크라테스 선서'를 작성한 사람으로 유명합니다. 지금도 의과대학 졸업식에서 학생들은 이 선서를 반드시 낭독합니다.

2 허준(1539~1615)

조선 중기의 의학자로 선조와 광해군의 어의를 지냈으며, 1610년(광해군 2년) 조선 한방의학의 발전에 기여한 〈동의보감〉을 완성했습니다.

허준은 경기도(현재 서울 강서구)의 명문가에서 태어났습니다. 할아버지는 경상도 우수사를 지냈고, 아버지는 무관으로 용천 부사를 지냈습니다. 명문가 출신답게 좋은 교육을 받았으며, 어려서부터 경전과 사서 등에 밝았습니다.

허준이 형제들과 달리 어떤 계기로 의학을 연구하기 시작했는지는 알려지지 않았지만, 1569년(선조 2년)에 부제학 유희춘의 부인을 치료하여 이름을 떨쳤습니다. 1574년 의과에 급제하여 의관으로 내의원에서 일했으며, 이듬해 어의(임금의 병을 치료하는 의원)로 뽑혀 선조의 신임을 받았습니다. 1590년에는 왕자였던 광해군의 천연두를 치료하여 당상관의 벼슬에 올랐고, 임진왜란 때는 의주까지 선조를 모신 공로를 인정받아 호종공신에 임명되었습니다.

그 후, 선조의 명을 받아 양예수 등 여러 의원들과 함께 조선의 실정에 맞는 의서인 〈동의보감〉 편찬에 착수했습니다. 그러나 정유재란의 발발로 의서 편찬이 어려워 보류되었다가 본격적인 편찬은 임진왜란이 완전히 끝난 1600년부터 시작되었습니다. 또한 그 해에 어의의 우두머리였던 양예수가 죽자 내의원의 책임자로 본격적인 활동을 시작했습니다.

그러나 1608년 선조가 죽자 어의로서 그 책임을 물어 파직당하고 의주로 유배되었으나, 곧 다시 풀려나 광해군의 어의로서 왕의 측근에서

총애를 받았습니다. 그리하여 광해군 대에 주로 의서를 편찬하는 데 많은 시간을 보냈고, 1610년 〈동의보감〉 25권을 완성했습니다. 그 후에도 1613년과 1614년에 새로운 전염병이 발생하자 치료서인 〈신찬벽온방〉, 〈벽역신방〉 등을 집필하기도 했습니다.

3 노먼 베순(1890~1939)

캐나다의 외과 의사로 고통받는 세계 여러 나라 사람들을 위해 의술을 베풀었습니다. 특히 1938년 초부터 1939년 11월에 죽을 때까지 약 21개월 동안 중국에서 의술을 펼치면서 중국의 국가 영웅이 되었습니다.

노먼 베순은 캐나다 온타리오 주에서 태어났습니다. 1917년부터 의사로 일하기 시작했고, 1928~1936년까지 캐나다 몬트리올에서 일했습니다. 이 기간 동안 흉부(폐) 수술 시 사용하는 기구를 발명하여 세계적으로 유명해졌습니다.

1936년 스페인에서 내전이 일어나자 그곳으로 가서 인민전선 정부군에 합류하여 부상당한 군인들을 돌보았으며, 같은 해에 처음으로 전장에서 직접 수혈하는 이동식 수혈 방식을 개발했습니다.

1938년 중일전쟁이 발발하자 이번에는 중국으로 건너왔습니다. 당시 일본은 우리나라를 식민지로 만든 다음 만주와 중국 내륙까지 집어삼키려고 중일전쟁을 일으켰습니다. 이런 일본에 맞서 마오쩌둥이 이끄는 중국군이 열심히 싸웠지만 번번이 패했습니다. 매일같이 수많은 병사들이 죽어 가는 이때 베순은 들것과 몇 가지 간단한 의약품, 그리고 형편없는 수술 도구를 말에 싣고 전쟁터를 찾았습니다. 직접 부상병들을 수술하고 치료해 주는 것은 물론 병에 전염되지 않게 틈만 나면 위생 교육을 시켰습니다. 또한 많은 중국인들을 헌혈의 장으로 이끌어내어 피가 부족해 죽어 가던 부상병들의 목숨을 살렸습니다.

이렇게 부상병을 치료하는 한편, 의학을 가르치는 학교를 세워 전쟁터에서 간단한 수술을 할 의사를 길러내기도 했습니다. 그리하여 1938년에는 중국 공산군의 군의관 총사령관이 되었습니다. 그러나 쉴 틈 없이 일하던 베순은 1939년 가을 패혈증에 걸리고 맙니다. 제대로 된 도구도 없이 수술을 거듭하다가 무서운 병에 걸린 것입니다. 결국 수술 한번 제대로 받지 못한 채 숨을 거두고 말았습니다.

베순이 죽자 수많은 중국인들이 땅을 치며 통곡했습니다. 일본군과 맞서 싸우는 병사들의 충격이 제일 컸습니다. 병사들은 '베순은 우리 가슴속에 여전히 살아 있다!'라고 외쳤습니다.

사랑으로 의술을 베풀었던 노먼 베순. 그는 중국인들뿐만 아니라 전 세계인의 가슴속에 영원히 큰 의사로 남아 있습니다.

4 장기려(1911~1995)

장기려는 일제강점기와 6·25전쟁이 끝난 직후 힘든 시기에 가난하고 어려운 환자들을 위해 헌신한 의사입니다. 집도 없이 병원 한쪽 방에서 기거하면서 의료보험 제도를 도입하는 등 인도주의에 입각한 진료를 실천하였습니다.

평안북도 용천에서 태어난 장기려는 서울대학교 의과대학의 전신인 경성의학전문학교를 졸업한 후 경성의전 외과학 교실의 조수로 일하면서 당시 외과계의 권위자 백인제 교수의 제자가 되었습니다. 그해 결혼도 하여 3남, 3녀를 두었습니다.

1940년에는 '돈이 없어서 의사의 진료를 받지 못하는 가난한 사람들을 돕는 의사가 되겠다.'고 하느님과 맺은 약속을 지키기 위해 평양 기홀병원으로 자리를 옮겼습니다. 1943년에 우리나라 최초로 환자의 간을 절제하는 데 성공했는데, 최초의 간암 절제 성공 소식은 당시 우리나라 의학계 최고의 뉴스였습니다.

1945년 해방 후에는 북에서 김일성대학 의과대학 교수로 일하였고, 6·25전쟁이 일어나자 김일성대학 부속병원에서 북한군 부상병들을 치료했습니다. 그런데 인천 상륙작전으로 북한군이 평양을 버리고 도망가자 국군과 유엔군이 평양에 입성했고, 이번에는 국군병원에서 부상병들을 치료하게 되었습니다. 그 후 공산군의 보복이 두려워 둘째 아들과 함께 부산으로 피난하였습니다.

부산으로 온 이후 장기려는 부산에 복음병원을 세워 행려병자를 치료하였는데, 가난한 환자들에게 진료비를 받지 않는다는 소문이 나면서 형편이 어려운 환자들이 몰려 가뜩이나 어려운 병원 운영이 더욱 힘들어지기도 했습니다. 그렇지만 장기려는 진료비가 없다고 하소연하는 환자에게 밤에 조용히 도망치라고 알려 주기도 했다고 합니다.

1968년에는 한국 최초의 의료보험조합인 청십자의료보험조합을 설립했습니다. 가족 중 한 사람이 병에 걸리면 의료비를 대다가 가정이 풍비박산하는 것을 많이 봐 온 장기려는, 사람들이 병에 걸리지 않았을 때 돈을 조금씩 내고, 질병에 걸리면 적은 돈만 내고도 진료를 받을 수 있는 '청십자의료협동조합'을 만든 것입니다. 1977년 정부에서 의료보험 제도를 도입할 때 청십자의료보험제도를 많이 참고했다고 합니다. 이처럼 장기려는 우리나라의 의료 기술뿐만 아니라 의료 제도의 발전에도 기여했습니다. 1979년 장기려는 그동안의 공로로 막사이사이상을 받았는데, 시상식에서 이렇게 말했다고 합니다.

"나는 가진 것이 너무 많다. 넥타이가 네 개나 된다."

한편, 장기려는 북에 두고 온 부모님과 부인, 자식들을 평생 그리워하며 살았다고 합니다. 주위에서 재혼을 권했지만 북에 두고 온 아내를 생각하면서 뿌리쳤습니다. 1985년 남북 고향 방문단 및 예술단이 서울과 평양을 방문했을 때, 정부는 그에게 가족을 만날 수 있는 기회를 주겠다고 했으나 혼자만 특혜를 받는 것을 사양했습니다. 그리고 얼마 후에 북에 있는 가족들이 잘 살고 있다는 소식을 들었고, 1991년에는 북한의 가족사진과 함께 아내의 편지도 받을 수 있었습니다. 그렇지만 끝내 가족들을 만나지 못하고 1995년 세상을 떠났습니다.

5 국경 없는 의사회

'국경 없는 의사회'는 전 세계에 전쟁, 굶주림, 질병, 자연재해 때문에 의료의 기술이 필요한 곳이라면 어디든지 달려가서 도움을 주고자 1971년 파리에서 결성되었습니다. 1968년 나이지리아 내전에 파견된 프랑스의 청년 의사들이 기아로 숨져가는 현지인들의 참상을 목격한 것이 단체를 결성하는 계기가 되었고, 1970년 방글라데시의 대홍수에 자원봉사로 구호 활동에 참여했던 의사들과 뜻을 합쳐

1971년에 만들어졌습니다.

'국경 없는 의사회'라는 이름에서 알 수 있듯이 이 단체는 내전이 일어난 지역이나 자연재해가 일어나 의료의 손길이 필요한 곳이라면 어디든지 가리지 않고 달려갑니다. 오직 인류에 헌신한다는 사명감 하나로 국경과 이념, 종교, 인종의 벽을 넘어 활동합니다. 특히 1995년 10월에는 NGO로는 유일하게 북한에 들어가 기근과 전염병으로 신음하던 북한 주민들에게 의약품과 의료장비 등을 지원했으며, 지금도 탈북자들을 돕고 있습니다. 인류를 위해 일한 공로를 인정받아 1999년에는 노벨 평화상을 수상하기도 했습니다.

이 단체는 현재 벨기에 브뤼셀에 본부를 두고 있으며, 세계 45개국에서 모인 3,000여 명의 자원봉사자로 구성돼 있습니다. 또한 미국과 독일, 일본, 스페인, 네덜란드, 스위스, 룩셈부르크 등 모두 20개 나라에 지부를 두고 있으며, 전 세계 300만 명의 독지가들로부터 기부금을 받아 독자적인 재정을 꾸리고 있습니다.

11 이 직업을 가진 사람에게 듣는다

의사 김철환 | 인제대 가정의학과 교수

"의사가 곧 치료제다."
마라톤 풀코스를 달리고, 매일 커피를 내리고 요리하는 의사
'건강 전도사' 김철환이 꿈꾸는 우리 동네의 좋은 주치의

Q1 지금의 전공을 선택한 배경이 궁금합니다.

원래는 소아과(소아청소년과) 의사가 되고 싶었습니다. 도시나 시골, 어디든 상관없이 동네의 좋은 주치의 역할을 하는 의사가 꿈이었는데, 소아과 의사가 되면 가능하다고 생각했습니다. 그런데 본과 4학년 때 가정의학과 강의를 듣고 실습을 나갔을 때, 가정의학과를 전공하면 제가 꿈꾸는 좋은 주치의 역할을 할 수 있겠다는 생각이 들어서 진로를 정했습니다. 지금은 의과대학에서 학생들을 가르치고 있지만, 은퇴하면 주치의를 하고 싶은 마음이 있습니다.

Q2 가정의학과에 대해 설명해 주세요.

가정의학과에서는 나이나 성별에 관계없이

주치의가 감기부터 고혈압까지 한 사람의 모든 건강문제를 다루고 있습니다. 개인의 건강문제를 다룰 때 몸과 마음을 개별적으로 보는 것이 아니라 몸과 마음을 같이 보면서 그 사람의 건강문제를 해결하고 건강증진을 도와주는 과이지요. 한 의사가 모든 것을 볼 수는 없기 때문에 집단 개원을 권유하고 있는데, 가정의학과 안에서도 미용성형, 비만클리닉, 금연클리닉 등의 전문 분야가 생겨나고 있습니다. 여러분이 살고 있는 지역과 가까운 곳에 이런 병원이 생긴다면 동네 의원이라서 더 신뢰가 가고, 이런 제도가 잘 정착되면 지역 사회에서 일어나는 건강 문제의 90%는 처리할 수 있을 것으로 생각합니다.

영국, 캐나다, 호주, 벨기에 같은 곳에서는 가정의만 개업할 수 있고, 다른 의사들은 종합병원에서 일할 수 있습니다. 우리나라의 경우에는 미국의 의료제도를 따랐습니다. 현재 세계적인 추세는 일반의는 일반의답게, 전문의는 전문의답게 진료하는 것입니다.

Q3 의대에 들어가면 공부를 얼마나 많이 하나요? 다른 취미생활을 즐길 수 있는 시간은 있나요?

공부할 양은 많지만 의대생들도 다른 학생들처럼 대학생활을 즐기면서 공부할 수 있습니다. 일단 예과 2년 동안은 여유가 있습니다. 예과 성적이 인턴, 레지던트에 거의 안 들어가기 때문에 공부에 대한 부담이 비교적 적습니다. 그래서 운동이나 봉사도 하고, 여행도 가고 얼마든지 즐길 수 있습니다.

그러다가 본과 때부터 공부할 양이 많아집니다. 하지만 교사나 공무원 등의 직업군도 공부를 열심히 하지 않으면 될 수 없습니다. 물론 의사가 다른 직업군에 비해 공부량이 많은 것은 사실입니다. 그러나 다른 직업군에 비해 못 견딜 정도로 엄청나게 많은 것은 아니므로 크게 걱정할 필요는 없습니다. 의대를 다니면서도 얼마든지 재미있게 지낼 수 있습니다.

저는 서울대학교를 졸업했는데 공부와 취미생활 모두 즐겼습니다. 단과대학별로 오케스트라가 있어서 모여서 연습하고 공연도 했습니다. 팀별로 운동시합도 하고, 학교별 대항전도 하고, 끝나고 축제도 벌였습니다. 다른 학생들처럼 학창시절의 추억을 그대로 가질 수 있습니다. 물론 시간은 좀 부족하고, 방학 때도 여유가 많지는 않지만 대학생활의 추억을 그대로 가질 수 있습니다.

Q4 대학시절에 이론 위주로 공부하다가 실제로 의사가 되면 당황하는 부분은 없나요? 인턴, 레지던트 과정이 많이 힘들다고 하던데 어떠셨어요?

요즘은 수업시간에 가상의 모의환자를 주고, 문제를 해결하는 것을 공부합니다. 상황별로 어떻게 대처하는지 배우고, 이에 대한 테스트도 합니다. 의사고시에서는 이론시험뿐만 아니라 환자에 대해 검사하는 시험도 따로 봅니다. 각 상황별로 잘 대처할 수 있도록 충분히 교육받고 실습하기 때문에 염려하지 않아도 됩니다.

실제로 의사가 되었을 때 당황하고 실수할

수 있지만, 선배 의사들이나 간호사들이 도움을 주기 때문에 크게 걱정할 일은 아닙니다.

인턴이나 레지던트 과정도 크게 걱정할 건 없습니다. 아직까지도 문제가 있는 병원이 있기는 하지만 예전과는 많이 달라졌습니다. 주 40시간 근무를 그대로 지킬 수는 없지만, 어느 정도 한도 내에서 근무하지 무리하게 일하지는 않습니다.

Q5 의학전문대학원(의전원)이 많이 생겼는데, 의전원 제도에 대해서 어떻게 생각하세요?

의대와 의전원 제도 모두 각각 장점과 단점이 있습니다. 그러나 충분한 합의 없이 이루어졌고, 대학에 전적으로 맡기지 않은 것이 안타깝습니다.

의전원에는 4년제 대학을 마치고 온 사람들이 많습니다. 그동안 든 학비도 있고 나이가 적지 않기 때문에 수입을 올릴 수 있는 임상의사로 몰리는 경우가 많아서 아쉽습니다.

제 개인적으로는 의대 공부에 드는 비용이 너무 비싸다고 생각합니다. 완전 무상은 아니더라도 무상에 가깝게 해야 하고, 정부에서 이 정도는 투자해야 한다고 생각합니다.

Q6 의사에 대한 오해나 편견에는 무엇이 있을까요?

첫째, 모든 의사가 돈을 잘 벌 거라고 생각하는데 그렇지 않습니다. 의사가 무조건 돈을 잘 버는 것이 바람직한 일도 아니고, 실제 모든 의사가 다 부자도 아닙니다. 의사의 월급이 일반 직업군의 평균보다 높을 수 있고, 의사 중에 부자가 된 사람들도 있습니다. 하지만 다른 일반 직업군에서도 부자는 있으니까, 특별한 건 아니라고 생각합니다.

둘째, 의사들은 건강관리를 잘할 것으로 생각하는데, 모든 의사가 건강관리를 잘하는 것은 아닙니다. '의사의 말대로 따르면 오래 살고, 의사의 행동대로 살면 일찍 죽는다.'는 농담이 있는 것처럼 의사마다 다릅니다.

마지막으로 의사는 너무 바빠서 여유시간이 전혀 없다고 생각하는 사람들이 많은데 그렇지 않습니다. 의사들도 시간 내서 봉사도 하고, 취미활동도 하고 있습니다.

Q7 의사에게 필요한 자질은 무엇이라고 생각하세요?

의사의 역할은 다양합니다. 진료를 하지 않고 실험만 하는 의사도 있고, 환자를 만나서 내과적인 치료를 하는 의사도 있고, 수술적인 치료만 하는 의사도 있습니다. 각자의 역할이 다르기 때문에 공통적으로 필요한 자질을 말하기는 쉽지 않습니다. 자기가 좋아하고, 열심히 하면서 보람을 느낄 수 있다면 누구나 의사가 될 수 있습니다.

환자를 매일 접하는 임상의사는 대인관계가 원만하고, 사람의 마음을 잘 읽는 공감능력이 필요합니다.

반면에 사회성이 부족하거나, 사람을 사귀는 일이 힘든 사람들은 다른 분야의 일을 하면 됩니다. 연구에 관심이 많은 사람들은 임상기초연구, 또는 임상연구 중에서 백업하는 약이나 의료 기구를 개발하는 일을 하면 됩니다. 정말 다양한 분야의 의사가 있으므로 의학에 관심 있는 사람이면 성격이나 관심 분야에 상관 없이 누구나 의사가 될 수 있습니다.

Q8 새로운 의학 기술이 계속 나오는데, 공부는 어떻게 하세요?

어떤 분야든 평생교육이 중요한데, 특히 의학은 생명을 다루는 직업이므로 계속 공부해야 합니다. 의사 면허를 유지하기 위해서는 국가에서 매년 지정해 주는 연수 교육을 받아야 합니다. 이를 채우지 못하면 패널티를 받습니다. 비단 패널티 때문이 아니라, 의사로서의 역할을 다하기 위해 교육은 필수입니다. 미국은 연수 평점을 못 받으면 의사 자격증이 박탈되고 시험을 다시 봐야 합니다. 우리나라에도 이러한 미국의 제도를 도입하려는 움직임이 있지만, 제도상의 문제나 예산 때문에 아직 실행되지 못하고 있습니다.

연수 교육에서 평점을 줄 때, 의대교수처럼 의학을 가르치는 사람들은 교육에 대한 점수 비중이 낮습니다. 하지만 개업의들은 평소에 배움의 기회가 적기 때문에 점수 비중이 높습니다. 그러나 연수 평점을 받는 차이가 있을 뿐이지 교육은 계속 받아야 합니다. 의사들은 시간이 부족하므로 주로 저녁이나 일요일에 교육을 받는데, 자신의 관심 분야를 찾아서 듣기도 하고, 인터넷을 통해 세계적인 의학 잡지를 보거나 새로운 의학 정보를 접하기도 합니다. 지금은 실력 있는 의사로 인정받고 있더라도 계속 공부하지 않으면 머지않아 한물간 의사가 될 수도 있습니다.

Q9 의사로서 보람을 느낄 때와 힘들 때는 언제인가요?

치료한 환자가 좋아지고 건강 문제가 해결되었을 때 보람을 느낍니다. 운동은 전혀 하지 않고, 음주와 흡연을 즐기는 사람들은 지금은 아무 증상이 없어도 나중에는 심각한 결과를 가져올 수 있습니다. 그런 분들이 우리 교육을 통해서 바뀔 때 보람을 느낍니다.

임상의사들은 의사 자체가 약입니다. 환자들이 의사를 만난 것 자체로 치유되는 경우가 많습니다. 의사와 이야기하면서 '내가 바뀌어야 하는구나. 이러다 큰일나겠다. 내가 내 몸을 이렇게 쓰면 안 된다.' 등을 인지하게 되지요. 물론 인지가 행동으로 연결되는 것이 쉽지 않습니다. '담배 끊으세요.'라는 말을 들으면, 담배가 나쁜 것은 알고 있지만 한번 중독되면 끊기가 쉽지 않습니다.

의사들은 동기부여 상담법 등을 통해 환자들에게 동기부여를 잘 하는 능력을 키워야 합니다. 임상의사는 환자의 정보를 잘 취합해서 적절한 선택을 할 수 있도록 도와줘야 합니다. 수술의사가 수술로서 치료하는 것처럼, 임상의사는 의사소통의 방법을 치료의 수단으로 사용합니다.

지금은 환자들이 의사의 말을 믿지 않는 불신의 시대입니다. 필요해서 검사를 권하면, 돈 벌려고 검사를 권한다고 생각하는 사람들이 많습니다. 반대로 검사를 권하지 않으면, 무능해서 권하지 않는다고 생각합니다. 상업화된 의료의 안 좋은 측면만 보도되어서 환자와의 의사소통이 힘들 때가 많습니다.

Q10 의사들은 시간적으로 여유가 많지 않은데, 본인의 건강을 챙길 시간은 있나요? 건강관리를 위해 따로 운동을 하거나 특별히 신경 쓰는 점이 있나요?

저는 건강관리를 교육하는 사람입니다. 언행불일치의 삶을 싫어하므로 당연히 환자들에게 말하는 대로 제 자신도 건강관리를 하고 있습니다.

저는 환자들에게 담배, 과음, 스트레스, 튀긴 음식, 고칼로리 음식, 태운 고기 등을 피하라고 이야기합니다. 운동과 취미생활을 통해 스트레스를 해소하고, 건강 문제가 있을 때는 적절한 치료와 약을 처방받으라고 가르치고, 저도 이대로 지키고 있습니다.

저는 음식을 굉장히 중요시합니다. 방송이나 언론 등에서 소개하는 특별히 몸에 좋은 음식, 건강식품, 식사요법이 대개는 맞지 않습니다. 특별한 요법이 따로 있는 것이 아니라 탄수화물, 지방, 단백질, 비타민, 무기질 등을 골고루 먹는 균형 잡힌 식사가 가장 중요합니다.

잘 먹기 위해서는 가만히 앉아서 남이 차려주는 요리만 먹어서는 안 됩니다. 자기도 요리를 할 수 있어야 합니다. 저는 요리하는 의사입니다. '남자들의 요리'라는 모임을 만들어서, 1년에 몇 번 모임을 갖고 있는데 정말 재미있습니다. 이 모임에서는 남자들이 요리하고, 여자들은 남자들이 만들어 주는 음식을 먹기만 합니다.

달리기를 좋아해서 봄가을에는 풀코스 마라톤에도 참가합니다. 평소에는 아침저녁으로 뛰는 연습을 하고, 시간이 없을 때는 집안에서라도 뛰고 체조하면서 연습합니다. 건강을 위해서 적절한 식사와 운동은 기본입니다.

저는 15년 전부터 원두를 갈아서 드립커피를 마시고 있습니다. 드립커피는 칼로리가 아주 없지는 않지만, 설탕과 프림이 없으므로 일반 커피보다는 건강에 좋습니다. 저만 마시는 것이 아니라, 주변 사람들에게도 나눠주면서 건강전도사로서 모범을 보이려고 노력하고 있습니다.

Q11 의사만의 매력이 무엇이라고 생각하세요?

의사는 전문 분야가 워낙 많아서, 의사 본인들이 생각하는 매력이 다 다를 것입니다. 그러나 제약회사에서 일하는 의사나 환자를 전혀 안 보는 연구직 의사, 그리고 매일 환자를 보는 임상의사 등 의사는 어디에서 일하든지 모두 사람의 건강 문제를 다룬다는 공통점을 가지고 있습니다.

사람들의 가장 큰 문제는 건강과 경제 문제인데, 의사는 건강 문제를 해결해 줄 수 있습니다. 물론 고혈압이나 당뇨 등 해결해 줄 수 없는 병도 있지만, 적어도 살아가는 동안에 환자의 좋은 조력자의 역할을 하고, 덜 고통스럽게 생활하도록 도와줍니다. 사람의 가장 큰 문제에 대해서 실질적인 도움을 줄 수 있다는 점에서 의사라는 직업이 매력적이라고 생각합니다.

Q12 의사로서 앞으로의 계획이나 비전을 말씀해 주세요.

우리나라는 공공 의료가 부족하고 의료가 지나치게 상업화되어 있습니다. 의료 제도와 의사에 대한 불신이 팽배해서 환자들은 의사들을 믿고 따르지 않습니다. 제가 이 모든 문제를 해결할 수는 없지만, 국민들 모두가 의사를 믿고 가족의 건강을 맡길 수 있는 '패밀리 닥터'를 만드는 가이드 역할을 하고 싶습니다.

우리나라에서는 사람들이 병이 나면 아픈 부위의 전문의를 찾아가서 치료합니다. 지금 당장은 잘 낫고 좋은 것 같지만, 장기적으로 과연 건강에 옳은 것인지는 모르겠습니다. 제 개인적인 생각에는 건강의 전반적인 문제를 맡길 수 있는 주치의가 있다면 국민들에게 좋지 않을까 생각합니다. 그러기 위해서는 실력 있고, 윤리적 기준도 높고, 인간적으로 매력적인 의사가 많아져야 하는데, 저는 이런 의사들이 많아지는 운동을 하고 싶습니다.

또한 병원과 의원도 꼭 의사가 주인일 필요는 없습니다. 지역 사회에서 병원을 차릴 수도 있기 때문에 이러한 일들을 지원하고 싶습니다. 병원과 의사의 이익보다는 환자에게 도움이 되는 정보, 예를 들어 비용이 저렴하면서도 효과가 좋은 정보 등을 국민에게 안내하는 일도 하고 싶어서 지금 준비하고 있습니다.

Q13 청소년 시절로 돌아간다면 어떤 일을 하고 싶나요?

저는 모든 일을 두루두루, 어느 정도 이상은 잘합니다. 그런데 제대로 잘하는 것은 별로 없습니다. 사람들이 모이면 기타로 반주도 잘하고 테니스도 잘 치는데, 뭔가 부족합니다. 그 이유는 제가 기초부터 제대로 배운 것이 아니라 대충 혼자 독학했기 때문입니다.

청소년기에는 힘들더라도 기초부터 원리를 잘 이해하고, 차근차근 배워야 나중에 실력이 늡니다. 공부는 제대로 배웠지만 취미활동은 기초 없이 대충 배웠기 때문에 기타도, 테니스도, 마라톤도 실력이 잘 안 늡니다. 원리를 알아야 나중에 응용할 수 있습니다. 젊었을 때는 좀 더 집중해서 기초를 잘 다졌으면 좋겠습니다. 조급하게 생각하지 말고 길게 보고 차근차근 배우는 것이 평생의 재산이 됩니다.

Q14 의사를 꿈꾸는 청소년들에게 조언 부탁드립니다.

요즘은 의대에 입학하는 것이 너무 어려워서 미안한 마음이 듭니다. '단지 공부 잘하는 학생을, 점수 서열대로 학생을 뽑는 것이 정의로운가?'하는 생각이 듭니다. 네덜란드의 경우에는 어느 성적 이상이 되면 의대에 들어갈 수 있습니다. 정확한 비율은 모르겠지만 성적순으로 뽑기도 하고, 상당수를 추첨으로 뽑는 것으로 알고 있습니다. 세계적으로 유명한 의사 중에 추첨으로 들어간 사람도 있습니다. 사실 기본적인 자질만 있으면 의사가 되는 것이 어렵지 않은데, 우리는 기회가 너무 한정되어 있어서 안타깝습니다.

그러나 어쨌든 제도가 정해져 있기 때문에 일단은 최선을 다해서 실력을 갖추는 것이 중요합니다. 그리고 현장에서 직접 진료하는 의사가 되기 위해서는 폭넓은 경험과 체력, 인간미도 필요합니다. 가능하면 자연과도 많이 접하고 인문학적인 경험도 쌓고, 다른 사람들의 이야기도 많이 들어서 풍부한 자산을 갖기 바랍니다. 이러한 인간적인 매력이 없으면 임상의사로서 환자들과 경험을 나누고 그들의 생각과 행동을 바꾸기 힘듭니다. 고통을 겪으며 죽어가는 환자 옆에서 손을 잡아줄 수 있는 의사는 더더욱 될 수 없겠지요.

의사는 환자의 육체와 정신, 모두를 다뤄야 하는데 공부만으로는 불가능합니다. 오로지 남보다 높은 점수를 받는 데만 신경 쓰다가, 직접 현장에 가면 엄청난 벽에 부딪힙니다. 인간에 대한 이해 없이는 결코 좋은 의사가 될 수 없습니다. 실력뿐만 아니라, 내면을 갖추어서 자신의 것을 환자들에게 나눠주는 의사가 되었으면 좋겠습니다.

I
과학자
탐구형

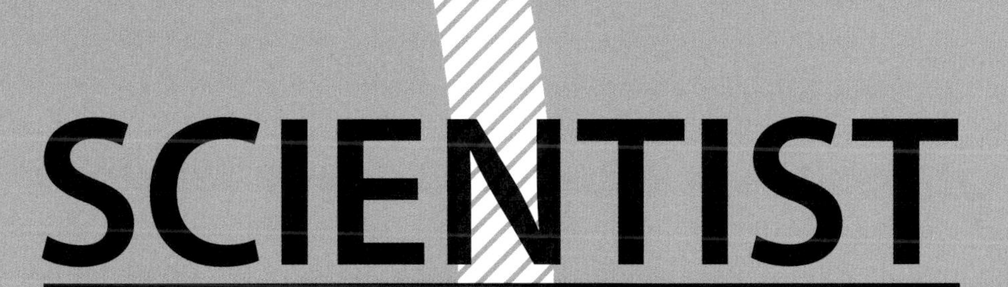

우리가 살고 있는 지구, 또 지구가 속해 있는 우주는 수많은 규칙을 가지고 있습니다. 과학은 이러한 우주의 원리를 밝혀내고자 하는 학문이며, 그러한 원리를 이용해 인간 생활을 편리하게 할 방법을 찾기도 합니다. 과학을 전문적으로 공부하고 연구하는 사람을 과학자라고 합니다. 훌륭한 과학자가 되려면 세상 모든 일에 호기심을 가질 수 있어야 합니다. 대부분의 사람들이 당연하게 여기는 일에 대해서도 '왜 그럴까?'하는 의문을 가져야 합니다.

01 과학자 이야기

1 과학자란?

과학의 세계는 워낙 넓고 깊어서 그것을 세세히 나누다 보면 한이 없습니다. 과학의 연구 분야를 크게 분류하면 자연과학과 응용과학으로 나눌 수 있습니다. 자연과학이 물리학, 화학, 생물학, 천문학 등 자연 자체를 대상으로 자연의 법칙을 탐구하는 학문이라면, 흔히 공학이라 불리는 응용과학은 자연과학이 발견한 자연의 원리를 바탕으로 기계 장치나 전기 장치, 토목 등 생활을 편리하게 해 주는 기계 등을 발명하는 분야입니다. 따라서 기계공학, 전기전자공학, 토목공학 등이 응용과학에 속합니다.

과학자가 되고 싶다면, 여러 분야의 과학 중 자신이 어떤 분야에 관심이 있는지 파악한 후에 대학에 입학할 때 해당 분야의 학과를 선택합니다. 그러나 물리학과 화학이 다르지 않고, 자연과학과 응용과학이 동떨어져 있는 것이 아니라 과학이라는 이름으로 서로 연결되어 있습니다. 따라서 훌륭한 과학자가 되려면 자기가 연구하는 분야 외에도 다른 여러 분야에 대한 과학 지식을 가지고 있어야 합니다.

Tip

수천 억 개의 별들 중에서 수십 억 개의 별은 태양과 비슷한 능력을 가지고 있다고 합니다. 그렇다면 우주 어딘가에 지구처럼 생물이 사는 별이 있을지도 모릅니다. 아직까지는 생물체가 존재하는 별을 찾아내지는 못했지만, 우주 어딘가에 그런 별이 있을 거라 믿으며 천문학자들은 그런 별을 찾기 위해 노력하고 있습니다.

2 자연과 우주의 원리를 밝히는 과학자들

과학의 기본은 우주의 원리를 밝히는 순수과학, 즉 자연과학입니다. 이러한 순수과학을 연구하는 과학자로는 물리학자, 화학자, 생물학자, 천문학자 등이 있습니다. 그렇다면 이들 과학자에 대해 간단히 알아보기로 합니다.

우선 물리학자는 물질의 운동을 연구합니다. 눈에 보이지 않는 아주 작은 물질에서부터 크게는 우주에 이르기까지 모든 물질의 운동에 대해 연구합니다. 피사의 사탑에 올라가 가벼운 물체와 무거운 물체를 동시에 떨어뜨린 후 어느 것이 먼저 떨어질지를 연구했던 갈릴레이나 사과나무에서 사과가 떨어지는 것을 보고 만유인력의 법칙을 발견한 뉴

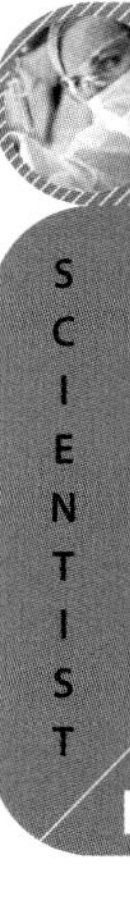

턴 모두 물리학자들입니다. 이처럼 물리학자는 자연 현상을 이해하고 밝혀내는 일을 합니다.

화학자는 물질의 성질과 구성을 연구합니다. 화학이란 서로 다른 물질들이 만나 전혀 새로운 물질을 만들어 내는 과정을 자세히 캐내고자 노력하는 학문입니다. 인간은 불을 사용하면서 각종 물질을 이용하여 그릇이나 금속 등 생활에 필요한 물건들을 만들어 냈습니다. 그러면서 물질에 대한 지식을 쌓게 되었고, 그러한 지식을 보다 짜임새 있게 설명하고 이용하기 위해서 화학을 연구해 왔으며 지금도 연구하고 있습니다.

생물학자는 생물체의 비밀을 밝히는 일을 하며, 생활에 필요한 생물을 만들어 내는 일도 합니다. 예를 들어 위는 토마토, 뿌리는 감자인 '토감'을 만든다거나 위는 배추, 뿌리는 무인 '무추' 또는 빛을 일으키는 반딧불이의 효소를 이용하여 빛을 내는 식물을 만드는 일 등도 합니다.

천문학자는 별의 비밀을 밝히는 일을 합니다. 우주에는 수천 억 개의 별들이 있고, 그 별들에 감춰진 비밀을 밝혀내는 것이 천문학자의 일입니다.

3 과학자가 일하는 곳

자연과학을 연구하는 과학자는 대부분 대학에서 연구원으로 일하거나 학생들을 가르치는 일을 합니다. 그리고 대학에서 연구한 순수과학을 바탕으로 산업체 연구소나 정부출연 연구소 등에서는 생활에 필요한 과학 제품들을 만들어 내기 위해 노력합니다. 특히 산업체 연구소, 삼성전자반도체 연구소, 현대자동차 연구소 등에서 일하는 과학자들은 최신 기술을 연구에 이용하여 생활을 편리하게 해 주는 제품을 개발하여 기업의 이익을 창출합니다.

정부출연 연구소는 대학 연구소와 산업체 연구소를 연결해 주는 역할을 합니다. 이곳에서 일하는 과학자들은 정부의 지원을 받으며 기초기술과 산업기술, 공공기술에 대해 연구합니다.

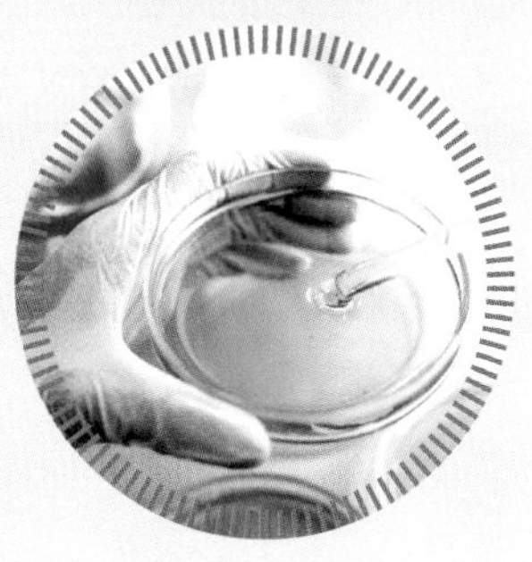

4 과학자가 되려면

Tip

오랜 연구 기간과 반복되는 실험 등 과학자가 하는 일은 힘들지만, 자신이 원하는 일을 하면서 돈도 벌고 인류를 위해 보람 있는 일을 할 수 있다는 점에서 매력적인 직업이라 할 수 있습니다.

훌륭한 과학자가 되려면 호기심과 창의력이 필요합니다. 대부분의 사람들이 당연하게 여기는 일에 대해서도 '왜 그럴까?' 하는 의문을 가져야 합니다. 나무에서 떨어지는 사과를 보고 만유인력을 발견한 뉴턴처럼 말입니다. 그리고 의문을 해결하기 위해 노력하는 과정에서 새로운 생각, 즉 창의성이 발휘됩니다. 또한 자신의 생각을 증명하기 위해 가설을 세우고 실험을 하게 됩니다.

과학자가 되려면 초등학교 시절부터 과학에 대해 관심을 갖고 그와 관련된 책을 읽고, 체험학습을 많이 하는 게 좋습니다. 중학교 시절 역시 과학책을 많이 읽으면서 자신이 좋아하는 과학 분야를 찾아 나가야 합니다. 그리고 학교 공부도 게을리 해서는 안 됩니다. 특히 수학과 과학 과목에 신경을 써야 합니다.

고등학교는 특수목적고등학교(이하 특목고)인 과학 고등학교에 입학하면 유리합니다. 특목고에 입학하지 않고 일반 고등학교에 들어갔다면 이과를 지원해야 합니다. 그리고 고등학교 시절에도 수학과 과학 과목에 집중해서 공부해야 합니다. 대학에 가서는 원서를 많이 읽어야 하므로 영어 공부도 열심히 해야 하고요.

또한 대학에서는 자신이 원하는 과학 분야를 전공으로 삼아야 합니다. 우리나라에는 과학을 전문적으로 교육하는 대학이 있는데, 카이스트라 부르는 한국과학기술원과 포스코라는 기업에서 운영하는 포스텍(포항공과대학)이 대표적입니다. 그렇지 않으면 서울대학교를 비롯한 4년제 일반 대학의 이공계에 입학하면 됩니다.

대학을 졸업하고 바로 취업하는 경우도 있지만, 과학자가 되려면 2년의 대학원 석사 과정과 4년의 박사 과정을 마쳐야 합니다. 약 10년 이상 공부해야 합니다.

5 직업 전망

한때 학생들 사이에서 이공계 기피 현상이 심했습니다. 10년 이상 공부해서 박사학위를 받아도 정당한 대우를 받지 못하는 경우가 많았

기 때문입니다. 특히 1997년 IMF 이후 연구소에 근무하던 과학자들이 일자리를 많이 잃게 되었습니다. 연구란 미래를 위해 투자하는 일인데, IMF로 기업들의 사정이 힘들어지자 당장 급하지 않은 연구 분야부터 정리했던 것입니다. 그래서 많은 젊은 과학자들이 일자리를 잃고 길거리로 내몰리게 되었습니다.

그 이후로도 정부나 기업들의 연구에 대한 투자가 많이 이루어지지 않은데다 과학자들에 대한 대우가 만족스럽지 않아서 똑똑한 학생들이 경제적인 안정을 찾아 의과대학처럼 대우가 좋은 대학을 지원했습니다. 이런 현상을 이공계 기피 현상이라고 합니다.

그런데 최근 들어 이공계가 다시 주목을 받고 있습니다. 정부나 기업의 과학 연구에 대한 투자가 점점 늘고 있고, 이공계 출신의 CEO도 늘어나는 추세라서 다시 관심을 받고 있습니다. 우리나라가 선진국에 진입하려면 과학기술의 발달이 반드시 필요하므로 앞으로도 투자는 더욱 늘어날 것입니다. 따라서 과학자들의 직업 전망은 밝다고 할 수 있습니다.

02 과학자의 종류

과학에 수많은 분야가 있듯이 과학자의 종류도 무척 많습니다. 그렇지만 과학자가 하는 일은 연구하고 실험하는 등 대부분 비슷합니다. 여기에 모든 과학자들이 하는 일을 전부 소개할 수는 없고, 요즘 관심 있는 분야인 생명공학자, 유전공학자, 우주과학자, 곤충학자, 로봇공학자, 의학생화학자에 대해 알아보기로 합니다.

1 생명공학자

Tip

과학자들 중에서 생명공학자는 동물을 복제하거나 인간의 DNA를 연구하여 병을 치료하는 방법을 개발합니다. 그 밖에 예방 주사약과 같은 새로운 약을 만들며, 동물이나 식물을 검역하는 일도 합니다.

생명공학자는 살아있는 생명체를 자세히 살펴보고 과학적으로 연구하는 과학자입니다. 인체, 동물, 미생물, 식물 등 지구상에 존재하는 모든 생명체를 해부하고 분석하는 등 다양한 실험을 통해 생명체의 현상을 연구하고 인간에게 필요한 이론을 만듭니다. 이를 통해 병을 고쳐서 생명을 연장하는 일을 돕고, 우리가 살아가는 데 필요한 식량과 에너지를 구하고, 환경오염 등을 해결하기 위해 노력합니다.

그런데 생명공학 안에서도 그 분야가 매우 다양하게 나누어집니다.

인체 분야를 연구하는 과학자들은 인체의 유전자를 해석하고 그 기능을 연구합니다. 그리고 난치병을 예방하기 위한 약이나 치료 기술을 개발합니다. 지문이나 목소리를 이용하여 문을 여는 것과 인공 심장을 연구하기도 합니다.

동물 분야를 연구하는 과학자들은 동물을 복제하거나 실험용 동물을 생산합니다. 유전자를 조작하여 고양이만큼 큰 쥐를 만들거나, 곤충을 이용하여 여러 분야를 연구하기도 합니다.

미생물 분야를 연구하는 과학자들은 우리 주변 어디에나 존재하지만 눈에는 보이지 않는 미생물 중에서 사람에게 유익한 미생물을 농업 · 환경 · 식물에 이용할 수 있도록 연구하고, 병이나 곰팡이를 일으키는 해로운 미생물은 없애는 기술을 연구합니다.

식물 분야를 연구하는 과학자들은 식물의 세포나 조직 배양 기술 등을 연구합니다. 옥수수, 토마토 등 식물의 생산량을 늘리고 병충해에 강하게 만들어 식량 문제를 해결하고 있습니다.

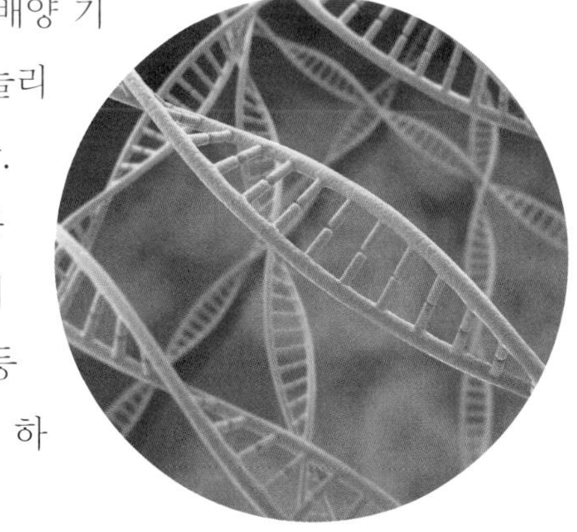

생명공학 과학자들은 대부분 정부 기관이나 정부에서 돈을 들여 운영하는 연구소, 기업에 부설로 있는 연구소 등에서 일합니다. 병원이나 의약품 제조업체, 생명기술 회사 등에서 일하기도 하며, 대학교수가 되어 교육과 연구를 함께 하거나 생명공학 관련 벤처 기업을 운영하기도 합니다.

2 유전공학자

유전공학은 생명공학의 한 분야입니다. 현재 유전공학은 그 연구가 활발히 진행되면서 우리 생활에 직 · 간접적으로 큰 영향을 미치고 있습니다.

생물체의 세포에는 자손에게 물려주는 유전 정보를 담고 있는 물질이 있는데, 이것을 유전자라고 합니다. 유전공학은 이러한 생물체의 유전자를 변형하여 인간에게 유익한 물질이나 생명체를 만들어 내는 기술을 연구합니다. 유전자의 구조, 생성, 조절 등을 연구하여 사람들에게 도움이 되는 기술이나 약품, 식품을 만들어 냅니다.

유전자 검사라는 말을 들어본 적이 있을 것입니다. 흔히 드라마에서 출생의 비밀을 밝힐 때 유전자 검사를 하는 장면이 나옵니다. 손가락의 지문이 사람마다 다르듯이 유전자에도 사람마다 다른 지문이 있습니다. 유전자 지문은 머리카락 한 올, 침 한 방울 속에도 들어 있습니다. 이것을 활용하면 친자식이나 부모를 정확하고 쉽게 확인할 수 있고, 범죄 현장에서 범인을 찾는 데에도 요긴하게 쓰일 수 있습니다.

사람들은 살아가면서 아프기도 하고 사람의 힘으로 치료할 수 없는 불치병이나 치료가 어려운 난치병에 걸려 목숨을 잃기도 합니다. 머지않아 유전공학자들은 암, 노화, 치매, 에이즈 등의 난치병이나 불치병을 고치는 약도 개발하게 될 것입니다. 그렇게 되면 인간의 수명이 늘어나서 아마도 100살을 넘어야 할아버지, 할머니라고 부르게 될 수도 있습니다.

3 우주과학자

우주과학은 우주의 생성과 비밀을 연구하는 분야에서부터 행성 탐사 분야에 이르기까지 다양한 연구를 하는 학문입니다. 현대의 과학 중에서 가장 발달된 과학이라 할 수 있지요.

그런데 안타깝게도 우리나라의 우주과학은 선진국들에 비해 다소 뒤처져 있습니다. 우주과학이 발달한 나라들은 미국, 러시아, 프랑스, 독일, 중국, 일본 등입니다. 그렇지만 현재 우리나라 우주과학자들이 열심히 노력하고 있으니 머지않아 우리 기술로 인공위성을 쏘아 올릴 수도 있고, 달 탐사도 하게 될 것이라 믿습니다.

4 곤충학자

곤충학자들은 곤충들의 생활이나 습성을 조사하고 관찰하여 곤충이 사람에게 어떤 영향을 주고 또 어떤 도움을 줄 수 있는지 연구하는 일을 합니다. 농업과 산림에 피해를 입히는 해충을 효과적으로 방지하고 관리하기 위해 해충을 조사하여 표본으로 수집한 후, 새로운 살충제를 개발합니다. 최근에는 사람에게 질병을 일으키는 곤충을 연구하는 일도 중요해졌습니다. 또한 곤충에서 나온 물질로 사람들에게 유익한 치료제를 개발하기도 하며, 곤충을 이용하여 식품이나 신소재 그리고 산업 분야에 유용한 물질 등을 개발합니다.

그리고 곤충을 이용해 환경을 평가하는 일도 합니다. 어느 지역의 환경이 깨끗한지 알아보려면 그곳에 사는 곤충의 종류를 조사해 보면 알 수 있습니다. 그 밖에도 지금까지 알려지지 않은 새로운 곤충들을 찾아내고 발견하여 새로운 학명과 이름을 붙여 주며, 사람들에게 알리는 일도 합니다.

Tip

최근에는 범죄 수사, 특히 살인사건을 해결하는 데 도움을 주는 곤충학자들도 생겼습니다. 이들을 '법의곤충학자'라고 하는데, 살인사건이 일어나면 법의곤충학자는 시체와 관련된 곤충들을 연구합니다. 시체는 시간이 지나면서 변하는데, 이때 시체에 접근하는 곤충들도 다양하게 바뀌기 때문입니다. 법의곤충학자는 이런 종류의 곤충들을 조사하고 연구하여 사망 장소나 사망 시간을 알아냅니다.

5 로봇공학자

〈터미네이터〉, 〈아이, 로봇〉 등 로봇을 소재로 한 영화를 본 적이 있을 것입니다. 이들 영화에 나온 로봇들은 사람과 똑같은 모습을 하고 사람들의 생활을 도와주는 일을 합니다. 이런 로봇을 연구하고 개발하는 사람들을 로봇공학자라고 합니다.

현재 로봇은 생활 현장이나 산업 현장에서 많이 쓰이고 있습니다. 또한 사람들이 들어가기 힘든 깊은 바다나 화성 등 우주를 탐사하는 로봇도 개발되어 사용하고 있습니다. 이들 로봇은 그곳의 정보를 파악하여 사람들한테 전달해 줍니다. 그러나 영화에서처럼 사람의 모습을 하고 있으면서, 사람처럼 창조적인 생각을 할 수 있는 로봇은 아직까지 만들어지지 않았습니다. 그렇지만 로봇공학자들의 노력으로 생김새는 인간하고 다르지만, 기능 면에서는 인간을 닮은 로봇들이 속속 등장하고 있습니다.

6 의학생화학자

의학생화학자는 사람의 몸에서 혈액 세포나 피부, 뼈 등을 채취하여 표본으로 만들어 연구하는 과학자들입니다. 이들은 병을 관찰하고, 문제가 있으면 그 문제를 풀 해답을 구하고, 의약품이 어떻게 작용하는지 알아내기 위해 실험을 하고, 환자한테 나타난 부작용을 측정하기도 합니다. 그들은 병이 생기는 이유를 알아내서 의사가 가장 효과적이고 좋은 치료를 할 수 있도록 돕는 일을 합니다.

의학생화학자는 종합병원 연구실이나 독립 연구실에서 일하면서 간호사나 의사가 채취한 샘플로 작업을 합니다. 살아 있는 세포 속에서 일어나는 현상을 관찰하기 위해 현미경이나 원심분리기(원심력을 이용해 크기나 밀도가 다르게 섞여 있는 액체를 분리하는 기계) 같은 성능이 아주 뛰어난 도구를 사용합니다.

03 역사, 책, 영화 속에서 만나는 과학자

1 과학자와 얽힌 재미있는 이야기들

1) 목욕하다가 발가벗고 뛰쳐나간 아르키메데스

고대 그리스의 과학자 아르키메데스는 지렛대의 법칙과 도르래의 법칙을 발견하여 무거운 물건을 쉽게 들어올리거나 나를 수 있는 기계를 만들었습니다. 이런 아르키메데스한테서도 재미있는 이야기가 전해져 오고 있습니다.

아르키메데스는 시칠리아의 시라쿠사에서 살았는데, 시라쿠사의 왕 히에론은 금 세공사가 새 왕관을 만들면서 순금이 아닌 은을 섞는다고 의심하고, 아르키메데스에게 금 세공사가 자신을 속였는지 확인해 달라고 부탁했습니다.

아르키메데스는 왕관과 무게가 같은 순금 덩어리의 부피를 왕관의 부피와 비교하면 이 문제를 해결할 수 있을 거라 생각했습니다. 즉 순금 왕관과 무게가 같은 순금 덩어리의 부피는 순금 왕관의 부피와 같으며, 또 금이 은보다 무겁기 때문에 1g의 은보다 부피가 작을 것이라고 생각했습니다. 따라서 순금 왕관은, 같은 무게의 금과 은을 섞어 만든 왕관보다 부피가 더 작을 거라고 생각한 것입니다. 그러나 문제는 왕관의 부피를 측정하는 일이었습니다. 반듯한 모양을 가진 금덩어리의 부피는 쉽게 계산할 수 있지만, 왕관의 모양은 너무 울퉁불퉁해서 부피를 계산하기가 어려웠습니다.

고민에 빠진 아르키메데스는 기분 전환을 할 겸 목욕통에 물을 가득 받아서 목욕을 하다가 왕관의 무게를 잴 수 있는 방법을 떠올리게 되었습니다. 물이 가득 찬 목욕통에 몸을 담글 때 일정한 양의 물이 목욕통 밖으로

흘러넘치는 것을 보고, 흘러넘치는 물을 그릇에 받아 측정하면 바로 그 물의 부피가 자기 몸의 부피와 같으리라고 생각한 것입니다. 이 발견으로 아르키메데스는 너무나 흥분한 나머지 발가벗은 채로 거리로 뛰쳐나가 '유레카!'를 외쳤습니다. 유레카란 그리스어로 '내가 그것을 알아냈다.'라는 뜻을 지니고 있습니다. 마침내 아르키메데스가 문제의 왕관을 물에 집어넣자, 그 왕관은 같은 무게의 순금에 비해 더 많은 물을 흘러넘치게 했습니다. 왕이 의심한 대로 금 세공사가 왕을 속인 것이었습니다.

2) 지구가 돈다고 주장했다가 목숨을 잃을 뻔한 갈릴레이

이탈리아의 천문학자이자 물리학자인 갈릴레이는 최초로 망원경을 만들어 밤하늘을 관측했으며, 목성의 둘레를 도는 위성 네 개를 발견했습니다. 또한 같은 길이를 가진 진자라면 그 움직이는 각도에 상관없이 운동주기가 일정하다는 진자의 등시성을 발견하였고, 떨어지는 물체는 물체의 질량에 상관없이 같은 속도로 떨어진다는 물체의 운동 법칙도 발견했습니다. 그 밖에도 많은 과학기구를 만들어 냈습니다.

이렇게 많은 업적을 쌓은 갈릴레이지만, 하마터면 종교재판에 끌려가 목숨을 잃을 뻔했습니다. 그 까닭은 갈릴레이가 태양이 지구를 도는 것이 아니라 지구가 태양을 돈다는 코페르니쿠스의 지동설이 옳다고 주장했기 때문입니다. 이 주장은 지금 관점에서 보면 매우 당연한 것이지만, 당시로서는 기독교를 부정하고 성경에 어긋나는 이론으로 받아들여졌습니다. 갈릴레이는 결국 무기징역을 선고받았다가 너무 늙고 건강이 나빠 감옥에 갇히지는 않고 외딴 시골집에 갇혀 지내게 되었습니다. 그리고 늘 감시를 받으며 사람들도 자주 만나지 못한 채 외롭게 지내야 했습니다. 갈릴레이는 74세 때 눈까지 멀어 쓸쓸하게 지내다 세상을 떠났습니다.

3) 사과가 떨어지는 것을 보고 중력을 발견한 뉴턴

영국의 과학자이자 수학자인 뉴턴은 백 명의 과학자가 평생을 바쳐도 할까 말까 한 발견들을 스물세 살에 다 해 버렸습니다. 빛에 관한 이론으로 빛과 색깔의 비밀을 밝혀냈고, 중력 이론으로 우주가 어떻게 서로 유지되는지 알아냈습니다.

또한 수학의 새로운 분야인 미적분학을 독일의 수학자인 라이프니츠와는 별도로 개발했습니다.

특히 중력을 발견한 뉴턴의 이야기는 너무도 유명하여 이 이야기는 다 알고 있을 것입니다. 1665년, 영국에 무서운 흑사병이 발생해서 뉴턴이 일하던 대학이 잠시 폐쇄되었습니다. 뉴턴은 고향으로 돌아와 지내던 중 사과나무에서 사과가 떨어지는 것을 보고 중력을 발견했습니다.

뉴턴은 평생을 독신으로 살면서 자신의 삶을 몽땅 연구하는 데 바쳤습니다. 그리고 자신의 연구를 사람들이 이해하기 쉽게 책으로 정리했는데, 이 책이 바로 〈프린키피아〉입니다.

4) GMO(유전자 변형 식품)의 양면성

유전자가 생물의 성격을 규정짓는 열쇠라면, 이를 고쳐서 좀 더 좋은 성격을 만들 수도 있는데, 이것을 유전자 조작 또는 유전자 변형이라고 합니다.

이 기술을 이용하면 토마토이면서도 뿌리는 감자인 '토감'이나 배추이면서도 뿌리는 무인 '무추' 같은 식물을 만들 수 있습니다. 또한 사과만 한 딸기는 물론, 황소만 한 돼지도 만들 수 있을 것입니다. 그러면 지구상의 식량난도 해결할 수 있겠지요.

그러나 유전자를 변형시킨 생물로 만든 식품이 인체에 안전한지에 대해서는 아직 명확히 밝혀진 게 없습니다. GMO를 섭취한 사람에게 당장은 아니지만 미래에 문제가 생길 수 있으므로 유전자 변형에 반대하는 사람들도 많습니다.

2 관련 책

1) 〈과학자와 놀자〉 김성화 · 권수진 지음. 창비. 2003

이 책은 역사적으로 유명한 과학자들의 삶을 친근감 있고 재미있게 풀어 놓았습니다. 과학자들도 놀기 좋아하고, 공부하는 걸 싫어하고, 때론 심한 장난도 치는 평범한 사람들이었다는 걸 알 수 있습니다.

이 책에 등장하는 과학자로는 세상의 비밀을 알아내기 위해 관찰을 가장 중요하게 여긴 그리스의 아리스토텔레스를 비롯하여 최초로 지구가 태양 주위를 돈다는 지동설을 주장한 코페르니쿠스, 태양계 행성들이 태양 주위를 타원형으로 돈다고 주장한 케플러, 망원경으로 맨 처음 우주를 관찰하여 목성의 달을 발견하고, 금성이 태양을 돈다는 사실을 발견한 갈릴레이, 지구가 아무리 빨리 달려도 우리가 떨어지지 않는 것은 지구의 중력 때문임을 밝힌 뉴턴, 양팔 저울을 이용하여 금속이 녹슬면 더 무거워진다는 사실을 알아내 지구상의 모든 물질의 질량은 변함이 없다는 '질량 보존의 법칙'을 확립한 라부아지에, 하늘의 번개는 커다란 정전기라는 사실을 실험으로 직접 증명해 보이고 번개의 전류를 땅 속으로 흘려보내 사람들이 벼락 맞을 염려가 없는 피뢰침을 발명한 프랭클린, 발전기의 원리를 밝혀 오늘날 전기를 마음껏 쓰게 한 패러데이, '빛이란 전기와 자기가 재빠르게 앞서거니 뒤서거니 하면서 끊임없이 앞으로 나가는 파도 같은 것'이라고 빛의 수수께끼를 풀어낸 맥스웰, '$E=mc^2$'의 공식으로 질량과 에너지는 하나라는 원리를 밝혀낸 아인슈타인 등의 이야기가 친근감 있고 재미있게 소개되어 있습니다.

이 책을 읽다 보면 과학자들이 얼마나 엉뚱하고 특이한 사람인지 그러면서도 얼마나 진실하고 성실한 사람인지 알게 될 것입니다.

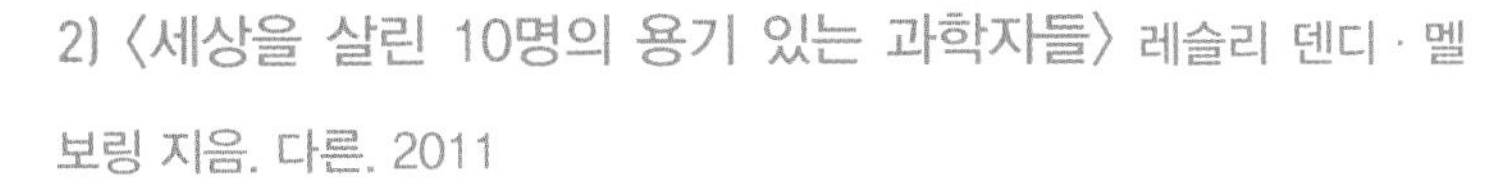

2) 〈세상을 살린 10명의 용기 있는 과학자들〉 레슬리 덴디 · 멜 보링 지음. 다른. 2011

이 책은 과학적 호기심과 열정으로 자신의 몸을 실험하여 세상을 살린 용기 있는 과학자들의 이야기를 담고 있습니다. 이들 과학자들은 인간의 몸이 왜 병에 걸리거나 다치는지 등을 밝히기 위해 자신의 몸을 실험 대상으로 삼은 기니피그 과학자들입니다.

사람 몸의 온도 실험을 위해 뜨거운 곳에 들어가 통구이가 될 뻔한 과학자, 소화 기능을 실험하기 위해 뼈를 통째로 삼킨 과학자, 마취제를 발견하기 위해 아산화 질소 등 사람 몸에 해로운 여러 가지 기체를 들이마신 과학자, 페루사마귀병을 퇴치하기 위해 전염병균에 스스로 감염되어 원인을 밝힌 과학자, 황열병을 퇴치하기 위해 스스로 모기에 물린 과학자, 라듐을 발견하기 위해 지속적으로 많은 양의 방사능에 노출되어 끝내 백혈병으로 숨진 과학자, 호흡을 연구하기 위해 스스로 독가스를 들이마신 과학자, 자신의 심장 속을 들여다보고 심장 카테터법을 발견한 과학자, 스스로 로켓 썰매에 몸을 싣고 레일 위를 시속 1천 10km로 달리다 1초 안에 멈춰 서는 사상 초유의 실험에 참여한 과학자, 고립 실험을 위해 사막의 동굴에서 131일 동안 홀로 동굴에 갇힌 과학자 등의 이야기를 통해 과학에 대한 호기심을 자극하고 있습니다. 이들 기니피그 과학자들의 행동을 어리석다고 비판하기보다는 그들의 순수한 열정과 꿈에 감동하게 될 것이며, 과학자라는 꿈도 키울 수 있을 것입니다.

3) 〈100년 후 미래〉 나카하라 츠네오 지음. 파라주니어. 2009

100년 후에 세계는 어떻게 변할까요? 환경오염으로 인해 지구는 더 이상 사람이 살 수 없는 곳이 되어 버릴까요? 아니면 과학기술의 발전으로 지금보다 풍요로운 생활을 누리게 될까요? 이 책은 하루가 다르게 발전해 가는 과학기술의 변화를 근거로 100년 후 지구환경과 인류의 생활상을 예측하고 있습니다.

이 책에서는 15세 소년 다이치와 그 가족을 등장시켜 내용을 전달하고 있습니다. 85세 할아버지를 통해 21세기 지구 역사를 정리해 주고, 양자 컴퓨터를 연구하는 아빠가 22세기 과학기술을, 요리연구가인 엄마가 네트워크로 연결된 22세기 사회를 설명해 주는 방식으로 어려운 과학기술을 쉽게 설명하고 있습니다.

이 책이 묘사하는 100년 후 지구의 모습은 희망적입니다. 생존을 위협하는 문제들이 드러난 만큼 인류가 지혜를 발휘해 곧 해결책을 마련할 것이기 때문입니다. 지구 온난화에 대비해 국제적인 해양기후 감시 시스템을 만들어 이상기후를 예측하고, 해양도시를 건설해 물에 잠긴

육지를 대신합니다. 헬륨-3 핵융합 기술 개발로 다 써버린 화석연료를 대체하고, 집집마다 로봇이 생활필수품이 되며, 개인마다 유전자 진단을 실시해 그 사람에게 꼭 맞는 맞춤 교육과 맞춤 의료를 실시합니다. 그러나 모든 것이 장밋빛인 것은 아닙니다. 왜냐하면 문화나 사회적 가치관, 그리고 여타 구조 등이 과학기술의 빠른 발전 속도를 따라잡지 못해 부작용이 나타나기 때문입니다. 이를테면 과학기술과 도덕성 사이의 갈등 등이 더욱 심화될 것으로 보입니다.

이 책은 이런 문제와 관련해 청소년들로 하여금 현재 시점에서와 100년 후 시점에서 과연 어떤 것이 옳고 그른지를 생각해 보도록 이끌어 줍니다. 나아가 100년 후 미래를 경험하게 될 청소년이 예측되는 과학 발전에 맞춰 지금 무엇을 고민해야 할지에 대해서도 안내해 주고 있습니다.

3 관련 영화

1) 〈아일랜드〉

2005년 미국에서 개봉한 영화로 복제인간과 그들을 이용하는 특정 계층의 사람들과의 갈등을 다루고 있습니다.

지구상에 일어난 생태적인 재앙으로 인하여 일부만이 살아남은 21세기 중반, 자신들을 지구 종말의 생존자라 믿고 있는 링컨과 조던은 수백 명의 주민들과 함께 부족한 것이 없는 유토피아에서 빈틈없는 통제를 받으며 살고 있습니다. 잠자리에서 일어나면서부터 몸 상태를 점검받고, 먹는 음식과 인간관계까지 격리된 환경 속에서 사는 이들은 모두 지구에서 유일하게 오염되지 않은 희망의 땅 '아일랜드'에 추첨되어 그곳으로 가게 되기를 바라고 있습니다.

그러던 중 링컨은 제한되고 규격화된 그곳 생활에 의문을 품게 되고, 자신이 믿고 있던 모든 것들이 거짓임을 알게 됩니다. 자기를 포함한 그곳의 모든 사람들이 사실은 스폰서(인간)에게 장기와 신체 부위를 제공할 복제인간(클론)이며, '아일랜드'로 뽑혀 간다는 것은 신체 부위를 제공하기 위해 무참히 죽음을 맞이하게 되는 것을 의미했던 것입니다.

그리하여 링컨은 아일랜드로 떠날 준비를 하던 조던과 탈출을 시도합니다. 그리고 자신들의 스폰서를 찾아 나서고 오직 살고 싶다는 본능으로 도망칩니다. 그런데 스폰서와 복제인간은 외모가 똑같아서 구별이 쉽지 않습니다. 단지 복제인간이 태어날 때 채워진 팔찌로 구분합니다. 스폰서를 만난 링컨은 스폰서와 똑같은 옷을 입고 추적자들을 헷갈리게 합니다. 그리고 탈출에 성공하여 조던과 약속했던 휴가를 즐기며 영화는 끝이 납니다.

이 영화는 인간을 복제하는 행위 자체에 대한 도덕성의 문제뿐만 아니라 인간 복제 후 어떤 문제가 일어날 수 있을지 생각하게 합니다. 복제된 인간도 똑같이 생각하고 느끼는 사람인데, 잔인하게 소모품으로 사용될 수 있다는 점에 대해 진지하게 고민해 보게 하는 영화입니다.

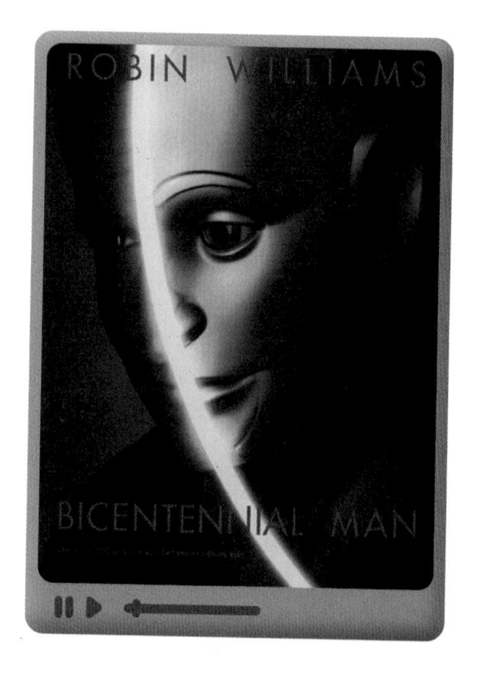

2) 〈바이센테니얼 맨〉

2000년 미국에서 만들어진 영화로 인간이 되고 싶은 로봇의 이야기입니다.

리처드는 가족들을 깜짝 놀라게 할 선물로 가사로봇을 구입했습니다. 이 로봇은 설거지, 청소, 요리, 정원 손질 등 모든 집안일을 해 주고, 아이들과 함께 놀아 주기도 합니다. 로봇 이름은 '앤드류'로 리처드를 주인님으로, 그의 아내를 마님으로 부르며 공손하고 부지런한 가사로봇의 소임을 다합니다. 그런데 로봇 앤드류는 간혹 이상한 질문들을 던져 가족들을 곤란하게, 때론 요절복통하게 만들기도 합니다.

앤드류가 이렇게 된 데는 조립 과정 중에 사소한 실수가 있었기 때문입니다. 앤드류를 만들던 엔지니어가 샌드위치를 먹다가 마요네즈 한 방울을 로봇의 복잡한 회로 위에다 떨어뜨렸는데, 이로 인해 로봇의 신경계에 변화가 일어나 지능과 호기심을 지닌 로봇이 된 것입니다.

하루는 앤드류가 멋진 나무 조각상을 만들게 되고, 앤드류의 인간적 재능을 발견한 리처드는 그를 친아들처럼 아끼게 됩니다. 그러나 로봇

제조회사에서는 그 로봇을 불량품으로 간주하고, 연구용으로 분해하기 위해 리처드에게 끊임없이 반환을 요구합니다. 그러나 리처드는 앤드류를 보호하고 은행 통장을 만들어 주며 앤드류가 작품을 팔아 모은 돈을 저축할 수 있게 해 줍니다.

이렇게 앤드류는 나무 조각상을 만들고 리처드의 막내딸과 함께 피아노를 치면서 인간의 감정이라는 것을 조금씩 이해하게 됩니다. 그리고 멋진 숙녀가 된 막내딸을 사랑하게 되고, 막내딸이 결혼을 하고 아껴주던 리처드가 숨을 거두자 자신을 이해해 줄 자신과 같은 불량로봇을 찾아 기나긴 여행을 떠납니다.

세월이 흘러 앤드류는 다시 집으로 돌아오지만, 이미 자신이 사랑했던 막내딸은 꼬부랑 할머니가 되어 있습니다. 앤드류는 언제나 건강한 상태를 유지하고 있는 자신과는 달리, 인간은 늙고 병들어 결국 죽음에 이르게 된다는 사실을 알게 됩니다. 앤드류는 자신의 성장이 정지해 있다는 사실에 좌절하고, 오히려 인간처럼 서서히 늙어 가길 원합니다. 그리고 인간과 같아지기 위해 내장기관을 인간의 그것으로 바꾸는 등 무수한 노력을 합니다. 그리고 마침내 자신을 인간이라 임명하는 법원의 결정을 방송으로 지켜보다가 조용히 숨을 거둡니다.

3) 〈그래비티〉

이 영화는 우주에 홀로 남겨진 한 여성 우주인이 수많은 난관을 극복하고 지구로 귀환한다는 내용을 담고 있습니다.

지구로부터 약 600km 떨어진 곳, 소리도 산소도 없는 우주 공간에서 스톤 박사는 허블 우주망원경을 수리하고 있습니다. 그때 러시아 위성의 잔해가 스톤을 급습하게 되고, 그녀는 동료들과 헤어져 혼자 우주를 유영하게 됩니다. 다행히 우주항해사인 맥스와 만나 자신들의 위성으로 돌아오지만, 위성은 망가져 버렸고 남아 있는 산소도 얼마 되지 않습니다. 스톤과 맥스는 우주정거장으로 향하는데, 연료가 부족하여 우주정거장에 불시착하게 되고, 스톤은 우주정거장을 붙잡지만 맥스는 스톤을 살리기 위해 연결선을 풀고 우주

저 멀리로 사라져 버립니다.

우주정거장에 들어온 스톤은 이곳 역시 머물 상황이 아니라는 것을 깨닫고 중국의 우주정거장으로 가기 위해 다시 위성을 발사하고, 위성의 낙하산이 정거장에 걸려 오도 가도 못하는 신세가 되어 버립니다. 그와 동시에 저 멀리서 궤도를 도는 우주 잔해들까지 날아오게 됩니다. 스톤은 필사의 노력으로 그 상황에서 탈출하고 중국 우주선을 이용하여 마침내 지구로 귀환하게 됩니다.

04 과학자는 무슨 일을 할까?

1 과학자들이 일하는 공간

과학자들이 연구하고 실험하는 장소는 크게 대학 연구소, 산업체 연구소, 정부출연 연구소로 나눌 수 있습니다.

대학 연구소에서는 실용적인 과학보다는 기초과학을 많이 연구합니다. 즉 우주와 물질의 기원부터 생명현상까지 다양한 물질 체계의 원리를 과학적 방법으로 연구하고 탐구하는 일을 하지요. 또한 연구를 수행할 인력을 양성하는 일도 합니다.

산업체 연구소에서는 빠른 시일 내에 산업화에 이용할 수 있는 부분을 주로 연구합니다. 최신 기술을 기업의 제품 개발에 응용하여 순이익을 극대화할 수 있는 방법을 모색합니다. 또한 차세대 기술을 주도하고 선진 핵심 기술을 확대하며, 외국 및 국내 대학들과 활발한 교류를 통해 신기술 그리고 신사업 개발을 주도하고 연구 인력을 확보하는 일도 합니다. 예를 들어 삼성전자반도체 연구소나 현대자동차 연구소 등이 이에 속합니다.

정부출연 연구소에서는 대학 연구소와 산업체 연구소의 두 분야를

Tip

현재 대표적인 정부출연 연구소로는 한국과학기술연구원(KIST), 한국생명공학연구회(KRIBB), 한국전자통신연구원(ETRI), 한국식품개발연구원(KFRI), 한국표준과학연구원(KRISS), 한국항공우주연구원(KARI), 한국해양연구원(KORDI) 등이 있습니다.

연결해 줄 수 있는 연구를 주로 수행합니다. 정부출연 연구소 중 과학기술 분야에 해당하는 연구소에는 기초기술 연구회, 산업기술 연구회, 공공기술 연구회 등 크게 3개의 연구기관으로 나눌 수 있습니다. 이 연구 기관들은 정부의 전폭적인 지원을 받아 연구원들을 지원해 주고 있습니다.

2 과학자의 하루

과학자의 생활은 실험의 연속이라고 할 수 있습니다. 실험 결과를 분석하여 정리한 후에 학회에 참석하여 다른 과학자들에게 발표하여 자신의 연구를 인정받고, 연구 결과로 얻어진 지식을 가지고 새로운 물질을 개발하는 일도 합니다. 또한 외국 혹은 국내 과학 잡지에 연구 결과를 게재해야 하므로 논문도 작성해야 하고, 관련 특허 신청 등의 작업도 해야 합니다.

그럼 지금부터 과학자의 하루를 따라가 보기로 합니다.

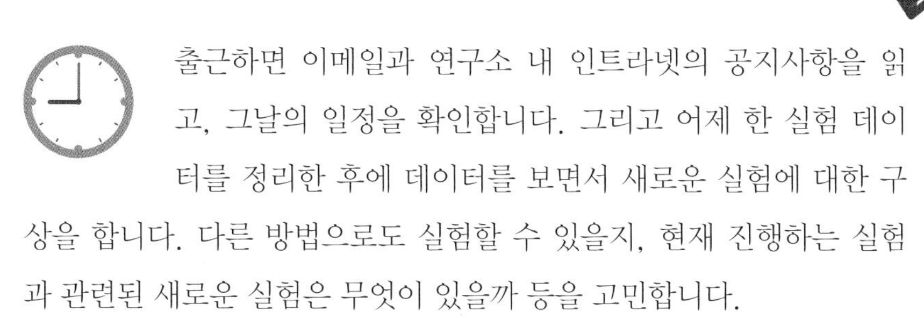

출근하면 이메일과 연구소 내 인트라넷의 공지사항을 읽고, 그날의 일정을 확인합니다. 그리고 어제 한 실험 데이터를 정리한 후에 데이터를 보면서 새로운 실험에 대한 구상을 합니다. 다른 방법으로도 실험할 수 있을지, 현재 진행하는 실험과 관련된 새로운 실험은 무엇이 있을까 등을 고민합니다.

점심식사를 합니다.

팀 프로젝트 연구가 이루어질 경우에는 해당 연구 과제에 대한 회의에 참석합니다. 회의 결과에 따라 필요한 자료를 조사하고 연구 기획 과제에 대한 브리핑을 준비합니다. 그

이후에는 실험하여 결과를 보고 · 수정하고, 데이터를 정리하고, 다시 실험하는 일을 되풀이합니다.

과학자들의 퇴근 시간은 따로 없습니다. 실험이 정해진 시간에 끝나는 것이 아니고, 실험하는 과정에서 예상치 못한 문제점이 생길 수 있으므로 새벽 늦게까지 연구소에 머무르면서 실험 과정을 체크하고 관리해야 하는 경우도 있습니다. 어찌 보면 매우 단조롭고 지루해 보이지만 실험을 하다 보면 시간 가는 줄 모르고 지루해할 틈도 없다고 합니다.

기업의 연구소는 대학이나 정부출연 연구소에 비해 실험 일정이 빠르게 진행되며, 결과물 혹은 제품의 테스트 등의 과정이 추가되기도 합니다. 하지만 기본적으로 실험을 구상하고, 자료 조사와 분석을 통한 실험 기획을 수립한 후에 실험을 진행하는 것은 대학 연구소나 정부출연 연구소의 과학자와 같습니다. 실험 후 데이터를 정리하고 분석하면서 결과가 만족스러우면 실험을 마무리하고, 보고서를 작성하는 일로 프로젝트의 끝을 맺습니다. 그런데 데이터 정리 및 분석 후 결과가 만족스럽지 않으면 실험을 다시 해야 합니다. 만족스러운 결과가 나올 때까지 실험을 되풀이합니다. 과학자들에게는 이 과정이 가장 힘들고 고통스러운 시간입니다.

Tip

과학자들이 하는 일은 소속 기관이나 연구 목적과 방법에 따라 조금씩 다르지만, 하루 일과는 대부분 비슷합니다.

Tip

기업의 연구소는 2~3개의 프로젝트가 동시에 진행되는 것이 보통이며, 해당 프로젝트를 성공적으로 수행하기 위해서는 외국의 최신 연구 자료 및 논문들에 대한 분석 작업이 필수적입니다. 따라서 기업의 연구소에 근무하는 과학자는 매우 바쁜 나날을 보내야 합니다. 하지만 바쁜 만큼 보수도 높고, 자신의 연구가 성과를 거두면 보람도 큽니다.

05 과학자가 되기 위해 필요한 능력

1 왕성한 호기심

과학자는 늘 '왜?'라는 호기심을 가져야 합니다. 무엇인가에 대해 궁금해 하고 관심을 갖는 호기심은 하나의 씨앗이라고 할 수 있습니다. 그 씨앗을 창의력이 풍부한 기름진 땅에 뿌리면 좋은 열매를 얻을 수 있지요. 훌륭한 두뇌를 갖고 있다 하더라도 호기심이 없다면 아무 소용이 없습니다. '왜?'라는 호기심이 없었다면 지금의 발달된 과학 문명도 없었을 것입니다.

2 상상력과 창의력

옛날 사람들은 밤하늘에 환하게 떠 있는 달에 가기 위해 많은 노력을 기울였고, 마침내 1969년에 실제로 달에 갈 수 있었습니다. 한낱 꿈으로만 여겼던 상상이 실제로 이루어진 것은 달 착륙뿐만이 아닙니다.

이처럼 상상은 과학의 시작입니다. 길을 걸으면서 텔레비전을 보거나 전화통화를 하는 것 등 현재 이루어지고 있는 생활의 편리함도 예전에는 하나의 상상에 지나지 않았던 것들입니다. 상상이 없었다면 많은 과학이 탄생하지 못했을 것입니다. 그리고 지금 우리가 하고 있는 상상도 언젠가는 과학이라는 이름으로 우리 눈앞에 나타날 것입니다.

그런데 이러한 상상력을 현실에서 이루어지게 해 주는 것은 바로 창의력입니다. 창의력이란 사물을 새로운 시각으로 바라보고, 새로운 문제 해결 방법을 생각해 내는 능력입니다. 남과 다르게 생각하고 또 남이 생각하지 못한 것을 생각해 내는 힘인 창의력은 분명히 과학자에게 있어서 매우 중요한 재산 중 하나입니다.

3 다양하고 풍부한 독서

창의력은 생각을 구속하지 않고 자유롭게 해 주는 데서 탄생합니다. 그런데 창의력은 타고난 부분도 있지만, 많은 훈련으로 증폭시킬 수도 있습니다. 창의력을 키우는 데 가장 효과적인 방법은 독서입니다. 책은 자신이 경험하지 못한 많은 정보를 알려주는 한편, 생각하는 능력을 키워 주기 때문입니다. 과학자가 되려면 과학책만 읽을 것이 아니라 문학이나 사회과학 분야 등 다양한 책을 읽어야 합니다. '책 속에 길이 있다.'라는 말이 있습니다. 사람들이 가는 길은 지도에 나와 있지만, 사람들의 생각이 가는 길은 모두 책 속에 있습니다.

Tip

과학자가 되고 싶은데 수학을 못하고 싫어한다면 그동안 자신이 수학 공부를 어떻게 해왔는지 한 번쯤 살펴볼 필요가 있습니다. 점수를 따기 위한 공부는 아니었는지, 원리를 이해하면서 공부하기보다는 시험을 위해 암기식으로 공부한 건 아닌지 살펴보세요. 사실 수학은 매우 재미있는 학문입니다. 수학을 싫어하는 이유는 수학이 어떤 것이지 제대로 몰라서 그럴 수 있습니다. 수학의 진짜 모습을 안다면 아마도 금방 반하게 될 것입니다.

4 수학 실력

우주 안에서 일어나는 일 중에는 말로는 표현할 수 없는 복잡한 현상들이 많습니다. 이렇게 말로는 표현하기 어려운 우주의 법칙을 수와 기호로 쉽게 이해시켜 주는 것이 바로 수학입니다. 그래서 수학을 '과학의 언어'라고 합니다. 따라서 과학자가 되기 위해서는 수학을 잘해야 합니다.

5 학교 공부를 열심히!

과학자가 되려면 공부 머리가 좋아야 하는데, 공부 머리를 좋게 하려면 다양한 책을 골고루 읽는 것뿐만 아니라 학교 공부도 열심히 해야 합니다. 지금은 공부를 잘하지 못해도 노력하여 공부를 열심히 하면 뇌가 발달하고, 뇌가 발달하면 창의적이고 논리적인 사고를 할 수 있게 됩니다. 특히 뇌가 발달하는 과정 중에 있는 스무 살 이전의 사람들에게는 무한한 가능성이 있습니다. 어른들이 미처 생각하지 못한 것도 자연스럽게 생각해 낼 수 있는 창의력을 지니고 있다고 합니다. 그리고 기회가 되면 과학 동아리 활동을 하는 것도 도움이 됩니다.

6 정직한 태도

과학자는 늘 정직한 태도로 살아가야 합니다. 미리 결과를 정해 놓고 그 결과에 맞추기 위한 실험을 해서는 안 됩니다. 이런 실험은 실험이 아니라 조작이라고 합니다. 또 실험이나 연구 결과가 자기가 원하는 대로 나오지 않았다고 해서 그 결과를 숨기거나 필요한 부분만 결과에 넣어 발표해서도 안 됩니다.

설령 자신이 그동안 주장했던 이론이 틀렸음이 증명되었다 해도 부끄러워하거나 수치심을 느낄 필요는 없습니다. 과학은 방법과 과정이 옳으면 참으로 인정해 주는 학문이기 때문입니다. 과학자들에게 필요한 것은 언제나 옳아야 하는 현명함이 아니라 과학을 연구하는 방법을 어기지 않는 정직함입니다.

7 인내와 끈기

대부분의 과학자는 많은 시간을 연구실에서 실험을 하며 보냅니다. 똑같은 실험을 몇 번이고 반복하는 것은 물론 실험 과정을 자세히 지켜봐야 합니다. 이렇게 참고 노력하는 과정은 어떤 분야를 막론하고 과학자들이 지녀야 할 공통점입니다. 그래서 과학자는 '1%의 아이디어와 99%의 노력'으로 만들어진다는 말이 있습니다. 인내가 없이는 아무것도 이루어낼 수 없습니다.

8 인간을 사랑하고 생명을 존중하는 마음

과학자에게 인간을 사랑하는 마음이 있어야 한다는 것은 아무리 강조해도 지나치지 않습니다. 인간을 사랑하는 마음이 담기지 않은 과학은 무서운 악이 됩니다. 공상과학만화나 미래를 다룬 영화를 보면 무기나 로봇을 만드는 뛰어난 능력을 악용하여 다른 사람들을 지배하려는 나쁜 마음을 품고 있는 사람들이 등장합니다. 그런 과학자들은 인류에게 독이 됩니다.

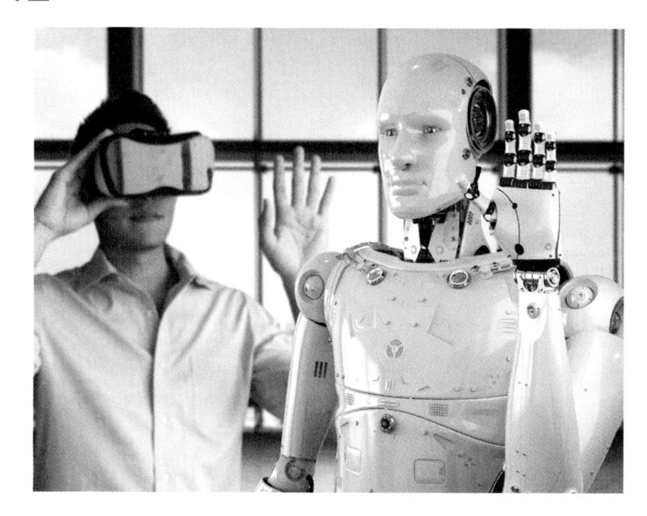

또한 과학자는 마음이 따뜻해야 합니다. 생명을 소중히 여기는 마음과 윤리적이고 도덕적인 자세가 기본이 되어야 합니다. 이런 사람만이 훌륭한 과학자가 될 수 있습니다.

> **Tip**
> 우리가 과학자를 존경하는 이유는 훌륭한 업적 때문이기도 하지만, 한편으로는 그 업적을 이루기 위해 겪어야 했던 수많은 어려움을 끝까지 참고 견뎌 냈다는 데 대한 존경심도 있습니다. '인내는 쓰지만 그 열매는 달다.'라는 말은 과학자들에게 어려움을 참고 견뎌 낸 후의 기쁨이 어떠한가를 알려 주는 좋은 격언입니다.

9 영어 실력

과학기술 분야는 국경 없이 전 세계에서 동시다발적으로 연구가 진행되므로 외국과의 교류가 필수적입니다. 따라서 외국 잡지에 논문을 기고하거나 해외 공동 프로젝트를 수행하려면 외국어 실력, 그 중에서 영어 실력은 필수입니다.

10 말하기와 글쓰기 능력

훌륭한 과학자가 되려면 과학 과목만 잘해서는 안 됩니다. 과학과 수학이 가장 기본이 되지만 말하기나 글쓰기 능력도 중요합니다. 자신이 연구한 학문을 사람들에게 잘 알리고 설명할 수 있어야 하기 때문입니다. 그렇지 않으면 자신의 능력을 다 표현하지 못하고, 과학자로서 경쟁력을 잃을 수도 있습니다.

11 튼튼한 체력과 원만한 성격

연구가 끊임없이 진행되므로 이를 견뎌낼 수 있는 튼튼한 체력이 필요합니다. 또한 큰 프로젝트의 경우 팀을 이루어 작업하는 경우가 많으므로 다른 과학자들과 협력하고 서로 도와줄 수 있는 원만한 성격을 가져야 합니다.

06 과학자의 장단점

1 장점

1) 좋아하는 일을 하는 기쁨

과학자들은 대부분 학생 시절부터 자신이 관심 있어 하던 분야를 깊이 공부하고 연구하는 것을 직업으로 삼고 있습니다. 대부분의 직장인들은 자신의 업무에 재미를 느끼며 즐거운 마음으로 하는 경우가 드뭅니다. 그에 비해 과학자는 자기가 좋아하는 일을 하면서 돈도 벌고 사회에 기여도 할 수 있으니 1석 3조의 이익이 따르는 직업이라 할 수 있습니다.

2) 시간적인 여유와 경제적인 안정감

대학이나 정부출연 연구소에서 일하는 과학자들은 다른 직업에 비해 상대적으로 시간적인 여유가 있습니다. 따라서 가족과 함께 보낼 수 있는 시간도 많고, 자신의 취미 생활을 하거나 좀 더 깊이 있는 공부도 할 수 있습니다.

이에 비해 기업체 연구소에서 일하는 과학자들은 늘 바쁘고 시간에 쫓기며 삽니다. 하지만 자신이 개발한 기술이 바로 제품화되는 것을 볼 수 있고, 제품이 잘 팔리면 월급보다 훨씬 많은 보너스도 받게 됩니다. 또 자신이 개발한 제품이 상용화되어 여러 사람들이 제품을 사용하며 만족해 하는 모습을 보면 뿌듯함과 보람을 느낍니다.

3) 밝은 전망

최근 들어 과학자들이 다시 주목받고 있습니다. 우리나라가 선진국으로 진입하려면 과학기술의 발달이 필수적인데, 우리나라는 아직까지 선진국들에 비해 과학기술 연구 인원과 투자 금액이 모자란 상황입니다. 그래서 미래의 신기술을 개발하기 위해 정부나 기업들이 과학 연구에 대한 투자를 점점 늘리고 있습니다.

2 단점

1) 아직은 부족한 사회적 대우

실력 있는 고등학교 이과생들 중에서 대학을 지원할 때 이공계보다는 의과대학에 진학하고 싶어하는 학생이 많습니다. 이공계나 의사 모두 제대로 공부를 마치려면 평균 10년 정도의 시간이 걸리는데, 이공계 출신 과학자들은 사회적인 인식이나 보수 면에서 의사에 비해 다소 낮은 대우를 받기 때문입니다.

2) 육체적 · 정신적 스트레스

과학자들은 실험을 되풀이하는 육체적인 고됨뿐만 아니라 실험에 대한 성공적인 결과를 얻기까지 매우 초조한 마음으로 기다립니다. 또한 대학이나 정부출연 연구소에서 일하는 과학자들은 프로젝트를 성공해야 한다는 부담감이 있으며, 기업체 연구소에서 일하는 과학자들은 좀 더 상품성이 있는 제품을 개발해야 한다는 압박감에 시달리기도 합니다.

3) 반복되는 실험과 실험 시 안전사고의 위험성

대부분의 과학자들은 연구실이나 실험실에서 일합니다. 그런데 실험을 시작하면 그 과정을 지속적으로 관찰해야 하므로 밤을 새우는 일도 있습니다. 또한 실험 결과가 좋지 않으면 만족스러운 결과가 나올 때까지 되풀이해야 합니다. 이처럼 과학자들은 연구를 위해서 끊임없이 노력해야 하므로 몸이 피곤하고 정신적인 스트레스를 많이 받습니다. 그리고 병에 걸린 생물을 연구하는 생물학자나 독극물을 다루는 실험을 하는 화학자의 경우, 위험한 일이 생길 수도 있으니 늘 안전에 주의해야 합니다.

07 과학자가 되기 위한 과정

1 중 · 고등학교 시절

과학자가 되려면 우선 학교 공부를 골고루 잘해야 합니다. 그 중에서 수학이나 과학에 관심이 많으면 더 좋습니다. 수학을 잘해야 하는 까닭은 수학이 과학 실험의 결과를 지식으로 만드는 데 꼭 필요하기 때문입니다. 아무리 훌륭한 실험을 하였다 하더라도 그것을 다른 사람에게 설명하려면 수학적인 지식이 필요합니다.

또한 과학과 관련된 책을 많이 읽고, 과학 잡지, 디스커버리 채널과 같은 과학 관련 다큐멘터리를 보는 것도 도움이 됩니다. 그리고 학교의 과학 경진대회에 참여하여 좋은 실력을 내거나 과학 캠프, 과학 엑스포 등에 참가하여 자신의 관심 영역을 체험하는 것도 좋습니다.

과학자가 되려면 고등학교에서 이과를 선택해야 하고, 특목고인 과학 고등학교에 입학하면 유리합니다.

2 대학교 시절

관심 있는 과학 분야가 확실히 정해졌다면 대학에서 해당 분야의 학과로 진학하여 공부합니다. 우리나라에는 과학을 전문으로 공부하는 대학이 있는데, 한국과학기술원(카이스트)과 포항공과대학(포스텍)이 대표적입니다.

카이스트는 전문적인 과학인을 길러내기 위해 정부에서 많은 뒷받침을 해 주고 있습니다. 그래서 실험에 필요한 장비 등 연구하는 데 도움을 주는 좋은 환경이 마련되어 있습니다. 포스텍은 '포스코'라는 철강회사가 만든 대학으로 우리나라 최초의 연구 중심 대학입니다. 포스텍에서는 미래 사회에 꼭 필요하지만 충분한 인력이 길러지지 않을 것으로 예상되는 분야의 인재를 양성하는 것을 목적으로 하고 있습니다.

Tip

대학 시절에는 해당 분야의 과학 공부만 해서는 안 됩니다. 모든 과학 분야는 보이지 않는 끈으로 연결되어 있으므로 1, 2학년 때는 다양한 분야의 지식을 익혀야 합니다. 그리고 대학 시절 다양한 연구에 참석하거나 연구소에서 보조 연구원으로 활동한 경력이 있으면 나중에 큰 연구소에 취업하는 데 도움이 됩니다.

그런데 카이스트 입학시험은 일반 대학의 입학시험보다 일찍 치러지고, 문제 유형도 다르기 때문에 일반 대학으로 갈 것인지 카이스트로 진학할 것인지를 일찍 결정하여 그에 맞게 공부를 해야 합니다. 서울대학교 등 일반 대학도 나름대로의 전통과 특징을 가지고 있으므로 여러 학교의 장단점을 알아본 뒤, 자기의 능력과 희망에 맞는 학교로 진학해야 합니다.

3 석사 · 박사 과정

과학자가 되려면 대학을 졸업한 다음 대학원에 진학해야 합니다. 대학원에서는 자기가 연구한 분야에 대해 논문을 쓰게 됩니다. 이 논문이 통과되면 석사가 되고, 다시 박사 과정을 공부한 후에 논문이 통과되면 박사가 됩니다. 현재 우리나라에서는 대학원에서 석사 과정과 박사 과정을 마쳐야 과학자로서 인정받고 활동할 수 있습니다. 다만 기계공학 분야에서는 대학을 졸업하지 않고도 과학자의 길로 들어설 수 있습니다.

대학 졸업을 앞둔 학생들은 어느 대학원에서 석사 과정과 박사 과정을 밟을 것인가를 미리 정해야 합니다. 대학원을 선택할 때는 자신의 분야를 집중적으로 연구할 수 있는 곳인지를 고려해야 합니다. 이렇듯 과학자들은 대학에서 4년, 대학원의 석사와 박사 과정을 밟는 데 5~6년 등 10여 년 정도 공부해야 합니다.

4 연구원으로 취업하거나 교수되기

석사와 박사 과정을 마친 과학자들은 대학이나 기업, 국가에서 운영하는 연구소에 들어가 자신의 전문 분야에서 연구를 하게 됩니다. 혹은 대학에서 교수 생활을 하며 연구를 병행하는 과학자도 많이 있습니다. 이들 과학자들의 노력으로 우리는 더욱 풍요롭고 편리한 미래를 맞이하게 될 것입니다.

> **Tip**
> 석사와 박사 과정을 마친 사람 중에 공부를 더 하고 싶다면 박사 후 연구 과정인 포닥(포스트닥터, Post Doctor)을 위해 외국으로 유학을 떠나는 경우도 있습니다. 포닥을 마친 후에는 규모가 큰 연구소의 책임자로 가거나 대학에서 학생들을 가르치는 교수로서 일하게 됩니다.

5 우리나라의 전문 과학교육기관

1) 과학 고등학교

과학을 전문적으로 가르치는 고등학교입니다. 외국어 고등학교와 함께 특목고에 속합니다. 현재 우리나라에는 22개의 과학 고등학교가 있습니다.

과학 고등학교에 들어가려면 중학교 때의 성적이 매우 우수해야 합니다. 특히 과학과 수학 과목에서 뛰어난 재능을 보여야 입학 자격이 주어집니다.

과학 고등학교에서는 학생들 모두 학교 기숙사에서 생활하게 됩니다. 그리고 교육 과정이 일반 고등학교와 다릅니다. 수업이 토론식으로 이루어지고, 실험을 직접 해 볼 기회가 많이 주어집니다. 또 전산실이나 실험실이 방과 후에도 개방되어 있어 학생들은 언제라도 자유롭게 이용할 수 있습니다. 이뿐만 아니라 일반 고등학교에서는 배우지 않는 깊이 있는 내용을 배웁니다. 과학 고등학교는 고등학교 과정을 2년 만에 마칠 수 있는 속성 과정반과 3년에 마치는 정규 과정반이 있어 학생들은 자신의 희망에 따라 반을 선택할 수 있습니다. 대부분의 학생들이 2년 만에 고등학교를 마친다고 합니다.

우리나라에 있는 약 22개의 과학 고등학교(2014. 12. 30. 기준)

서울의 한성과학고와 세종과학고를 비롯하여 부산과학고, 대구과학고, 인천과학고, 진산과학고, 광주과학고, 대전과학고, 울산과학고, 경기북과학고, 강원과학고, 충북과학고, 충남과학고, 전북과학고, 전남과학고, 경북과학고, 경산과학고, 경남과학고, 창원과학고, 제주과학고 등 20개의 과학고가 있으며, 영재고로는 서울과학영재고와 경기과학영재고가 있습니다.

> **Tip**
> 과학 고등학교를 졸업한 학생들은 카이스트나 포스텍, 아니면 서울대학교를 비롯한 일반 대학교의 이공계열에 입학하게 됩니다.

2) 한국과학기술원(카이스트)

카이스트 본원은 충남 대덕연구단지 안에 있고, 서울에 분원이 있습니다. 서울 분원에서는 대학원 과정을 공부합니다. 또한 전라남도 광주에 광주과학기술원이 있습니다.

카이스트 학생들은 정부의 지원을 받으며 과학을 공부하기 좋은 환경에서 공부하고 있습니다. 그리고 꼭 1년이 지나야만 학년이 올라가는 것은 아닙니다. 카이스트에서는 무학년제를 원칙으로 하고 있어서 능력만 있으면 3년이나 3년 반 만에 졸업할 수도 있습니다. 반면에 공부가 어려워서 중간에 학교를 포기하거나 남들보다 1, 2년을 더 공부하고 난 뒤에 졸업을 하는 학생들도 있습니다.

3) 포항공과대학(포스텍)

포스텍은 1986년 설립된 연구 중심 대학으로 국제적 수준의 고급 인재를 길러내는 것과 대학과 기업, 정부의 협동 연구를 실현하여 사회와 인류에 봉사할 것을 목표로 하고 있습니다. 재학생 전원에게 장학금을 지급함으로써 학구열을 높이고 있으며, 학생 전원이 기숙사 생활을 합니다. 그리고 학교 안에 산업계와의 연구 협력을 위한 산업과학기술연구소가 설치되어 있습니다.

08 과학자의 마인드맵

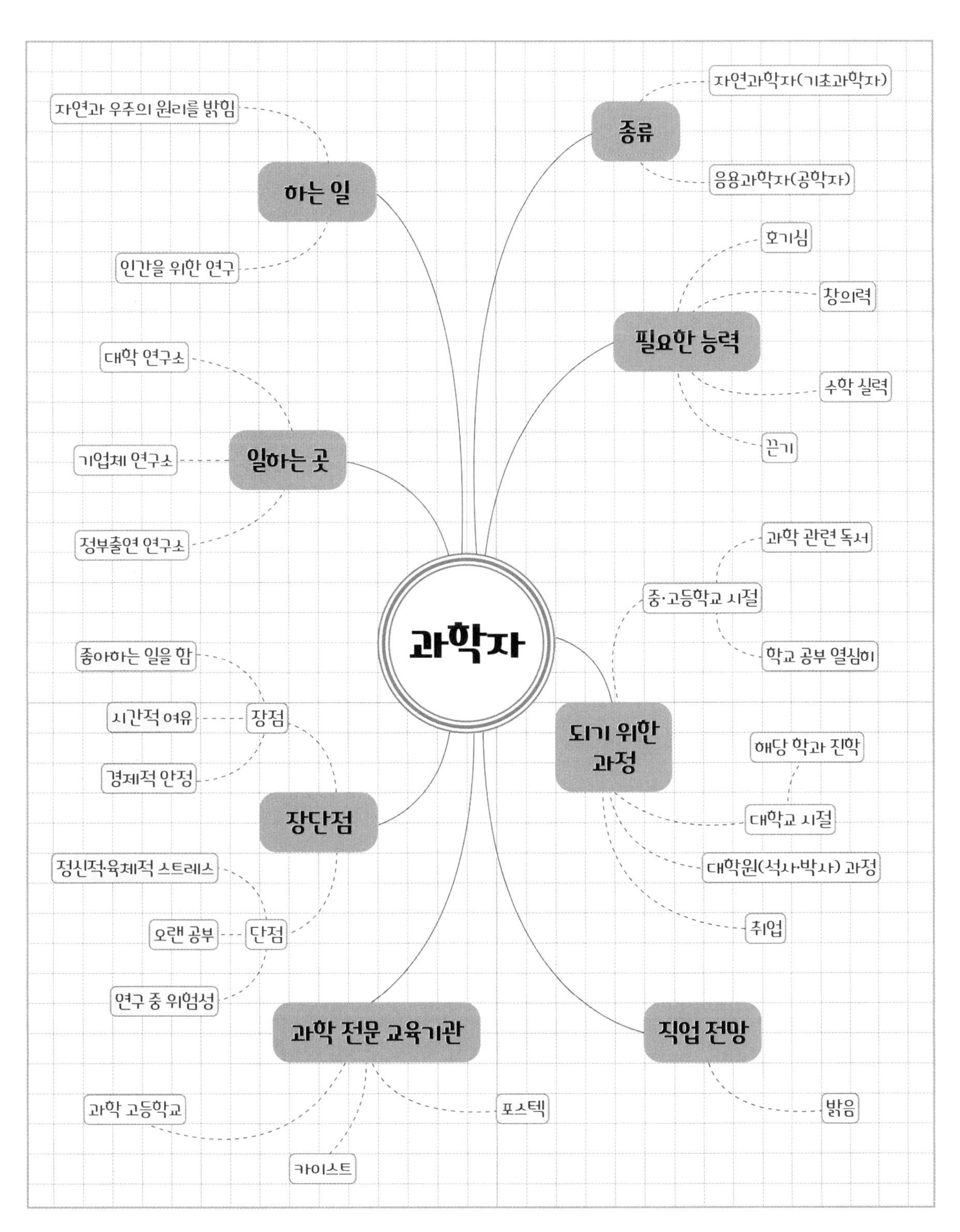
과학자
하는 일
자연과 우주의 원리를 밝힘
인간을 위한 연구
종류
자연과학자(기초과학자)
응용과학자(공학자)
필요한 능력
호기심
창의력
수학 실력
끈기
일하는 곳
대학 연구소
기업체 연구소
정부출연 연구소
되기 위한 과정
중·고등학교 시절
과학 관련 독서
학교 공부 열심히
대학교 시절
해당 학과 진학
대학원(석사·박사) 과정
취업
장단점
장점
좋아하는 일을 함
시간적 여유
경제적 안정
단점
정신적·육체적 스트레스
오랜 공부
연구 중 위험성
과학 전문 교육기관
과학 고등학교
카이스트
포스텍
직업 전망
밝음

09 과학자와 관련하여 도움받을 곳

1 직업 정보를 얻을 수 있는 기관

● **고용노동부 워크넷(https://www.work.go.kr)** 한국고용정보원에서 운영하는 사이트로 무료로 직업 심리 검사를 이용할 수 있습니다. 직업 정보 검색, 직업 · 진로 자료실, 학과 정보 검색 등의 정보를 제공하며 직업 · 학과 동영상, 이색 직업, 테마별 직업 여행, 직업인 인터뷰 자료를 볼 수 있습니다. 온라인 진로 상담 서비스를 제공합니다.

● **진로정보망 커리어넷(https://www.career.go.kr)** 한국직업능력개발원이 운영하는 사이트로 초등학생부터 성인, 교사에 이르기까지 대상별로 진로 및 직업 정보를 제공하며 온라인 상담도 할 수 있습니다. 심리 검사를 무료로 이용할 수 있으며, 학생들이 만든 UCC 자료도 무료로 볼 수 있습니다.

2 직업 체험 프로그램

● **교육부 어린이 홈페이지(http://kids.moe.go.kr)** 아이들이 궁금해 할 만한 다양한 직업에 대해 가나다순으로 알기 쉽게 설명되어 있습니다. 직업에 대한 기본 정보를 알고 나서 교육부에서 주관하는 창의적 체험 활동에 참여하면 효과가 더욱 클 것입니다.

● **국립어린이과학관(https://www.csc.go.kr)** 서울 종로구에 있는 과학관으로, '미래 사회를 이끌 창의 융합형 인재 양성'을 목표로 지난 2017년 12월 개관한 국내 최초의 어린이 전용 국립 과학관입니다.

과학적 원리를 근간으로 놀이와 배움을 동시에 체험할 수 있는 3개의 과학놀이터(감각놀이터, 상상놀이터, 창작놀이터)와

천체투영관 및 천체관측소 그리고 오감으로 즐길 수 있는 4D영상관 등 최신의 전시 공간을 갖추고 있습니다.

또한 아이들이 부모와 함께 배울 수 있는 과학 창작 교실과 지역 사회와 협업하는 과학 문화 축제 등 다양한 맞춤형 프로그램들을 늘 고민하고 기획하고 있습니다.

온라인 사전 예약제를 운영하고 있으니 상설전시관 관람이나 프로그램 신청을 원할 경우 홈페이지에서 예약하면 좀 더 편리하게 관람 또는 프로그램에 참여할 수 있습니다. 다양한 프로그램과 전시가 열리고 있으니 기회가 된다면 꼭 한 번 탐방하기를 추천합니다.

● 국립과천과학관(http://www.sciencecenter.go.kr) 2008년에 경기도 과천에 문을 연 과학관으로, 청소년들에게 과학기술에 대한 흥미와 관심을 유발시켜 과학자의 꿈을 키워나갈 수 있게 하는 것을 목적으로 만들어졌습니다.

상설전시장과 특별전시장, 옥외전시장, 생태체험학습장, 천문시설 등이 있습니다. 상설전시장은 기초과학관 · 첨단기술관 · 연구성과전시관 · 어린이탐구체험관 · 명예의 전당 · 전통과학관 등으로 이루어져 있고, 옥외전시장은 우주항공 · 에너지 · 교통수송 · 역사의 광장 · 지질동산 · 공룡동산 등 6가지 테마공원으로 조성되어 있으며, 생태체험학습장은 곤충생태관과 생태공원으로 이루어져 있습니다. 천문시설은 지름 25m의 돔 스크린에 밤하늘을 재현하여 우주를 체험할 수 있도록 한 천체투영관과 대형 천체망원경으로 우주를 관찰할 수 있는 천체관측소로 이루어져 있습니다.

천문시설 등 일부 시설은 사전예약 또는 현장예약으로 운영되니 홈페이지를 참고하세요.

● 항공우주박물관(http://www.aerospacemuseum.co.kr) 경상남도 사천시에 위치해 있는 이 박물관은 한국의 항공우주과학에 관한 자료를 보존 · 관리 · 전시하고 있으며 2002년에 개관했습니다. 공군이나 우주과학자가 되고 싶은 어린이나 청소년에게 유익한 정보를 제공해

주는 박물관입니다.

크게 실내전시장과 야외전시장으로 구성되어 있는데, 실내전시장의 1층은 항공을, 2층은 우주를 주제로 하고 있습니다. 1층은 항공발달사를 시작으로 항공기의 종류 등을 알려주며, 실제 비행기에 들어가는 부속들을 축소해서 전시하고 있습니다. 또한 항공기가 하늘을 날게 되는 원리 등을 설명해 주는 등 평소 비행기에 대하여 가지고 있던 의문들을 풀어 줍니다. 2층은 우주 탐험을 주제로 하는데 우주복을 비롯해 우주에서 사용하는 여러 물건들이 전시되어 있습니다. 특히 우주김치, 우주라면 등 2008년 우리나라 최초의 우주인이 비행할 때 가지고 가서 사용했던 한국형 우주음식이 전시되어 눈길을 끕니다. 자유수호관은 주로 6·25전쟁에 관한 유물과 자료를 전시하고 있는데, 김일성이 실제로 탔던 자동차도 전시되어 있습니다. 야외전시장에는 항공기 18대, 전차 3대, 화포 3대가 전시되어 있습니다.

Tip

우리나라 최초의 우주인은 이소연 박사로 그녀가 탄 우주선은 소유즈 TMA-12입니다. 2007년 3월부터 1년 동안 가가린우주인훈련센터에서 훈련하여 2008년 3월 10일 탑승 우주인으로 선정되었습니다. 이후 2008년 4월 8일부터 4월 19일까지 우주비행을 하면서 국제우주정거장에서 18가지의 과학실험을 성공적으로 수행하였습니다.

● **보현산천문대(http://boao.kasi.re.kr)** 경북 영천의 보현산(1,124m) 정상 일대에 위치한 천문대로 충북 단양의 소백산천문대, 대전의 대덕 전파천문대와 함께 우리나라 3대 천문관측소 중 하나입니다. 국내 광학천문관측의 중심지로 자리잡고 있으며, 항성 · 성단 · 성운 · 은하 등의 생성과 진화를 연구하고 있습니다.

보현산천문대에는 국내 최대 지름인 1.8m 반사망원경과 태양플레어망원경 등을 갖추고 있습니다. 건물 4층에 설치된 1.8m 반사망원경은 영하 20℃, 습도 95%에서도 작동이 가능합니다.

4~10월에는 매월 첫 번째 토요일에 학생들과 일반인들이 천체관측 시설을 직접 둘러볼 수 있는 행사를 실시하는데, 행사가 시작되기 5일 전에 예약을 해야 합니다. 또 1년에 한 번 '과학의 날(4월 21일)'을 기준으로 하여 야간 공개행사를 실시하고 있으니 홈페이지를 참조하여 참여해

보면 좋을 것입니다. 천문 관측과 연구를 위해 해가 저문 후에는 차량의 출입을 전면 통제하고 있다는 점도 알아두세요.

● **서대문 자연사박물관(http://namu.sdm.go.kr)**

2003년에 문을 연 이 박물관은 어린이와 청소년들에게 다양한 자연을 체계적으로 체험할 수 있는 기회를 제공하여, 인간이 자연의 일부이며 자연환경과 함께 어떻게 살아가야 할지를 알려주기 위해 설립되었습니다.

지구환경관에서는 지구의 탄생 과정을 특수 안경을 쓰고 3차원 입체 영상으로 체험할 수 있으며, 멀티비전으로 역동하는 지구의 모습을 관람한 후 신비로운 동굴 속을 탐험해 보는 과정도 경험할 수 있습니다. 생명진화관은 경상남도 고성군에서 발견된 공룡 발자국과 공룡 트루돈의 생활을 알아보고, 나비 등 다양한 생명의 모습을 비교해 볼 수 있습니다. 인간과 자연관은 인간에 의한 환경 파괴의 심각성 및 한강의 민물고기들을 살펴보고, 맹꽁이 · 참매미 · 왕귀뚜라미의 소리를 들어볼 수 있습니다.

10 유명한 과학자

1 마리 퀴리(1867~1934)

폴란드 태생의 프랑스 물리학자이자 화학자입니다. 방사능에 관한 연구로 노벨 물리학상과 노벨 화학상을 받았습니다. 현대 핵물리학과 화학의 모든 기반은 마리 퀴리의 투철

한 과학 정신과 실험에 기대고 있습니다.

마리 퀴리의 원래 이름은 마리 스클로도프스카입니다. 당시 폴란드에서는 여성은 대학에 다닐 수 없었기 때문에 프랑스로 유학을 와서 소르본 대학에서 공부했습니다. 그리고 그곳에서 동료 과학자 피에르 퀴리를 만나 결혼했습니다.

퀴리 부부는 순수한 우라늄보다 우라늄을 포함한 광석인 피치블렌드에 훨씬 많은 방사능이 들어 있음을 발견하고, 이 방사능의 근원을 찾는 연구를 시작했습니다. 피치블렌드를 연구하던 중에 방사능 함유율이 높은 새로운 원소 두 가지를 조금 분리할 수 있었는데, 퀴리 부부는 이 원소를 각각 라듐과 폴로늄이라 이름 붙였습니다. 이러한 공로로 퀴리 부부는 1903년에 노벨 물리학상을 수상했습니다. 그런데 불행하게도 3년 뒤인 1906년에 남편 피에르 퀴리가 마차에 치여 세상을 떠났습니다. 마리 퀴리는 이런 불행에도 굴하지 않고 혼자서 두 딸을 키우면서 소르본 대학에서 강의도 하고 연구를 했습니다. 그리하여 순수한 금속 라듐을 분리하는 데 성공하여 1911년에 노벨 화학상을 수상했습니다.

1914년 세워진 라듐 연구소의 소장으로 20년 가까이 일하는 동안 마리의 얼굴에는 늘 창백한 기운이 감돌았습니다. 그것은 너무 힘든 실험과 연구에 몰두한 데서 오는 피로감만은 아니었습니다. 그녀가 발견하고 연구한 방사능은 아주 위험한 물질입니다. 그녀는 방사능 중독으로 늘 피로했고, 관절과 근육에 심한 통증이 있었고, 두통이 심했습니다. 그녀는 결국 평생을 연구한 방사능 때문에 병에 걸렸고, 죽음에 이르렀습니다. 1934년 두 딸이 지켜보는 가운데 67세의 나이로 세상을 떠났는데, 그녀가 67세까지 살았던 것을 기적이라고 말하는 사람이 있을 정도였습니다. 실제로 그녀와 함께 일했던 사람들은 그녀보다 훨씬 일찍 죽었습니다.

2 아인슈타인(1879~1955)

아인슈타인은 인류 역사에 빛나는 가장 위대한 과학자로 인정받고 있습니다.

아인슈타인은 독일 울름에서 태어났습니다. 딱딱한 독일의 학교생활에 적응하지 못하던 아인슈타인은 고등학교를 그만두고, 고등학교 졸업장이 없어도 입학이 가능한 스위스 취리히 공과대학에 입학했습니다. 대학 졸업 후 스위스 베른에 있는 스위스 특허국에서 일했습니다. 이곳에서 일하는 동안 결혼도 하였고, 자유 시간을 가질 수 있어서 과학 연구에 몰두할 수 있었습니다.

그리고 1905년에 우주의 법칙을 설명할 수 있는 암호 중 하나를 찾아내서 '$E=mc^2$'이라는 공식을 만들었습니다. 이것을 말로 풀면 '질량과 에너지는 하나다'라는 뜻을 담고 있습니다. 이 말은, 빛의 속도에 가까운 힘을 가해 주기만 하면 '$E=mc^2$'이라는 공식에 따라 모든 물질이 에너지로 폭발할 수 있다는 뜻입니다. 바로 이 원리에 의해 원자폭탄이 만들어졌습니다. 조그만 원자핵 하나가 쪼개져서 그 작디작은 질량이 온 도시를 삼켜 버리는 무시무시한 에너지로 돌변하는 것이 원자폭탄입니다. 아인슈타인 이전에는 아무도 질량과 에너지를 묶어서 생각하지 못했습니다. 질량은 질량이고 에너지는 에너지라고 생각했지요.

1907년에는 질량과 에너지가 큰 천체들 주변에서는 시간과 공간이 휘어진다는 이론을 발표했습니다. 1909년 특허국을 그만두고 취리히 공과대학 교수로 일하다가 1914년에는 독일 베를린 대학의 물리학 교수가 되어 연구를 계속했고, 1915년 일반 상대성 이론을 발표했습니다.

1933년 아인슈타인은 미국으로 이주했습니다. 독일 나치 정부가 유대인이라는 이유로 그의 재산을 압류하고 지위와 시민권을 박탈했기 때문입니다. 미국 프린스턴 대학에서 학생들을 가르치는 한편 연구를 하다가 제2차 세계대전 때는 원자폭탄을 만드는 데 협력하기도 했습니다. 그리고 1955년 가족들이 지켜보는 가운데 조용히 숨을 거두었습니다.

3 제인 구달(1934~)

영국의 동물 행동학자이자 환경운동가입니다. 아프리카 탄자니아의 밀림에서 40년이 넘도록 야생 침팬지와 함께 살며 그들을 연구했습니다. 또한 야생동물의 연구와 보호를 위한 연구소를 운영하며 세계의 젊은이들과 함께 환경 운동을 벌이고 있습니다.

영국 런던에서 태어난 제인 구달은 비서 학교를 졸업한 후 평범한 직장 생활을 하고 있었습니다. 그런데 23세 때 아프리카 케냐에 사는 친구를 만나러 갔다가 고생물학자 리키 박사를 만나게 되어 감명을 받고, 아프리카에서 야생 침팬지를 연구하는 일을 하기로 결심했습니다.

1960년부터 탄자니아 곰베 국립공원 안에서 침팬지를 연구하기 시작했는데, 매일 침팬지와 접촉하면서 친하게 되었고, 가까이에서 관찰하면서 행동을 자세히 기록했습니다. 제인 구달의 연구가 있기 전까지 과학자들은 침팬지가 주로 과일, 채소, 곤충과 작은 설치류를 먹는다고 믿었습니다. 그런데 구달은 침팬지가 새끼 원숭이나 새끼 돼지 같은 좀 더 큰 동물도 사냥하여 먹는 것을 발견했습니다. 또한 다른 어떤 동물보다도 도구를 많이 만들어 사용한다는 사실도 밝혀냈지요. 침팬지가 나뭇가지를 꺾어 흰개미를 잡는 도구로 사용하는 것을 관찰했고, 한 무리의 침팬지가 생존을 위한 뚜렷한 이유도 없이 계획적으로 다른 무리를 죽여 없애는 것을 처음으로 관찰했습니다. 이 같은 구달의 연구는 사냥 도구의 사용, 전쟁 같은 행동이 사람에게만 있는 것이 아니라는 사실을 뜻하기 때문에 동물학자를 비롯한 많은 사람들에게 충격을 주었습니다.

침팬지 외에도 야생동물을 연구하고 보호하기 위해 노력하던 제인 구달은 1991년 세계의 어린이들과 청소년들을 주 대상으로 하는 환경 교육과 환경 운동 '뿌리와 새싹' 프로그램을 시작했습니다. 현재도 제인 구달은 세계 각지를 순회하며 강연회를 열고 환경보호의 필요성에 대해 널리 알리고 있습니다. 우리나라에도 2007년에 방문하여 생태계 보존 운동에 관한 강의를 했습니다.

11 이 직업을 가진 사람에게 듣는다

• 인터뷰이(Interviewee)의 사정에 의해 얼굴을 공개하지 않습니다.

생명과학자 권준현 | 미국국립보건원 연구원

과학자로서 더 큰 꿈을 이루기 위해 미국으로 건너갔지만,
나중에는 한국으로 돌아와 후진을 양성하는 것이 꿈인
생명과학자 권준현의 미국국립보건원의 실험실 24시

Q1 어릴 때 어떤 학생이었나요?

수학과 과학을 많이 좋아하고 성적도 좋았습니다. 그 외에는 친구들과 어울려 노는 것을 좋아하는 평범한 학생이었습니다.

Q2 생명과학을 전공하게 된 배경이 궁금합니다.

고등학교 시절, 다른 과학 과목에 비해 생물에는 관심이 조금 적었고, 성적도 다른 과학 과목에 비해 좋은 편은 아니었습니다. 하지만 다양한 질병의 발병 원인과 생명 현상에 대한 연구를 하고 싶어서 전공으로 선택했습니다.

Q3 생명과학은 어떤 것을 다루는 학문인가요? 또 그 안에서 분야가 어떻게 나눠지나요?

생명과학은 생물학을 기본으로 하여 다양한 과학과 결합된 학문입니다. 일반적으로 사람이나 동물의 생명현상을 연구하는 분야로 생각할 수 있으나, 생명이 있는 모든 생명체를 다루는 학문이라 말할 수 있습니다. 식물이나 동물의 생명현상, 또는 질병의 원인과 치료 방법을 연구하는 학문이라 말할 수 있지요. 생명과학에는 많은 분야가 있는데, 주로 연구하는 방향에 따라 식물, 동물, 식품 생명과학으로 나눌 수 있습니다.

예를 들어 식품 생명과학은 다양한 식품이 인체에 미치는 영향에 대해서 연구하는 학문이라 할 수 있고, 식물 생명과학은 식물의 생명현상을 토대로 농작물이나 식물 관련 미생물, 식물 추출물 등의 효능을 연구하는 학문이라 할 수 있습니다. 마지막으로 가장 많이 알려져 있는 동물 및 사람을 대상으로 하는 생명과학은 실험동물이나 세포를 이용하여 사람이나 동물에서 일어나는 특이 유전병, 질병, 암 등의 생명현상을 연구하여 최종적으로는 질병의 치료나 예방 등을 목적으로 하는 분야라 할 수 있습니다.

Q4 생명과학을 전공하면 보통 어디에서 일하게 되나요? 대학교 졸업자와 대학원의 석사, 박사를 마친 사람은 진로가 어떻게 달라지는지 궁금합니다.

대학의 생명과학과를 졸업하면 일반 이공계 전공과 크게 다르지 않은 곳에서 일합니다. 예외는 있겠지만 학부의 생명과학 지식을 가지고는 생명과학 전문 분야에 취업하는 것은 힘들기 때문에 대학원에 진학하여 석사 과정을 밟습니다.

석사를 마치면 생명과학을 전문으로 다루는 회사나 연구소, 제약회사 등에서 연구개발팀의 일원으로 일을 하거나, 연구팀의 지원이나 제품의 판매, 관리 등에 관한 일을 할 수 있습니다.

박사 과정을 마치면 크게 두 가지의 진로로 나뉩니다. 첫째, 석사 전공보다는 더욱 전문적인 지식을 가지고 회사나 연구소에 취업하여 연구개발팀 팀장급의 승진에 유리한 위치를 차지할 수 있습니다.

두 번째는, 박사 후 과정을 통해 더욱 심화된 연구를 주요 업무로 하는 곳으로 진출할 수 있습니다. 우리나라에서는 박사 후 과정의 연구원 자리가 다른 선진국에 비해 많이 부족한 실정으로 박사 후 과정은 미국이나 유럽, 일본 등의 선진국으로 진출하는 경우가 많습니다. 박사 후 과정은 박사 과정을 마친 후 약 5~8년의 연수 과정을 거치는데, 이후 연구실이나 제약회사 또는 생명과학 관련 분야의 책임연구원 · 선임연구원이나 대학교수 등으로 진출합니다.

Q5 현재 일하고 있는 곳에 대해 간략하게 소개해 주시고, 이곳에서 일하게 된 과정을 말씀해 주세요.

저는 현재 미국국립보건원에서 근무하고 있습니다. 이곳은 미국에서 가장 큰 국가병원이자 가장 큰 보건의료연구소로서 아주 많은 의학 및 생명과학 관련 연구실이 있습니다.

우리나라 연구실의 연구 중심은 석사, 박사 과정 학생이기 때문에 연구원이나 박사 후 과정 연구원을 채용하는 실험실은 숫자가 적고 학생들이 모든 연구를 주관하게 됩니다. 이에 비해 미국은 대부분의 실험실에서 학생들보다는 박사 후 과정에 있는 연구원들이 중심이 되어 연구가 진행됩니다. 물론 석사, 박사 과정을 이수 중인 학생도 실험실에 있지만, 학생은 배우는 사람이라는 인식이 강해서 학생들의 연구 내용은 연수 과정의 일부로 여길 뿐이고, 결과나 실적이 크게 중요하지 않습니다. 그 대신 박사학위를 받은 이후, 박사 후 과정에서의 연구 결과와 실적은 매우 중요시합니다.

우리나라에는 박사 후 과정을 연수할 자리가 많지 않고, 또한 국내에서 학부부터 박사 과정까지 마쳤기 때문에 생명과학 분야에서 가장 발전해 있는 미국에서 박사 후 과정을 연수하고 싶어서 현재의 직장으로 오게 되었습니다.

Q6 하루 일과가 어떻게 되는지 궁금합니다.

실험실의 연구원으로 근무하므로 하루 일과의 대부분은 실험을 하면서 보냅니다. 특히 저는 마우스(쥐) 모델을 이용하여 실험을 하기 때문에 마우스 관리에 많은 시간을 할애하는 편입니다.

현재 관리하는 마우스들의 상태를 확인하고, 실험 목적에 맞도록 마우스를 처리해서 특정 조건이나 기간에 도달한 마우스를 실험 샘플로 만듭니다. 이렇게 만들어진 실험 샘플을 이용해서 다양한 방법으로 실험하고, 샘플을 분석하여 결과를 도출합니다. 또한 세포를 배양하고, 배양한 세포를 실험 목적에 맞도록 샘플링하고 분석하는 일도 합니다.

실험을 통해 결과가 나오면, 결과를 이용해서 학술지나 연구보고서에 제출하기 위한 논문의 기초 작업을 수행합니다. 유사 분야의 다른 연구 결과들을 검토하면서, 연구 방향에 참조하는 것 등이 하루 일과의 대부분을 차지합니다.

Q7 국내에서 일할 때와 비교해서 다른 점이 많나요? 각각의 장단점이 궁금합니다.

국내에서는 학생의 신분으로 박사 과정까지 마쳤고, 일을 하지는 않았습니다. 국내에 취업한 동료들은 고국에서 일하는 것을 가장 큰 장점으로 여깁니다. 가족과 친구들 곁에서, 자신이 태어나고 자란 곳에서 일하기 때문에 심리적으로 편안하지요. 단점은 여러 번 언급했듯이 한국에서 박사 후 연구원으로 일할 수 있는 곳이 많지 않다는 점이지요.

미국에서 일하는 것의 장점은 박사 후 연구원의 일자리가 국내보다 많고, 수입도 국내의 박사 후 연구원보다 많은 편입니다. 또한 박사 후 연구원을 마치고 한국으로 돌아갈 때, 미국에서의 경력이 더 좋게 작용할 수 있습니다. 마지막으로 한국보다는 미국에서 연구한 내용이 논문으로 발표될 기회가 더 많다는 장점이 있습니다. 단점은 가족이나 친구와 떨어져서 혼자 외국에서 생활해야 하므로 외롭고 쓸쓸합니다.

Q8 과학자들은 우리나라에서 공부하고, 외국에서 일하는 경우가 많은가요? 의사소통이 가능하지 않아도 외국 연구 생활이 가능한지 궁금합니다.

박사 과정을 마친 후 취업을 선택하지 않고, 박사 후 연구원으로 진로를 결정한 대부분의 과학자들은 경력을 쌓기 위해 관련 분야에서 가장 발전한 국가나 연구실에서 일하는 경우가 많습니다. 아직 우리나라는 생명과학 분야가 다른 나라에 비해 많이 뒤처져 있으므로 박사 후 과정 이상의 연구를 원하는 사람들은 외국으로 많이 나갑니다.

생명과학 전반에 걸친 의사소통 언어는 영어입니다. 영어는 세계 공통어나 마찬가지이므로 어느 나라에서 일하든 영어가 중요합니다. 저는 대부분의 시간을 미국 내의 실험실에서 보내는데, 실험에 관련된 영어는 한국에서도 항상 사용했기 때문에, 실험실에서 실험을 하는 데는 크게 지장이 없습니다. 일상회화나 그 나라의 문화와 관련된 문제는 시간이 지나면 조금씩 익숙해지기 때문에 크게 걱정하지 않아도 됩니다.

Q9 과학자에게 중요한 자질은 무엇이라고 생각하세요?

과학자는 우리가 모르는 사실, 하지만 분명히 존재하고 있는 사실을 알아내는 사람입니다. 그래서 수많은 실패를 겪으면서도 모르던 사실에 대해 조금씩 접근하고, 알아가는 과정이 중요합니다.

또한 중간에 포기하면 아무것도 이룰 수 없으므로 과학자에게 가장 필요한 자질은 쉽게 포기하지 않는 끈기라고 생각합니다.

Q10 과학자에게 윤리적인 기준이 필요하다고 생각하세요?

과학자에게는 지켜야 할 연구 윤리가 있습니다. 자신의 연구 내용에 거짓이나 조작이 없어야 하고(실수와는 다릅니다), 타당한 실험 원리와 방법을 통해 연구를 진행하여 결과를 발표해야 합니다. 과학자의 세계에서 데이터 조작 같은 일은 매우 치명적인 잘못으로 인식되고 있습니다.

한국과 미국 모두 과학자들에게 주기적으로 윤리 교육을 시행하고 있습니다. 윤리 교육에는 여러 가지 내용이 담겨 있습니다.

첫째는 실험 과정이나 결과가 의심받을 만한 점이 없이 투명하고 정직해야 한다는 것입니다. 둘째는 인간을 이용해 실험하는 것을 금지하고 있습니다. 셋째는 인간과 유사한 동물을 사용하여 실험을 하더라도, 실험동물이 받는 고통을 최소화하기 위해 노력해야 한다는 것을 주요 내용으로 하는 실험동물에 관한 윤리 교육입니다. 과학자들은 이러한 윤리 교육을 주기적으로 받아야 합니다.

Q11 존경하는 과학자와 그 이유를 설명해 주세요.

훌륭한 연구 내용과 결과도 중요하지만, 자신의 연구 결과가 다른 모든 사람들이 생각하는 것과 달라도 타당한 근거를 토대로 용기 있게 주장할 수 있어야 훌륭한 과학자라고 생각합니다. 이와 같은 이유로 찰스 다윈을 존경합니다.

Q12 과학자로서 가장 뿌듯할 때와 힘들 때는 언제인가요?

연구를 통해 탐구하는 일을 하기 때문에, 연구 결과가 가장 큰 영향을 미치는 것 같습니다. 연구 결과를 정리해서 투고한 논문이 승인되었을 때가 가장 기쁩니다. 반대로 원하는 방향으로 실험 결과가 나오지 않고, 그 이유를 전혀 알 수 없을 때가 가장 힘듭니다.

Q13 과학자로서 업그레이드하기 위해 노력하는 부분이 있나요?

자신의 관련 분야에 대한 전문성과 다양성, 이 두 가지는 모든 과학자들이 항상 노력해야 하는 부분입니다. 특히 생명과학 분야는 정말 눈부신 속도로 발전하고 있습니다. 자신의 연구뿐만 아니라, 관련 분야의 다른 연구진에 의해 진행되고 있는 연구 내용이 무엇인지 수시로 파악해야 합니다. 또한 자신의 연구 내용의 차별성과 우수성을 위해 항시 고민해야 합니다. 저도 이를 위해 노력하고 있습니다.

Q14 과학자로서 앞으로의 비전이나 계획을 말씀해 주세요.

첫 번째 계획은 박사 후 과정을 성공적으로 끝마치고, 한국으로 돌아가는 것입니다. 두 번째는 한국에서 대학이나 연구소의 책임연구자로 계속 연구하면서 우리나라 생명과학 후진들을 많이 양성하는 것입니다.

Q15 과학자를 꿈꾸는 학생들에게 조언 부탁드립니다.

과학자들이 모두 머리가 뛰어나게 좋은 것은 아닙니다. 머리만큼이나 노력과 자세도 중요합니다. 실력이 뛰어나지 않더라도 끈기와 열정을 가지고 노력한다면 훌륭한 과학자가 될 수 있습니다. 과학에 대한 순수한 호기심과 열정을 가졌다면, 두려워하지 말고 도전하기를 바랍니다.

교수
탐구형

Medical Doctor

Scientist

PROFESSOR

Psychologist

Mathematician

PROFESSOR

교수(탐구형)

교수는 대학이나 대학원, 전문대학에서 학생들을 가르치고 연구하는 일을 하는 사람으로, 자신의 전문 분야에서 뛰어난 실력을 갖추고 있습니다. 교수라 하면 일반적으로 교수, 부교수, 조교수, 전임강사를 모두 포함합니다. 교수는 자신이 전공하는 분야에 대해 열정과 끈기를 가지고 끝없이 연구하는 자세를 가져야 합니다. 그러기 위해서는 꼼꼼하고 성실해야 하며, 인내심을 가지고 연구 결과가 나올 때까지 노력해야 합니다.

01 교수 이야기

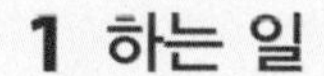

1 하는 일

1) 대학이나 전문대학에서 학생들을 가르칩니다

교수는 오랫동안 연구해 온 전공 지식과 기술을 학생들에게 전하기 위해, 가장 효율적인 방법을 찾아 수업을 준비합니다. 학기별로 정해진 시간에 알맞게 교육 계획을 세우고, 수업 방식을 결정하고, 강의 내용을 정리한 다음 학생들을 가르칩니다.

대학에는 여러 가지 다양한 수업이 개설되어 있고, 교수는 학생들이 수업을 선택할 때 도움이 되도록 해당 과목의 수업 내용을 알려주는 강의 계획서를 만듭니다. 학생들은 매 학기마다 자신이 듣고 싶은 과목, 또는 잘 가르치는 교수의 수업을 신청해서 듣는데, 수업을 신청하는 것을 수강 신청이라고 합니다.

2) 학생들의 과제물과 시험 성적을 평가합니다

대학교수는 학생들에게 강의를 하는 한편, 과제물을 내주고 그 과제물에 대한 평가를 합니다. 초 · 중 · 고등학교에서 하는 수행평가와 비슷한 것입니다. 그리고 중간고사와 기말고사의 시험 문제를 출제하고, 시험이 끝나면 또다시 평가를 합니다. 대학교의 시험은 5지선다형 객관식보다는 자신의 생각을 글로 표현하는 논술 형식이 많습니다. 이렇게 과제물과 중간고사, 기말고사 평가를 합산하여 한 학기의 성적을 산출합니다. 교수는 학생들의 답안지를 일일이 읽어보고 평가해야 하므로 학생들의 성적을 관리하는 데 시간이 많이 걸립니다. 그렇지만 이런 과정을 통해 학생들을 효과적으로 지도할 수 있습니다.

3) 졸업생의 논문 지도와 진로 상담을 합니다

대학교 4학년이 되면 대부분의 학생들은 졸업 전에 전공과 관련된 논문을 한 편씩 써야 합니다(졸업 시험이나 졸업 작품 발표로 대신하는 경우도 있습니다). 이때 교수는 자신의 전공 분야에서 공부하는 학생들을 지도할 책임이 있습니다. 독창적이고 유익한 논문을 쓸 수 있도록 학생들을 도와줘야 합니다. 그 밖에도 제자들을 위해 진로 상담과 취업 상담을 하고, 인생의 선배로서 여러 가지 도움과 조언을 주기도 합니다.

4) 자신의 전공 분야를 끊임없이 연구합니다

교수는 자신의 전공 분야에서 상당한 수준에 이른 전문가지만 거기서 만족하고 멈춰서는 안 됩니다. 빠르게 변하는 세상에 발맞추어 언제나 쉴 틈 없이 연구를 해야 합니다.

예를 들어 스마트폰이 세상에 나온 지 몇 년 되지 않았지만 세상은 스마트폰이 나오기 전과 비교하여 많이 달라졌습니다. 이럴 때 경제학과 교수나 사회학과 교수는 스마트폰의 등장으로 생긴 사회 변화를 자세히 관찰하고 자신의 연구를 진행할 수 있습니다. 스마트폰이 등장하여 사람들의 생활은 편리해졌지만 그에 따른 부작용도 많습니다. 스마트폰 하나로 전화, 컴퓨터, 카메라, MP3 플레이어, 내비게이션, 전자사전 등의 편리함을 한꺼번에 누릴 수 있습니다. 예전에는 이런 기기들을 모두 따로따로 가지고 다녀야 했지만 지금은 스마트폰만 있으면 가능해졌지요. 사람들은 편리해졌지만 거꾸로 생각해 보면 그동안 이런 기계들을 생산하여 팔던 생산자의 입장에서는 어떨까요? 기계를 만들던 공장들이 모두 문을 닫게 되고, 그곳에서 일하던 사람들은 실업자가 되었지요. 그러면서 경제가 오히려 위축되는 문제가 생깁니다.

또 하나의 부작용은 사람들이 인터넷에 손쉽게 접속할 수 있게 됨으로써 늘 스마트폰을 손에서 놓지 않게 된 것입니다. 정보를 쉽게 찾아볼 수 있는 편리함은 있지만 어른들뿐만 아니라 어린이들까지 스마트폰에 중독되는 현상이 생기고 있습니다. 스마트폰 중독으로 집중력 저하,

Tip

교수들은 새로운 사회 현상을 분석하고 연구하여 새로운 이론, 문제의 해결책 등을 내놓을 수 있습니다. 그리고 유용한 연구 성과를 얻으면 세미나나 학회에 논문으로 발표하지요. 그리하여 인류를 이롭게 하는 훌륭한 업적이 인정되면 노벨상 같은 영예로운 상도 받게 됩니다.

사회성 결여, 인간관계 단절 등 여러 사회 문제가 생겨나고 있습니다. 특히 어린 학생들의 스마트폰 중독은 심각한 수준에 이르고 있습니다.

이럴 때 경제학과 교수는 스마트폰이 경제에 미치는 영향을 연구할 수 있고, 사회학과 교수라면 스마트폰이 사람들의 생활과 인간관계에 미친 영향을 연구할 수 있겠지요.

5) 제자들과 함께 연구합니다

교수는 제자들과 함께 연구팀을 꾸려서 한 주제에 관해 오랫동안 실험하고 연구하는 경우가 많습니다. 이때 제자들을 이끌고 오랜 시간 연구하려면 인내심과 리더십이 필요합니다. 이런 경우 교수는 거친 파도를 헤쳐 나가는 선장에 비유할 수 있습니다. 제자들은 교수의 지도를 받으면서 전공 분야에서 더 많은 지식과 구체적인 경험을 쌓을 수 있지요. 함께 실험하고 연구해서 의미 있는 결과물을 얻었을 때에는 논문으로 그 내용을 발표합니다. 이처럼 제자들과의 공동 연구는 인문사회 계열보다는 이공 계열에서 더 많이 이루어지고 있습니다.

6) 사회 문제를 해결하는 데 도움을 줍니다

우리 사회에 어떤 문제가 생겼을 때나 새로운 문화 현상이 나타났을 때 사람들은 그 원인이나 해결 방법을 알고 싶어 합니다. 그때 가장 먼저 찾게 되는 사람이 바로 오랫동안 비슷한 주제와 문제를 연구해 온 교수입니다.

> **Tip**
> 교수는 사회 현상에 대해 의견을 이야기하는 것뿐 아니라 기업이나 각종 단체, 정부, 지역 사회의 활동에도 도움을 주는데, 이런 역할을 '자문'이라고 합니다.

교수들은 문제가 일어난 원인을 설명하고 해결 방법을 제시하는 역할을 합니다. 예를 들어 학교 폭력이나 왕따 문제가 계속되어 피해 학생이 자살하는 등의 문제가 발생하면 텔레비전 뉴스에 나오게 되겠지요. 기자들은 사건 현장을 취재한 뒤 교육 분야의 전문가인 교수를 찾아가 왜 이런 문제가 발생했는지, 해결책은 무엇인지 의견을 듣게 됩니다. 교수는 텔레비전이나 신문을 통해 문제의 원인을 분석하고 문제 해결 방법을 제시합니다.

또한 독감이 크게 유행한다든지 황사가 유난히 심해진다든지 해서 많은 사람들이 불안해 하고 이유를 궁금해 하는 일이 생길 때도 있습니다. 그런 문제들의 원인을 설명하고, 대처 방법을 알려 주는 것도 전문 지식이 풍부한 교수의 역할입니다.

7) 지식을 나누기 위해 논문을 발표하거나 책을 씁니다

교수는 한 분야의 전문가로 인정받는 사람입니다. 자신의 전문 분야에 대해 누구보다 많은 지식을 쌓고, 새로운 발견과 발명을 위한 연구를 지속하지요. 그리고 유용한 지식과 정보를 더 많은 사람들이 알고 이해할 수 있도록 논문을 쓰거나 책을 쓰는 일도 합니다. 논문이란 전문가가 어떤 주제에 관련해 자신의 의견과 주장을 밝히는 보고서를 말합니다.

논문 발표는 각종 세미나, 학회, 학술지를 통해서 합니다. 이렇게 몇 편의 논문을 발표한 후에는 논문을 쓴 경험을 살리거나 여러 개의 논문을 모아서 책으로 펴내기도 합니다.

Tip

교수는 자신의 논문을 학회를 통해서 발표하기도 합니다. 학회는 학문을 더욱 깊이 있게 연구하고 발전시키기 위해 같은 분야를 공부하는 사람들이 만든 모임입니다. 학생부터 교수, 일반 연구자까지 일정한 조건에 맞는 경력이 있다면 자신의 전공에 맞는 학회에 가입할 수 있습니다.

2 교수가 되려면

교수는 대학, 전문대학 등에서 학생들을 가르치고 연구하는 일을 하기 때문에 평생 동안 공부하는 직업이라 할 수 있습니다. 따라서 무엇보다도 공부하는 것을 좋아해야 합니다.

그리고 학생들을 잘 가르치려면 가르치는 기술도 익혀야 합니다. 지식을 많이 안다고 해서 반드시 잘 가르치는 것은 아닙니다. 잘 가르치려면 가르침을 받는 학생들을 잘 이해해야 합니다. 학생들의 입장에 공감하고, 학생들이 뭘 원하는지 파악해야 합니다. 그러자면 학생들과 친근감을 형성하는 것이 중요합니다. 이렇게 가르치는 기술을 연구하고 훈련한다면 잘 가르치는 교수가 될 것입니다.

또한 자신의 전공 분야를 10년 이상에 걸쳐 파고들어 공부해야 하므로 열정과 인내심도 필요합니다. 따라서 대학교수가 되고 싶다면 오랜 시간 집중하는 끈기를 기를 수 있도록 자신을 훈련해야 합니다.

교수가 되려면 외국어 능력, 그 중에서도 영어 능력이 필요합니다. 글로벌한 세계에서 살고 있는 지금 영어는 세계 공용어가 되었습니다. 국어나 국사 과목이 아니라면 영어로 된 원서를 읽어야 할 때가 많고,

자료를 검색할 때도 기본적으로 영어를 잘하면 유리합니다. 또한 논문을 쓸 때도 영어로 써야 할 때가 있습니다. 특히 이공 계열의 경우 영어로 논문을 써서 외국 잡지 〈네이처〉나 〈사이언스〉 등에 실을 수도 있으므로 영어 실력은 필수입니다.

또한 연구 결과를 체계적으로 분석할 수 있는 능력과 연구 결과를 도출해 낼 수 있는 사고력도 필요합니다. 그리고 연구 결과를 다른 사람이 알기 쉽게 글로 표현하는 능력도 필요합니다.

3 교수가 되는 과정

교수가 되려면 대학에 입학할 때 자신이 흥미를 가지고 있는 분야를 신중하게 선택해야 합니다. 자신의 전공 분야에서 공부를 계속하려면 그 분야에 관심과 흥미가 있어야 하기 때문입니다. 그리하여 대학 시절 동안 전공 분야를 계속하여 깊이 있게 공부하고 싶다는 생각이 들면 취업 대신 대학원에 진학합니다.

대학원에 들어가 석사 2~3년, 박사 3~6년의 기간을 거쳐야 교수가 될 수 있습니다. 그런데 교수가 되려면 업적이나 강의 경력이 중요하기 때문에 박사 과정 중에 대학 강사로 활동하며 경력을 쌓는 사람도 많습니다.

4 직업 전망

대학교수는 사회적 지위나 보수 등에서 높은 평가를 받습니다. 다만, 끊임없이 연구하고 실적을 발표해야 하는 등의 노력이 필요하므로 그리 쉽지만은 않은 직업입니다. 그러나 대부분의 교수들이 자신이 하고 싶은 일을 하고 있으므로 현재 재직 중인 대학교수들의 직업 만족도는 매우 높은 편이라고 합니다. 그렇지만 미래 직업 전망에서 고용 기회는 아주 높지는 않은 것으로 예측되고 있습니다. 그만큼 교수 되기가 쉽지 않다는 것을 의미합니다.

02 교수의 종류

Tip

대학은 전공에 따라 여러 개의 계열로 나뉘어 있습니다. 따라서 교수들도 전공 분야에 따라 다양하게 나뉘고, 학생들을 가르친다는 공통점을 제외하면 하는 일도 조금씩 다릅니다.

대학에서 비슷한 분야의 전공들을 묶어 놓은 단위를 계열이라고 합니다. 대학의 계열을 묶어 분류하면 인문 계열, 교육 계열, 사회과학 계열, 자연 계열, 공학 계열, 의학 계열, 예체능 계열 등으로 나눌 수 있습니다. 이처럼 다양한 교과목이 있는 만큼 교수의 종류도 무척 다양합니다. 그리고 교수마다 전공하는 분야에 따라 가르치는 방법과 공부하는 환경이 조금씩 다릅니다.

예를 들어 인문 계열과 사회과학 계열의 교수는 강의를 통한 수업을 많이 하는 편이지만 자연 계열이나 공학 계열의 교수들은 실험이나 실습을 통한 수업의 비중이 높습니다. 예체능 계열의 교수는 대부분 강의와 실습 지도를 병행합니다.

또한 대학의 종류도 종합대학부터 전문대학까지 매우 다양하며, 각 대학마다 교육의 목적이 조금씩 다르기 때문에 교수는 대학의 목적에 맞춰서 수업을 진행해야 합니다.

우리가 흔히 알고 있는 대학은 종합대학입니다. 말 그대로 대학들의 종합체라는 의미입니다. 종합대학은 다양한 학과를 갖추고 각 분야의 인재를 교육하여 국가와 인류의 발전에 도움을 줍니다. 종합대학 안에는 단과대학이라는 작은 단위의 대학들이 있고, 비슷한 분야의 전공들을 묶어 놓은 단위를 계열이라고 합니다.

특수대학은 특별한 목적이나 차별화된 인재를 양성하는 곳으로 경

찰대학, 사관학교, 해양대학 등이 이에 속합니다. 또 교육대학은 초등학교 교사, 사범대학은 중 · 고등학교 교사가 되기 위해 공부하는 대학입니다. 산업대학은 기업에서 원하는 인재를 키우기 위해서 설립한 대학으로 산업사회에 필요한 기술과 지식을 가르치는 곳입니다. 전문대학은 사회 각 분야에 필요한 전문적인 지식과 이론을 가르쳐서 졸업 후 바로 사회에 나가 전문인으로 활동할 수 있도록 교육하며 2~3년간 공부합니다.

교수는 기본적으로 학생들을 지도하는 틈틈이 관련 학문을 연구하고 논문을 학회지 등에 발표하며, 전공 분야나 관심 분야에 대한 책을 집필하기도 하고 각종 회의에 참석하여 전문가로서 조언을 하기도 합니다.

지금부터 종합대학의 계열별로 교수들이 하는 일을 살펴보기로 합니다.

1 인문 계열 교수

인문 계열 교수는 대학에서 국문학과, 영문학과, 사학과, 철학과 등의 인문 계열 과목을 강의하고, 보고서 등의 과제를 내주어 학생들을 평가합니다. 학생들이 볼 시험을 직접 출제하고 시험 결과를 체크하지요. 그리고 졸업생의 논문 및 연구계획을 지도하고 조언해 주는 일을 합니다.

인문 계열 교수는 자신의 전공 분야에 대한 지속적인 연구 활동을 하며, 학생들을 가르칠 때는 실험이나 실습보다는 강의를 통한 수업을 합니다. 또한 자신의 전공 분야를 연구하여 각종 학회, 세미나 등에 논문을 제출하고, 전공 분야나 관심 분야 등에 대한 책을 집필하기도 합니다.

인문 계열 교수가 되려면 명확한 학습 내용을 전달하기 위한 논리적인 언어 구사 능력과 글쓰기 능력이 요구되며, 외국어에 대한 지식이 필요합니다.

2 교육 계열 교수

교육 계열 교수는 교육 관련 학문을 연구하는 한편, 초 · 중 · 고등학교 교사가 되기 위한 학생들을 가르칩니다. 우리나라의 경우 초등학교 교사가 되려면 교육대학을 따로 지원해야 하고, 중 · 고등학교 교사가 되려면 종합대학 안에 있는 사범대학을 지원해야 합니다. 교육대학 외에 초등교육학과가 개설된 학교에는 현재 이화여대 초등교육학과, 한국교원대 초등교육학과, 제주대 초등교육학과 등이 있습니다.

교육 계열 교수들은 초등 교사나 중등 교사가 되기 위한 학생들에게 교육과정론 · 교육공학 · 교육행정학 · 교육철학 등의 공통 교직 과목과 교육 · 어학 · 사회 · 종교 · 수학 · 과학 · 실업 · 공학 · 예체능 등 각 학과의 이론과 지식을 강의하고, 학생들의 질문에 답변하며, 보고서나 시험을 통해 학생들을 평가하여 성적을 산출합니다. 학생들이 교생 실습을 통하여 학교 현장에 적용할 수 있는 실제적 기술을 연구하고 익히도록 지도합니다.

Tip

교생 실습은 교대의 경우 1학년 때부터 나가는 학교도 있고 2학년 때부터 나가는 학교도 있습니다. 즉 교대마다 실습 기간이나 시기가 조금씩 다릅니다. 사대는 대개 4학년 1학기 정도에 나가 실습을 합니다.

3 사회과학 계열 교수

대학에서 경영학, 경제학, 사회학, 정치학, 심리학, 사회복지학, 행정학, 신문방송학, 문헌정보학 등의 과목을 강의하고 연구합니다. 학생들의 질문에 답변하고, 개인 지도를 하기도 합니다. 사회과학이란 개인과 사회구조, 사회현상 등을 연구 대상으로 삼아 인간 사회의 모든 현상을 연구하는 학문입니다. 기초학문 외에 각종 방법론과 통계적인 접근을 통해 응용 · 기술적 차원으로 사회현상을 분석하기도 하지요. 또한 경험적 자료 수집을 위해 관련된 사회현상의 실증 자료들을 조사하고 분석하며, 이렇게 연구한 결과를 논문으로 작성해 학회지 등에 발표합니다.

4 자연 계열 교수

대학에서 대학생들을 대상으로 물리학, 생물학, 수학, 화학, 지질학, 천문학, 기상학, 생명과학, 지구과학, 환경학 등에 대한 이론과 지식을 강의하고 관련 학문을 연구합니다. 다양한 실험실습 교육을 통하여 첨단과학의 정보와 기술을 가르쳐서 자연과학 분야의 전문가를 양성하기 위해 노력합니다. 전공이나 담당 교과목에 따라 강의, 실험, 실습 등 다양한 강의 방법을 이용하여 학생을 지도하는데 실험, 실습의 비중이 높은 편입니다.

또한 학생들을 지도하는 틈틈이 자신의 연구를 합니다. 자연 계열 교수의 연구 대상은 물질계인 자연의 모든 현상으로, 이들 자연계 현상의 기본 원리를 연구합니다. 또 실험과 수리적 방법을 통해 자연 법칙을 설명하고 현상들 사이의 함수 관계를 밝힙니다. 열심히 연구한 결과를 논문으로 작성하여 각종 학회, 세미나 등에 참석하여 발표합니다. 전공 분야나 관심 분야 등에 대한 책을 집필하기도 하고, 각종 회의에 참석하여 전문가로서 조언을 하기도 합니다.

5 공학 계열 교수

대학에서 학생들에게 건축공학, 금속공학, 기계공학, 재료공학, 전기공학, 전자공학, 토목공학, 통신공학, 화학공학, 컴퓨터공학, 산업공학 등의 이론과 지식을 강의합니다. 담당 교과목에 따라 강의, 실험, 실습 등 다양한 강의 방법을 이용하여 학생들을 지도하는데, 실험과 실습의 비중이 높은 편입니다. 학생들에게 최신 장비를 이용한 실험실습을 강의하고, 학생들의 질문에 답변하고, 개인 지도를 하기도 함으로써 공학 분야의 인력을 양성하기 위해 노력합니다. 학생들을 지도하는 한편 자신의 연구도 게을리 하지 말아야 합니다.

6 의학 계열 교수

의과대학에서 의사나 간호사가 되기 위해 공부하는 학생들을 대상으로 수업을 합니다. 학생들에게 의학, 치의학, 수의학, 한의학, 약학, 간호학 및 관련 분야의 질병 예방 및 치료를 위한 학술적 이론과 지식을 지도하여 이들이 의료 분야의 전문인으로 성장할 수 있도록 도움을 줍니다. 학생들의 질문에 답변해 주고, 필요하다면 개인 지도를 해 주기도 합니다.

학생들을 지도하는 일뿐만 아니라 자신의 연구도 열심히 해야 합니다. 의학 계열 교수의 주요 연구 대상은 인간의 생명과 질병, 건강과 보건 문제입니다. 열심히 연구한 결과를 논문으로 작성하여 학회지 등에 발표하며, 각종 회의에 참석하여 전문가로서 조언을 하기도 합니다.

7 예체능 계열 교수

대학에서 예체능 계열은 미술 계열, 음악 계열, 연극영화 계열, 체육 계열 등으로 나눌 수 있습니다. 예체능 계열 교수는 예술가나 체육인이 되고 싶어 하는 학생들에게 관련 이론을 가르치고 실습 교육을 통해 실용적인 지식과 기능을 익히도록 가르치고 훈련시키는 일을 합니다. 그리하여 학생들이 예술과 체육 분야에서 전문 기능인으로 성장할 수 있도록 도움을 줍니다.

음악 계열은 성악, 기악, 작곡, 국악 이론, 관현악, 피아노 등이고, 미술 계열은 미술사, 조각, 디자인 등이 속합니다. 연극영화 계열은 영화 이론, 영화사, 연극사, 연극 이론, 희곡 등이 속하고, 체육 계열은 체육 지도법, 트레이닝, 구급처치법 등의 이론 분야를 비롯해 각종 구기 종목은 물론 태권도, 유도, 복싱, 레슬링, 사격, 씨름, 수영, 검도, 볼링, 골프 등 개인 종목의 실기 교육을 실시합니다.

03 역사, 책, 영화 속에서 만나는 교수

1 우리 조상들이 다녔던 대학, 성균관

우리 역사에서 기록된 최초의 공식 대학 교육 기관은 고려 시대의 국자감입니다. 이 국자감이 고려 후기에 성균관으로 이름이 바뀌었고, 성균관이라는 이름은 조선 시대까지 이어졌습니다. 즉 고려 때까지 개성에 있던 성균관은 조선이 건국된 후 수도를 한양으로 옮기면서 1398년 지금의 서울 명륜동으로 자리를 옮겨 세워졌습니다. 성균관은 세계에서 가장 오래된 국립대학으로 나라에 도움이 될 유능한 인재들을 길러 낸 곳입니다. 성균관은 시험을 쳐서 들어가야 했습니다. 입학시험이 어렵고 규율이 매우 엄격했지만 국가에서 주는 장학금을 받으며 다닐 수 있었습니다.

2 대학의 역사

현재 전 세계에 있는 대학들은 중세 유럽의 교육 기관에서 비롯되었습니다. 중세 시대에 학문에 대한 관심이 커지면서 교수와 학생들은 공동의 이익을 추구하고 서로의 이해와 협력을 높이고자 '길드'를 결성했습니다. 이런 길드가 대학으로 발전했는데, 이탈리아의 볼로냐 대학과 프랑스의 파리 대학이 최초의 대학이라 할 수 있습니다.

우리나라에도 조선시대에 성균관이 있었지만 근대적인 의미의 대학은 일제강점기에 처음 생겨났습니다. 1915년 전문학교 설치령이 제정되면서 연희전문학교(지금의 연세대), 세브란스의학전문학교(지금의 연세대 의대), 보성전문학교(지금의 고려대), 이화여자전문학교(지금의 이화여대), 숙명여자전문학교(지금의 숙명여대) 등이 설립되었습니다.

3 · 1운동 이후에 선각자들이 민족의 독립을 위해 교육의 필요성을

강조하면서 민립대학 설립 운동을 벌이자, 일본은 이를 금지하고 대신 경성제국대학을 설립했습니다. 경성제국대학은 일제강점기 동안 우리나라에 존재하는 유일한 대학이었습니다.

8 · 15광복 이후에 많은 대학들이 설립되었는데, 이때 미국의 교육제도를 본뜬 4년제 대학이 정착하였고, 1946년 국립 서울대학교가 설립되어 오늘에 이르고 있습니다.

3 관련 책

1) 〈대학교수 되는 법〉 와시다 고야타 지음, 생각의 나무, 2003

이 책은 현재 일본의 삿포로 대학에서 철학과 윤리를 가르치는 현직 교수가 쓴 글로, 대부분의 사람들에게 선망의 대상인 대학교수에 대한 오해와 허상을 없애고, 대학교수라는 직업의 장단점, 그리고 교수가 되기 위해서는 어떤 노력이 필요한지를 솔직 담백하게 서술한 내용을 담고 있습니다.

우리나라 대학이 일본 대학과 비슷한 점이 많으므로 우리나라의 대학 및 교수 사회를 이해하는 데도 참고 자료가 될 수 있습니다.

2) 〈밥 파이크의 창의적 교수법〉 밥 파이크 지음, 김영사, 2004

창의적 교수법을 개발한 밥 파이크는 학생들을 창의적으로 가르치기 위해서 어떻게 해야 하는지 이 책에서 자세히 설명하고 있습니다. 학생들의 참여를 통해 전반적인 학습 결과를 얻기 위해 개념적이고 실제적인 틀을 만들고, 학생들의 학습 잠재 능력을 발견하여 교육 효과를 극대화할 수 있는 혁신적인 교수 기법을 소개하고 있습니다.

밥 파이크가 소개한 창의적 교수법의 주요 내용은 다음과 같습니다.

1. 프레젠테이션 준비하기 시작하기 전부터 좋은 반응과 결과를 얻을 수 있습니다.
2. 학생들에게 동기 부여하기 교육이 끝난 후에도 학생들이 지속적으로 학습하도록 유도할 수 있습니다.
3. 시각 교재 사용하기 강의를 하다가 학생들의 관심을 집중시킬 수 있습니다.

4. **그룹 참여 유도하기** 학생들의 적극적 참여를 통해 학습 성과를 촉진시킬 수 있습니다.
5. **창의적 교재 만들기** 학생들끼리 서로 배우고 인생 경험을 나누게 하는 과제, 사례 연구, 역할 연기 등을 해 보도록 하면 학생들의 참여도가 높아지고 즐거운 수업이 될 수 있습니다.
6. **효과적인 교재 만들기** 알아야 할 정보, 알면 좋은 정보, 참고자료를 쉽게 구분해 놓은 교재를 만들면 학생들이 편리하게 이용할 수 있습니다.
7. **교육 프로그램을 학생들의 수요에 맞게 수정하기** 학생들의 만족도를 높일 수 있습니다.
8. **기존 교육 프로그램을 변형하기** 강의 중심의 교육에서 학생 중심의 교육으로 변형시키는 방법을 말합니다.

3) 〈잘 가르치는 교수〉 이의용 지음. 쌤앤파커스. 2010

이 책은 20년 동안 기업과 대학을 오가며 강의한 교수가 현장에서 터득해 온 교수법을 바탕으로, 잘 가르치는 교수가 되기 위한 방법을 알려주고 있습니다. 어떻게 하면 학생들과 소통을 잘할 것인지, 어떻게 하면 학생들이 스스로 공부하도록 리더십을 발휘할 수 있을 것인지, 어떻게 하면 대학과 교수가 학생을 고객으로 인정하고 그들에게 최고 품질의 수업을 제공할 것인지, 어떻게 하면 대학이 기업과 사회가 원하는 맞춤형 인재를 육성할 것인지 등에 대한 내용을 집중적으로 다루고 있습니다.

그러기 위해서는 학생들에게 군림하려는 권위주의적 교수상을 스스로 깨고, 학생을 고객으로 인정하는 마음가짐이 필요합니다. 교수들이 적어도 학생들의 수업료에 걸맞은 수준의 수업 품질은 제공해 줘야 학생도 살고 교수도 살 수 있음을 강조하고 있습니다.

4 관련 영화 및 다큐멘터리

1) 〈뷰티풀 마인드〉

이 영화는 1994년 노벨상을 받은 미국의 천재수학자 존 내쉬의 삶을 다루고 있습니다. 정신분열증에 걸린 내쉬가 아내의 헌신적인 사랑과 노력으로 절망을 극복하고 노벨상까지 받게 되는 감동적인 내용을 담고 있습니다.

1940년대 최고의 엘리트들이 모이는 미국 프린스턴 대학원. 이 중 시험도 보지 않고 장학생으로 입학한 천재 학생 존 내쉬는 누구도 따라올 수 없는 뛰어난 두뇌와 수려한 용모를 지녔지만 친구들과 원만하게 어울리지 못하고 늘 수학 문제를 풀면서 생활합니다. 어느 날 친구들과 함께 들른 술집에서 금발 미녀를 둘러싸고 벌이는 친구들의 경쟁을 지켜보던 존 내쉬는 섬광 같은 직관으로 '균형 이론'의 단서를 발견합니다. 그리고 균형 이론을 27쪽짜리 논문으로 발표하여 하루아침에 학계의 스타로, 제2의 아인슈타인으로 관심을 받게 됩니다.

이후 MIT 교수로 승승장구하던 내쉬는 소련의 암호 해독 프로젝트에 비밀리에 투입됩니다. 그리고 자신의 수업을 듣던 물리학도 알리샤와 사랑에 빠져 굳게 닫혔던 마음의 문을 열고, 둘은 결혼에 골인합니다. 행복한 결혼 생활을 하며 열정적으로 일하던 내쉬에게 갑작스런 불행이 찾아옵니다. 정신분열증이 발병한 것입니다.

시간이 흐를수록 정신병이 깊어지고 내쉬는 폐인 생활을 거듭하지만, 알리샤는 그를 지지해 주며 헌신적으로 돌봐줍니다. 알리샤의 노력으로 내쉬의 증세는 점차 좋아지고, 결국 노벨상까지 받게 되는 영광을 안습니다. 내쉬는 노벨상 시상식에서 모든 영광을 아내 알리샤에게 돌립니다.

2) 〈부러진 화살〉

2011년 우리나라에서 개봉된 영화입니다. 자신이 근무하는 학교의 대학 입시에 출제된 수학 문제의 오류를 지적한 뒤 부당하게 해고된 한 수학과 교수가 법정을 대상으로 싸우는 이야기로, 실제 있었던 일을 영화로 만든 것입니다.

입시에서 출제된 문제의 오류를 지적했다는 이유로 해고된 김경호 교수는 교수 지위 확인 소송에 패소하고 항소심마저 정당한 사유 없이 기각되자, 담당 판사를 찾아가 공정한 재판을 요구하며 석궁으로 위협하기에 이릅니다. 격렬한 몸싸움, 담당 판사의 피 묻은 셔츠, 복부 2cm의 자상, 부러진 화살을 수거했다는 증언 등이 이어지고, 사건의 파장은 일파만파로 퍼져 나갑니다. 사법부는 김경호 교수의 행위를 법치주의에 대한 도전이자 테러로 규정하고 그를 엄중 처벌하겠다는 입장을 발표합니다. 그러나 김경호 교수는 실제로 화살을 쏜 일이 없다고 결백을 주장하면서, 속전속결로 진행될 것 같았던 재판은 난항을 거듭합니다. 한 치의 양보도 없는 법정 싸움, 엇갈리는 진술이 계속되고, 결정적인 증거물인 '부러진 화살'은 행방이 묘연합니다. 비타협 원칙을 고수하며 재판장에게도 독설을 서슴지 않는 김경호 교수의 불 같은 성격에 변호사들은 하나둘씩 변론을 포기하지만, 마지막으로 선임된 자칭 '양아치 변호사' 박준의 등장으로 재판은 활기를 띠기 시작합니다.

이 영화를 보고 있으면 사법부라는 거대 조직을 상대로 소신 있는 발언과 행동을 일삼는 김경호 교수의 감정선을 따라 그가 부당한 대우를 받는 순간에는 가슴 먹먹한 분노와 여운에 사로잡히고, 논리적인 변론으로 판검사들을 쩔쩔매게 하는 순간에는 통쾌함을 맛볼 수 있습니다.

3) 〈세 얼간이〉

2011년 인도에서 개봉된 영화로, 천재들만 간다는 일류 명문대 ICE에서 벌어지는 유쾌한 이야기를 담고 있습니다. 이 영화에 등장하는 세 명의 대학생은 사실 얼간이가 아니라 뛰어난 천재들입니다. 이들을 얼간이라 부르는 까닭은 현실보다는 꿈을 좇아 살아가기 때문입니다.

이들 세 친구를 소개하면 다음과 같습니다. 성적과 취

업만을 강요하는 학교를 발칵 뒤집어 놓은 대단한 녀석 란초, 아버지가 정해 준 꿈인 공학자가 되기 위해 정작 본인이 좋아하는 일은 포기하고 공부만 하는 파파보이 파르한, 그리고 찢어지게 가난한 집에서 태어나 병든 아버지와 식구들을 책임지기 위해 무조건 대기업에 취직해야만 하는 라주가 등장합니다. 이들 세 친구는 현실의 무거운 짐을 벗어 던지고 진정한 꿈을 찾기 위해 세상에 정면으로 도전합니다.

영화 〈세 얼간이〉는 주입식 교육 현실을 비판하고 풍자하며 교육계에 도전장을 내밀어 우리나라에서도 관객들의 뜨거운 공감을 불러일으켰습니다.

4) 〈최고의 교수〉

2008년 EBS에서 제작한 다큐멘터리로, 세계 최고 석학들의 교수법이 공개돼 화제가 되었습니다. EBS에서 이 다큐멘터리를 기획한 목적은 국내 교육계에 자극을 주고 도움을 주기 위해서였습니다. 이른바 '최고의 교수'라 불리는 사람들에겐 학생들의 눈과 귀를 붙잡는 특별한 비결이 있을 거라는 기대와 궁금증이 프로그램 제작의 동기가 되었습니다.

이 다큐멘터리에서는 예일대, 하버드대, 미시간 공대 등 미국 내 유수 대학에서도 이름난 교수 8명을 인터뷰하여 그들의 낯설고도 친근한 이야기를 소개하고 있습니다.

사실 학생들 마음속에 영원히 남는 교수가 되기 위해 어떤 노력을 해야 하는지 모르는 교수는 거의 없을 것입니다. 모두들 알고 있지만 실천이 어렵다는 게 문제입니다. 이 다큐멘터리에 소개된 교수들은 머리로 알고 있는 것을 몸으로 실천할 줄 안다는 점에서 존경받을 만합니다. 앎과 삶이 조화를 이루기란 생각만큼 쉽지 않기 때문입니다. 이들 교수들의 강의는 시청자로 하여금 가르침의 근본을 다시 생각하게 해 주었습니다. 교수를 꿈꾸고 있는 청소년이라면 꼭 한번 시청하길 권하고 싶습니다. 또 책으로도 나와 있으니 텔레비전으로 보기 어렵다면 책으로 읽어도 됩니다.

04 교수는 무슨 일을 할까?

교수는 자신이 오랫동안 공부하고 연구한 내용을 학생들에게 가르치고, 축적된 지식을 바탕으로 새로운 학문을 탐구하는 일을 합니다. 그리고 새로운 지식에 관한 논문과 책을 쓰기도 합니다.

학생들을 가르칠 때는 단순히 지식의 전달자 역할만 하는 것이 아니라 지식을 탐구하는 방법을 안내해 주고, 공부하기를 좋아하는 학생에게는 새로운 학문을 공부해 보도록 격려하고, 공부 과정을 지도해 주는 일을 합니다.

그런데 대학교수의 생활은 학기 중이냐 방학이냐에 따라서 많이 다릅니다. 그럼 지금부터 학기 중과 방학 때의 생활이 어떻게 다른지 살펴보기로 합니다.

Tip

인문 계열 교수들은 연구실에서 연구 활동을 하는 경우가 많고, 자연과학 계열의 교수들은 실험실에서 실험을 하거나 학교 밖의 자연 환경에서 실험이나 조사 활동을 하는 경우가 많습니다. 또 의학 계열의 교수들은 병원이나 의학 실험실에서 연구를 하고 학생들에게 강의도 합니다.

1 대학교수의 하루 일과

1) 학기 중

학기 중에는 전공 분야의 여러 가지 수업을 맡아 강의를 하기 때문에 강의 준비와 학생 지도로 바쁩니다. 특히 3월 신학기가 되면 신입생들이 들어와서 얼굴을 익혀야 하고, 학생들이 수업을 잘 따라오도록 신경 쓰면서 지도해야 합니다.

대학교수의 출퇴근 시간은 비교적 자유로운 편이며, 강의 일정에 따라 달라집니다. 교수 한 명이 담당하는 강의 시간은 주당 6~12시간 정도입니다. 직책이나 보직이 있는 경우에는 다소 줄어들게 되며, 근무하는 학교의 수준(전문대학과 대학)에 따라 약간의 차이가 있습니다.

교수들은 학생들이 자신의 수업을 집중해서 들을 때는 뿌듯하지만 무료해 하거나 하품을 하는 것을 보면 기분이 상합니다. 따라서 학기 초에 교수들은 학생들의 표정을 살피거나 학생들과의 대화를 통해 자

Tip

학점을 내는 방식은 중 · 고등학교와 비슷합니다. 중 · 고등학교에서 중간고사, 기말고사, 수행평가를 합해서 점수를 내듯이 대학에서도 중간고사, 기말고사, 과제물이나 발표 등의 평가를 합한 것으로 내게 됩니다.

신의 수업이 잘 받아들여지고 있는지 확인해야 합니다. 그래서 수업이 너무 어렵다고 하면 수준을 약간 낮추고, 너무 쉽다고 하면 수준을 높여야 합니다.

그리고 학생들에게 과제를 내주기도 합니다. 어떤 주제를 주면서 그에 맞는 보고서를 써 오게 하거나 다음 수업 시간에 발표를 하게 하지요. 발표는 주로 모둠별로 하는데 모둠에 따라 수준 차이가 나는 경우도 있습니다. 어떤 모둠은 기발한 아이디어로 창의적이고 눈길을 끄는 발표를 하는가 하면, 어떤 모둠은 다른 누군가가 쓴 보고서를 그대로 베껴와 발표하는 경우가 있습니다. 교수는 학생들의 보고서를 읽어보고, 발표하는 모습을 지켜본 뒤에 평가를 합니다. 그리고 이런 평가는 중간, 기말고사 시험 점수와 합산하여 학점에 들어갑니다.

대학에서의 성적을 학점이라고 하는데, 학점은 A^+, A°, A^-, B^+, B°, B^-, C^+, C°, C^-, D^+, D°, D^-, F가 있습니다. A^+가 가장 높고 F가 가장 낮습니다. F란 낙제를 했다는 뜻으로 다음 학기에 다시 들어야 합니다. F가 많으면 퇴학을 당하기도 합니다. 이 모든 평가는 담당 교수가 하게 됩니다.

그 밖에 대학교수가 학기 중에 하는 일은 학생들과 함께 MT나 야유

회, 수학여행을 가기도 하고, 학생들의 진로 상담을 하거나 취업을 앞둔 4학년들의 경우 회사에 소개하여 일자리를 연결해 주기도 합니다. 경우에 따라서는 교내 동아리 활동을 지도하는 경우도 있습니다.

4년제 대학의 교수는 학부생 외에도 대학원생의 강의 및 논문 지도를 병행합니다. 대학교수 중에는 학교 보직으로 학생처장, 학과장, 단과대학장 등을 맡기도 하는데, 이때는 학교나 학과 운영과 관련된 각종 행정업무를 수행하게 됩니다.

2) 방학 중

대학교의 방학은 여름방학과 겨울방학을 합쳐서 5~6개월이나 됩니다. 일 년 중 절반 가까이가 방학입니다. 대학교수는 방학 동안에도 계절학기 등의 강의를 하기도 하고, 다음 학기 강의 준비도 하지만 학기 중에 비해서는 자유 시간이 많아서 연구에 집중할 수 있습니다.

자신의 전공 분야에 대해 열심히 연구하여 그 결과를 논문으로 써서 학회나 세미나에서 발표하고, 전공 분야에 대한 학회 활동과 모임을 통해 다른 교수들과 교류하고, 연구 결과물을 공유하기도 합니다. 그리고 출판사의 요청을 받아 전공 분야나 관심 분야 등에 대한 책을 쓰기도 하고, 새 학기가 다가오면 수업 계획을 짜고, 수업 준비를 합니다.

교수는 긴 방학에다 학기 중에도 수업이 주당 6~12시간 정도로 빡빡하지 않아서 다른 직업에 비해 개인 시간이 많은 편입니다. 또한 대학에 따라 1년 정도 수업 없이 연구에 전념할 수 있는 안식년을 주기도 합니다. 이 기간에는 강의 없이 연구 활동이나 대외활동에 전념할 수 있습니다. 이렇게 많은 자유 시간을 그냥 흘려보내는 교수도 있고, 열심히 공부하고 연구하면서 알차게 보내는 교수도 있습니다.

교수에게 많은 자유 연구 시간이 주어지는 것은 안주하지 말고 열심히 연구하라는 뜻입니다. 교수의 연구 실적은 재임용 등에 많은 영향을 미치므로 연구 활동을 열심히 해야 합니다. 그리고 이렇게 열심히 하다 보면 자신의 전공 분야에서 남다른 업적을 쌓게 되고, 학생들에게도 큰 도움이 됩니다.

Tip

간혹 교수라는 직업을 얻고 나면 연구 활동에 흥미를 잃어버리는 사람도 있습니다. 그렇게 되면 교수의 지적 수준이 저하되어 그 피해는 고스란히 학생들에게 돌아가지요. 교수가 연구하는 것을 좋아하지 않는다면 대학에도 학생에게도 큰 손해를 끼치게 됩니다.

05 교수가 되기 위해 필요한 능력

1 가르치는 능력

대학교수의 가장 큰 역할은 학생들에게 지식과 기술을 가르치는 일입니다. 따라서 자신이 알고 있는 내용을 정확하고 이해하기 쉽게 전달할 수 있어야 합니다. 많이 안다고 해서 반드시 잘 가르치는 건 아닙니다. 잘 가르치려면 학생들의 입장을 이해하고 학생들과 공감하고 소통할 수 있어야 합니다. 그래서 학생들이 무엇을 좋아하고, 어떤 수업을 원하는지 파악한다면 학생들 눈높이에 맞는 수업을 준비할 수 있습니다.

2 공부하는 능력

교수는 비가 오나 눈이 오나, 계절이 바뀌든 해가 바뀌든 흔들리지 않고 끊임없이 공부를 해야 하는 직업입니다. 따라서 공부를 좋아하지 않는 사람이라면 애당초 교수가 될 생각을 말아야 합니다.

대학교수가 되려면 4년제 대학교를 졸업한 뒤에 대학원에 들어가 석사와 박사 논문을 쓰고 박사 학위를 받을 때까지 10~15년의 시간이 걸립니다. 참으로 기나긴 시간이지요. 요즘은 석사, 박사 과정을 외국에서 마치고 돌아오는 사람도 많습니다. 이 기간 동안 얼마나 잘 배우는가에 따라 얼마나 많은 것을 학생들에게 가르쳐 줄 수 있을지가 결정됩니다.

3 연구와 개발 능력

대학교수가 전공 분야에서 전문가로 활동하기 위해서는 연구와 개발을 게을리 해선 안 됩니다.

사회는 빠르게 변화하기 때문에 꾸준히 공부하지 않으면 금세 뒤처지고 학생들에게 유용한 지식을 전달할 수 없게 됩니다. 따라서 대학교수는 인내심과 끈기를 가지고 자신의 전공 분야를 파고들어갈 수 있는 연구 개발 능력이 반드시 필요합니다.

대학교수에게 있어 모든 자유 시간을 연구 활동으로 사용한다는 것은 일종의 자부심이기도 합니다. 모든 시간을 바쳐 연구해서 성과를 내고 나면 시간이 흐르면서 자연스럽게 주목받게 되고, 자신의 업적이 책으로 출간되어 베스트셀러가 되거나 특허를 받아 상품으로 유통되어 소비자들의 반응이 좋으면 돈과 명예를 얻기도 합니다. 또한 연구 성과를 학생들 교육에 적용하면 학생들에게 매우 이익이 될 것입니다.

4 창의적으로 생각하는 능력

대학생 시절까지는 누군가가 이미 밝혀 놓은 지식을 배워 나가는 것이지만 교수가 되면 스스로 새로운 학문을 이끌어 내야 합니다. 아직 남들이 생각하지 못한 것을 생각해 내거나 세상일에 대해서 항상 고민해야 새로운 학문을 연구할 수 있습니다. 그러기 위해서는 어려서부터 창의적인 생각을 할 필요가 있습니다. 교과서나 책에 나온 것만 받아들일 것이 아니라 생각의 폭을 넓혀서 주변에 보이는 모든 것들에 대해 깊이 있게 생각해야 합니다.

5 인내심과 열정

대학교수는 전공 분야를 오랜 시간에 걸쳐 연구하므로 힘들어도 참고 견딜 수 있는 인내심이 있어야 합니다. 성인이 되어 10~15년의 긴 시간을 한 분야에 파고들어 공부하며, 인내심을 가지고 연구 결과가 나올 때까지 노력해야 하지요. 또한 문제의 답을 구하기 위해 많은 시간과 노력을 들이기 위해서는 열정이 필요합니다.

6 원만한 성격

대학교수의 주요 임무는 학생을 가르치고 지도하는 일이기 때문에 학생들과 잘 지내야 합니다. 그러기 위해서는 학생들을 이해하고 배려해 주어야 하므로 원만한 성격을 가진 사람이 유리합니다. 학생들과 의사소통이 잘 되고, 자신이 아는 것을 남에게 설명해 주는 것을 즐긴다면 더욱 좋습니다.

7 영어 능력

교수가 되기 위해서는 박사 학위를 받아야 하는데, 그 과정에서 배우는 논문이나 책이 거의 모두 영어 원서로 되어 있습니다. 예전에는 번역서가 흔했지만 지금은 국어나 국사 등 일부 과목을 제외하고 대부분 원서로 공부하는 경우가 많습니다. 이렇게 된 데는 글로벌한 세계에서 영어가 공용어가 되어 버렸고, 교수들 역시 외국에서 오랫동안 공부하고 돌아와 영어로 수업하는 경우가 많기 때문입니다. 현재 대학교수 중에는 외국에서 박사 학위를 마친 사람이 많고, 대학 측에서도 외국 유학파를 선호하는 경향이 있습니다.

8 글쓰기 능력

대학교수는 학생들에게 강의를 하기 전에 강의 노트를 준비합니다. 이때 자신이 연구하는 학문을 학생들에게 제대로 교육하기 위해서는 논리적으로 말하고 글로 표현하는 능력이 필요합니다. 또한 논문을 쓸 때도, 책을 집필할 때도 글쓰기 능력은 꼭 필요합니다.

06 교수의 장단점

1 장점

1) 하고 싶은 일을 하면서 살 수 있습니다

대학교수가 되면 자신이 관심 있고 흥미 있는 학문을 평생 동안 연구하며 살 수 있습니다. 회사에 들어가면 자신이 하고 싶다고 꼭 그 일을 할 수 있는 것도 아니고, 하기 싫어도 해야 하는 경우가 많습니다. 이에 비해 대학교수는 원하는 연구 주제를 자율적으로 정할 수 있습니다. 억지로 하는 것이 아니라 원해서 하는 일이므로 만족감이 큰 편입니다. 그리고 연구 성과가 좋으면 월급 이외에도 많은 경제적 보상을 받을 수 있습니다.

2) 사회적인 명예와 보람

교수는 대학에서 학생들을 가르치는 일을 하는 만큼 사회적으로 존경받는 직업에 속합니다.

무엇보다도 학생들을 가르치면서 느끼는 보람이 큽니다. 자신의 전문 지식을 학생들에게 나누어 주고 젊은이들과 함께 호흡하며 어울린다는 점은 대학교수만이 누릴 수 있는 특권입니다. 그리고 자신이 걸어온 길을 따라, 그 이상의 길을 개척하며 연구를 이어 가는 제자를 기르는 것은 교수라는 직업을 통해 얻는 가장 큰 보람이지요. 특히 대학원생은 한 지도 교수를 선택해 박사 학위를 받기까지 그 교수에게 더 많은 가르침을 받아야 하는데, 이때 만난 지도 교수와 제자의 관계는 평생을 두고 이어지는 경우가 많습니다.

3) 경제적인 안정과 정년 보장

교수는 일반 직장인에 비해 연봉이 많은 편입니다. 그 밖에 연구비가 따로 나오기도 하고, 기업이나 정부, 사회단체에 자문을 해 주고 받는 자문료, 책을 써서 받는 인세 등 월급 이외에 돈을 벌 기회가 많습니다.

그리고 정교수가 되면 정년을 보장받을 수 있습니다. 현대는 고령화 사회이면서 엄격한 구조조정의 시대이기 때문에 교수의 늦은 정년은 한층 부러움을 사고 있습니다. 또한 교수는 정년이 되어도 명예교수나 비상근 강사로 대학에 남을 수 있기 때문에 노후에도 계속 일할 수 있는 직업으로 아주 적격입니다.

4) 자유 시간이 많습니다

교수는 한 분야의 전문가로서 연구에 집중하려면 많은 시간이 필요합니다. 물론 학기 중에도 일주일에 수업이 6~12시간 정도이고, 기나긴 방학도 있어 다른 직업에 비해 자유 시간이 많은 편입니다. 그래도 교수들에게 충분한 연구 시간을 주고자 학교에서 안식년을 주기도 합니다. 안식년은 일정 기간 동안 학생들을 가르친 교수에게 1년의 자유 시간을 주는 제도입니다. 교수들은 안식년을 이용해서 외국에 나가 이롭고 앞선 학문을 공부하거나, 그동안의 연구 결과를 모아 책을 쓰는 일 등을 합니다.

2 단점

1) 끊임없이 공부하고 연구해야 합니다

대학교수가 학생들을 가르치는 일은 언뜻 보면 쉬워 보입니다. 자신이 10년 이상 공부한 분야를 가르치기 때문이지요. 그렇지만 현실은 절대 그렇지가 않습니다. 잘 가르치려면 학생들보다 100배는 많이 알아야 한다는 말이 있습니다. 그리고 학문의 세계도 시대가 변함에 따라 계속 변하고 있습니다. 교수라는 직업에 안주하여 연구를 게을리 하면 다른 교수들보다 뒤처질 수밖에 없고, 학생들로부터 실력 없는 교수로 낙인찍힐 수 있습니다. 따라서 대학교수는 끊임없이 공부하고 연구해야 살아 남을 수 있는 직업입니다.

2) 연구 성과에 대한 초조감

대학교수들은 연구 성과와 교수 학습 능력으로 평가받습니다. 대부분의 대학교수는 정해진 기간 안에 발표해야 하는 논문의 수가 정해져 있습니다. 논문이나 책으로 자신이 새롭게, 또는 깊이 있게 연구한 성과를 내놓아야 합니다. 그렇지만 창의력을 필요로 하는 이 직업에서 가끔은 창의력이 고갈될 때가 있습니다. 이럴 땐 무척 괴롭고 초조합니다. 다른 직업과 비교할 때 시간이 자유로워 보일 때가 많지만 연구를 위해 많은 노력이 필요한 직업이며, 연구 성과에 대한 스트레스도 큰 편입니다. 또한 학생들의 강의에도 신경 써야 합니다.

Tip

요즘은 학생들이 교수를 평가하는 시스템을 갖춘 학교들이 늘어나고 있습니다. 당연히 학생들로부터 높은 평가를 받은 교수는 대학 측으로부터 좋은 대우를 받고, 학생들이 기피하는 교수라면 다음 재임용 때 탈락할 위험이 있으니 이런 스트레스 또한 만만치 않습니다.

3) 교수가 되기 전까지의 경제적 어려움

대학교수가 되려면 10~15년을 한 분야에서 공부하고 연구해야 합니다. 따라서 이 기간 동안 학비와 책값 등이 엄청나게 많이 필요합니다. 일반 직장인보다 6~10년 늦게 돈을 벌기 시작하므로 그만큼 경제적인 어려움이 따르고, 서른 살이 넘어서도 부모님의 도움을 받아야 할 경우도 많습니다. 그러나 교수의 정년이 늦다고 해도 일반 직장인에 비해 시작이 늦으므로 어차피 마찬가지라는 주장도 있습니다.

07 교수가 되기 위한 과정

1 중 · 고등학교 시절

교수가 되려면 중학교 시절부터 자신이 좋아하는 교과목을 확실히 알아야 합니다. 아니면 최소한 자신이 문과 성향인지 이과 성향인지 정도는 파악해야 합니다.

> **Tip**
> 고등학교 시절에 자신이 전공하고 싶은 분야와 관련된 과목을 열심히 공부하고 관련 도서를 많이 읽으면 원하는 대학의 원하는 학과에 입학하는 데 유리합니다.

중학교 성적이 좋다면 특수목적고등학교(특목고)에 입학하는 것이 유리합니다. 특목고는 전문 분야를 집중적으로 공부할 수 있는 고등학교로, 외국어를 잘하는 학생은 외국어 고등학교에 진학하고, 과학과 수학을 잘하면 과학 고등학교에 진학합니다. 또한 외국어를 잘하고 국제적인 마인드를 가졌다면 국제 고등학교에 진학하는 방법도 있습니다.

특목고가 아닌 일반 고등학교에 진학했다면 고등학교 2학년 때 문과나 이과 중 하나를 선택해야 합니다. 자신이 인문 · 사회 계열에 관심이 있다면 문과를 선택하고, 공학 · 자연 계열에 관심이 있다면 이과를 선택하는 것이 좋습니다.

2 대학교 시절

대학은 학문 분야에 따라 인문 계열, 사회과학 계열, 상경 계열, 자연과학 계열, 공학 계열, 의학 계열, 예체능 계열 등으로 나뉩니다. 이 중 자신이 원하는 학과에 입학한다면 대학 생활을 좀 더 알차고 즐겁게 보낼 수 있습니다. 특히 교수를 목표로 하고 있다면 전공 분야에서 두각을 나타낼 정도로 공부를 열심히 해야 담당 교수의 신뢰를 얻어 전폭적인 지원을 받으며 공부할 수 있습니다.

3 대학원 시절(석사 · 박사 과정)

대학교수가 되려면 박사 학위가 필수 요소이기 때문에 4년제 대학을 졸업한 뒤에도 국내 또는 해외 대학원에서 석사 2~3년, 박사 3~6년의 기간을 공부해야 합니다.

대학원에 입학하면 지도교수를 선택하여 그 교수의 집중적인 지도를 받으며 공부하고, 간혹 지도교수와 함께 연구를 수행할 때도 있습니다. 교수에 임용되려면 업적이나 강의 경력이 중요하기 때문에 박사 과정 중에 대학 강사로 활동하며 경력을 쌓는 사람도 많습니다.

4 대학교에 취업

대학에서는 교수가 필요할 때마다 모집을 합니다. 교수 채용 심사에서 가장 중요시되는 것은 연구 이력과 연구 업적입니다.

대학에 취업을 하더라도 처음에는 일반적으로 시간 강사로 일하게 됩니다. 시간 강사는 특정 대학에 소속되어 있지 않습니다. 시간 강사로서 경력이 쌓여 특정 대학에 취업을 하게 되면 2~3년 동안의 전임강사를 거쳐 조교수가 된 후 부교수, 정교수로 승진하게 됩니다.

시간 강사나 전임 강사로 활동할 때는 강의 경력을 쌓거나 연구 프로젝트에 참가해 연구 경력을 쌓아야 합니다. 일반적으로 대학에서 정식으로 교수가 되기 위해서는 15년 이상의 시간이 걸립니다. 이처럼 정식으로 교수가 되는 길은 어렵고, 시간이 많이 걸립니다.

Tip

간혹 박사 학위를 가지고 있지 않더라도 자신의 전문 분야에서 업적을 가지고 있거나 활발한 활동을 하는 전문가를 특별히 교수로 채용하기도 합니다.

1) 시간 강사

특정 대학에 소속되어 있지 않고 강의를 맡아서 일정한 시간만 학생들을 가르칩니다. 이 학교 저 학교 다니며 강의를 합니다. 일정한 월급이 없고 수업한 만큼만 돈을 받습니다. 수입은 적지만 학생들을 가르치는 경험을 쌓아서 전임 강사로 승진할 수 있습니다.

2) 전임 강사

전임 강사란 특정 학교에 소속되어 월급을 받는 사람을 말합니다. 전임 강사로 경력을 쌓아서 그 대학의 교수가 될 수 있습니다. 연구 성과나 강의에 따라서 조교수, 부교수를 거쳐 정교수가 되지요. 하지만 연구 실적 등이 부족하면 중간에 탈락하는 경우도 있습니다.

대학교수가 되기 위해서는 무엇보다 전공 분야에 대한 다양한 연구 실적이 중요하므로 전임 강사 시절에는 국내외 학술지를 통해 연구 실적을 발표하고, 관련 학회 활동에 활발히 참여하는 것이 필요합니다.

Tip

전임 강사 모집은 학과별로 결원이 있을 때 공고를 통해 임용하는 것이 일반적입니다. 대학 측에서는 2~3년 동안 전임 강사로 채용한 후 연구 성과, 강의 평가 등을 고려하여 교수로 정식 임용합니다. 또한 실제 강의를 하게 하여 학생, 교수들의 평가를 반영하는 대학도 있습니다.

3) 교수

전임 강사에서 드디어 교수가 되면 한시름 놓게 됩니다. 그렇지만 교수 사회에도 직급이 있습니다. 경력과 능력에 따라서 조교수, 부교수, 정교수 순으로 올라갑니다. 정교수가 되면 65세까지 안정적으로 학생들을 가르칠 수 있으며, 은퇴 후 명예교수로 남기도 합니다. 정교수가 되는 건 시간 강사와 전임 강사의 꿈이자 조교수나 부교수도 바라는 희망 사항입니다.

매 학기 초마다 대학생들은 수강 신청 전쟁을 치릅니다. 수강 신청은 학교 홈페이지에 들어가 인터넷으로 하는데, 인기가 높은 수업에는 많은 학생이 몰리기 때문에 인터넷을 미리 켜 두었다가 빨리 접속을 해서 신청해야 합니다. 늦게 신청하여 인원이 다 차 버리면 어쩔 수 없이 다른 과목이나 다른 교수의 수업을 들어야 합니다.

이처럼 수강 신청에서 교수의 능력에 따라 학생들이 많이 몰리는 수업도 있고, 학생들이 별로 신청하지 않는 수업도 있습니다. 신청한 학생이 너무 적으면 수업 자체가 없어지는 경우도 있는데, 이것을 폐강이라고 합니다.

또한 학생들에게 교수 강의를 평가하는 설문 조사를 하는 경우도 있습니다. 학생들로부터 높은 점수를 받은 교수는 여러 가지 혜택을 받기도 합니다. 따라서 교수로서 학생들에게 유익하고 재미있는 수업을 하는 것이 좋습니다. 그러자면 학생들이 원하는 수업을 준비하여 잘 가르쳐야 합니다.

Tip

교수는 학생들에게 자신의 강의를 평가받기도 합니다. 왜냐하면 대학생들은 초 · 중 · 고등학교와 달리 자기가 원하는 수업을 선택하여 들을 수 있기 때문입니다. 자신의 전공 공부에 꼭 필요한 수업도 있고, 전공과는 크게 관련이 없지만 교양으로 듣는 수업도 있습니다. 전공 과목은 어쩔 수 없지만 교양 과목은 얼마든지 수업을 선택할 수 있습니다.

08 교수의 마인드맵

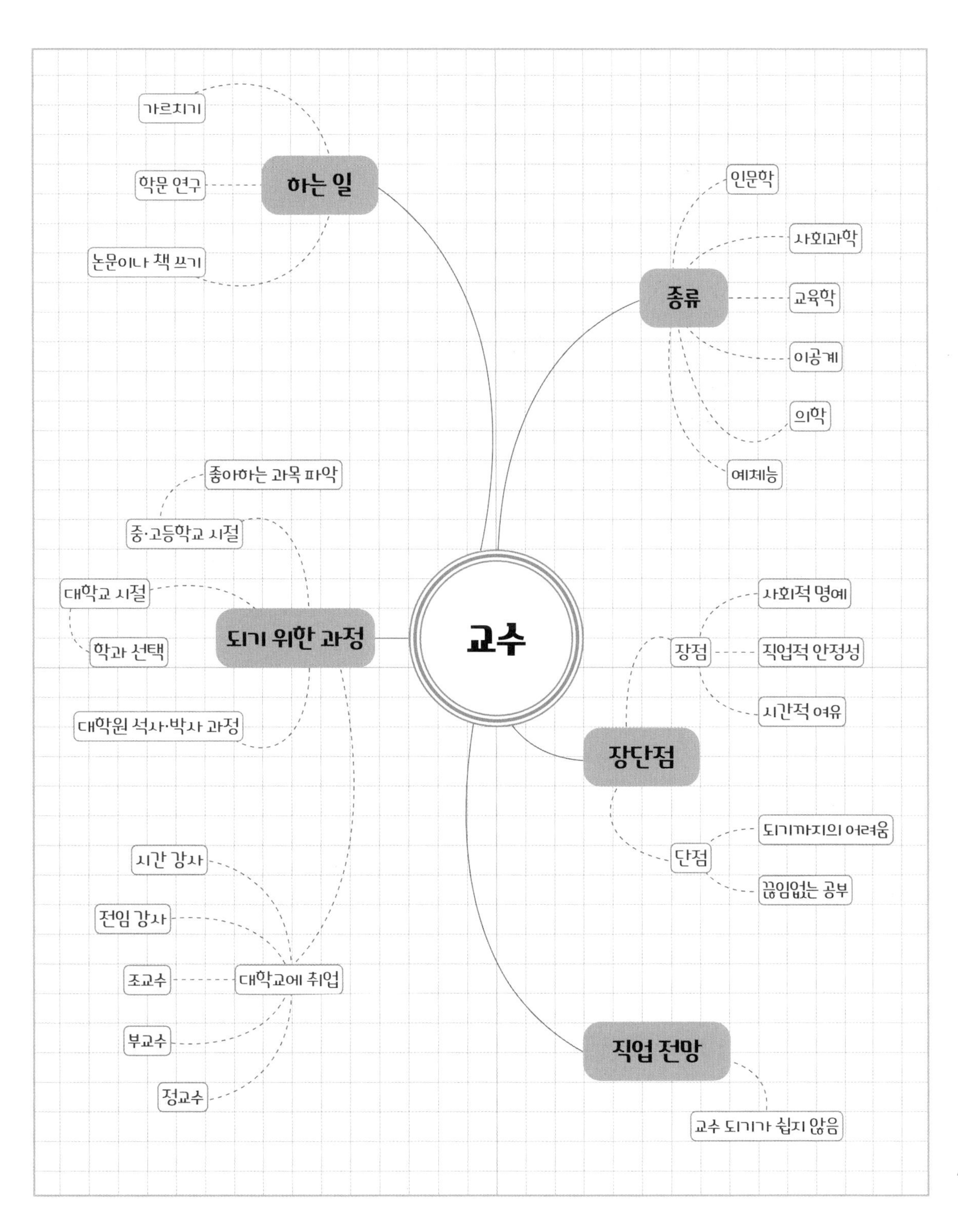

교수
하는 일
가르치기
학문 연구
논문이나 책 쓰기
종류
인문학
사회과학
교육학
이공계
의학
예체능
되기 위한 과정
좋아하는 과목 파악
중·고등학교 시절
대학교 시절
학과 선택
대학원 석사·박사 과정
대학교에 취업
시간 강사
전임 강사
조교수
부교수
정교수
장단점
장점
사회적 명예
직업적 안정성
시간적 여유
단점
되기까지의 어려움
끊임없는 공부
직업 전망
교수 되기가 쉽지 않음

09 교수와 관련하여 도움받을 곳

1 직업 정보를 얻을 수 있는 기관

● 서울교육박물관(http://www.edumuseum.seoul.kr) 우리나라 교육의 역사를 연구하고 사료를 수집하여 전시하는 교육전문박물관으로, 서울시 종로구에 위치한 정독도서관 부설 박물관입니다. 교육박물관 건물은 우리나라 중등교육의 발상지인 경성고등보통학교 건물입니다.

전시관에는 삼국 시대의 교육기관에서 현대에 이르는 교육 관련 자료가 전통기, 개화기, 민족저항기, 미군정기, 교육과정기, 서울시교육청의 어제와 오늘로 나뉘어 전시되어 있습니다. 개화기의 교과서와 풍금, 일제강점기의 통지표와 졸업 앨범, 검정고무신, 몽당연필, 등사판, 무시험 추첨기, 양은 도시락 등의 물품을 비롯하여 8·15 광복 후 첫 수업 모습, 콩나물교실, 얼룩무늬 교련복을 입은 고등학생 모습 등의 사진 자료가 전시되어 있어 우리나라 교육의 발전상을 한눈에 볼 수 있습니다.

서울교육박물관의 소장품은 개화기 교과서 외 도서류 3,888점, 1910년대 학적부 외 기록문서류 3,411점, 교구류 228점, 1970년대 교복 등 복식 738점, 기타 400여 점 등 총 8,670점입니다. 전시 외에 연 4회에 걸쳐 관람 홍보와 초·중·고등학생을 대상으로 한 단체 교육을 실시하고 있습니다.

● 고용노동부 워크넷(https://www.work.go.kr) 한국고용정보원에서 운영하는 사이트로 무료로 직업 심리 검사를 이용할 수 있습니다. 직업 정보 검색, 직업·진로 자료실, 학과 정보 검색 등의 정보를 제공하며 직업·학과 동영상, 이색 직업, 테마별 직업 여행, 직업인 인터뷰 자료를 볼 수 있습니다. 온라인 진로 상담 서비스도 제공합니다.

● 진로정보망 커리어넷(https://www.career.go.kr) 한국직업능력개발원이 운영하는 사이트로 초등학생부터 성인, 교사에 이르기까지 대상별로 진로 및 직업 정보를 제공하며 온라인 상담도 할 수 있습니다. 심리 검사를 무료로 이용할 수 있으며, 학생들이 만든 UCC 자료도 볼 수 있습니다.

2 직업 체험 프로그램

● 교육부 어린이 홈페이지(http://kids.moe.go.kr) 아이들이 궁금해 할 만한 다양한 직업에 대해 가나다순으로 알기 쉽게 설명되어 있습니다. 직업에 대한 기본 정보를 알고 나서 교육부에서 주관하는 창의적 체험 활동에 참여하면 효과가 더욱 클 것입니다.

● 코리아잡스쿨(http://www.kojobs.co.kr) 학생들이 직업 체험 프로그램에 참가하여 접하기 어려운 직업을 미리 탐색할 수 있고, 직업 세계에 대한 이해를 넓힐 수 있습니다. 또한 특정 직업에 대한 편견을 버리고 건전한 직업관을 형성할 수 있으며, 사회에 첫발을 내딛는 것에 대한 막연한 두려움에서 벗어나 자신감을 가질 수 있습니다.

현재 138개 특성화고, 마이스터고 컨설팅 및 평가, 27개 대학 취업 캠프를 운영하고 있습니다.

● 서울시립 청소년 직업 체험 센터(http://www.haja.net) 일명 '하자센터'라고 부르며 연세대학교가 서울시로부터 의뢰받아 운영하고 있습니다. 청소년들이 미래 자신의 일자리에 대한 관심을 발견하게 하고, 자신이 일하려는 분야로 어떤 배움의 과정을 거쳐 진입할 수 있을지에 대해 흥미를 견지하며 임할 수 있도록 일, 놀이, 학습이 하나로 통합되는 과정으로 행사를 진행합니다.

'하자작업장학교'는 로드스꼴라(여행학교-트래블러스맵), 영셰프(요리학교-오가니제이션 요리), 집 밖에서 유유자적 프로젝트(무중력 청소년을 위한 음악학교-유자살롱), 소풍가는 고양이/달콤한 코끼리(청소년 창업학교-연금술

사) 등 하자 내 다른 작은 학교들과 협력하는 네트워크학교, 지역과 마을을 연결하는 적정기술 청년학교입니다.

하자 네트워크학교와 하자허브는 목공방, 자전거공방, 적정기술공방 등 직업의 기술과 생활기술을 대중적으로 보급하면서 자활의 환경을 만들어가는 시도를 함께 진행함으로써 시억과 장인들이 청소년과 시민을 만나고 기술을 전수하는 플랫폼의 역할을 맡고 있습니다.

또한 일일직업체험 프로젝트 등 일반 청소년 대상의 프로그램 역시 단순한 진로체험이나 설계를 넘어서 '생애설계'의 과정으로 전환, 삶의 지속가능성을 추구하고 청소년 스스로 자활과 자립을 모색하는 교육 생태계로 조성하고 있습니다.

10 유명한 교수

1 마이클 샌델(1953~)

하버드 대학 정치철학과 교수로, 저서인 〈정의란 무엇인가〉로 국내외에 정의 열풍을 일으키게 했습니다.

27세의 최연소 나이로 하버드 대학교수가 된 마이클 샌델은 29세이던 1982년 자유주의 이론의 대가인 존 롤스를 비판한 〈자유주의와 정의의 한계〉를 발표하면서 세계적인 명성을 얻기 시작했습니다. 특히 샌델 교수가 하버드 대학에서 지난 20년간 해 온 '정의' 강의는 1만 명이 넘는 학생들이 수강해 하버드 역사상 가장 많은 학생들이 들은 강좌 중 하나로 꼽힙니다.

샌델 교수는 학생들이 머리를 쥐어뜯을 만큼 골치 아픈 질문을 던지기로 유명합니다. 이를테면 이런 질문이지요.

무서운 속도로 달리는 전차의 전방 선로에서 다섯 남자가 작업을 하고 있습니다. 전차를 세우는 것이 불가능하기 때문에 다섯 남자의 목숨이 위험합니다. 다행히 마침 측선(side track)이 눈에 들어왔습니다. 그런데 문제는 그 측선에서 한 남자가 작업을 하고 있으며, 그리로 전차를 돌리면 분명 그 남자가 죽게 될 거라는 점입니다. 샌델 교수는 이런 상황을 가정한 후 학생들에게 질문합니다.

"전차를 측선으로 돌려서 다섯 남자의 생명을 구하고 대신 한 사람을 죽일 것인가? 아니면 그대로 달릴 것인가? 과연 어떤 선택이 정의로운가? 당신이라면 어떤 선택을 하겠는가?"

그는 이처럼 알쏭달쏭한 혹은 도발적인 질문을 던져 학생들을 딜레마에 빠뜨려놓고 흐뭇하게 웃습니다. 학생들 입장에선 참으로 고약한 교수가 아닐 수 없지요. 그런데 이 고약한 교수의 대형 강의실엔 매학기 천 명이 넘는 학생들이 꽉꽉 들어찹니다. 샌델 교수에 따르면 정의를 판단하는 세 가지 기준은 행복, 자유, 미덕입니다.

이러한 명성에 힘입어 샌델 교수는 2008년 미국정치학회가 수여하는 최고의 교수로 선정되었습니다.

샌델 교수의 저서 〈정의란 무엇인가〉는 우리나라에서도 정의 열풍을 일으키며 큰 인기를 얻었습니다. 샌델 교수는 2005년과 2010년, 2012년에 우리나라를 방문해 강연을 했습니다.

2 조벽(1956~)

미국 프린스턴 대학과 미시간 공과 대학에서 교수로 활동했고, 서울대와 한양대에서도 강의를 했습니다. 현재는 동국대학교 석좌교수이자 한국산업기술재단 자문위원으로 활동하고 있습니다.

조벽 교수의 별명은 '교수계의 마이클 조던'입니다. 1989년에 미시간 공대 기계공학과 교수가 된 이후 지금까지 줄곧 만점에 가까운 강의 평가를 받아 왔으며, 미시간 공대 최초로 '최우수 교수상'을 두 차례나 받았습니다. 또한 국내에서도 '교수를 가르치는 교수'로 정평이 나 있습니다.

조벽 교수는 학기가 시작될 무렵 새 강의 노트를 준비하고 전에 사용했던 강의 노트는 다시 다듬습니다. 특히 그는 새 학기 첫 강의를 중요시하여 이런 말을 하고 있습니다.

"대학 신입생들이 교수에게 기대하는 것은 신선함이다. 그들에게 고교 때까지의 공부는 어렵고, 재미없고, 지겹기 짝이 없었다. 그렇지만 이제 시작될 대학 공부는 뭔가 색다를 거라는 기대 심리가 있다. 신선한 강의법으로 학생들이 공부에 흥미를 갖게 하는 것이 교수의 임무이다."

또한 조벽 교수는 교수들의 강의에 대해 이렇게 말하고 있습니다.

"교수가 질문하고 스스로 답하는 강의는 최하급 강의, 교수가 질문하고 학생이 답하면 조금 발전한 강의, 학생이 한 질문에 교수가 답하면 바람직한 강의다. 최상급 강의는 학생이 한 질문에 다른 학생이 답하도록 유도하는 것이다. 강의 노트가 '교수가 무엇을 해야 할까?'에 초점이 맞춰져 있으면 그 수업은 교수의 독무대가 된다. 이 경우 학생들은 수동적으로 앉아서 보는 관객일 뿐이다. 그래서 강의 노트에는 반드시 학생들이 적극적으로 할 수 있는 무언가가 담겨 있어야 한다. 그래야 학생들이 능동적 학습 주체가 될 수 있다."

조벽 교수는 공식을 암기하는 것보다는 정보와 지식을 응용하는 능력, 여러 지식을 조합해서 새로운 지식으로 창출하는 능력, 어떤 정보가 필요한지 분별하고 판단하는 능력이 중요하다고 주장합니다. 그래서 오픈 테스트를 선호합니다. 그 때문에 미시간 공대 학생들은 앞뒷면에 온갖 공식이 프린트된 '시험용 티셔츠'를 입고 시험을 볼 수 있었습니다.

또한 그는 성적을 발표하는 순간에 '시험 평가서'도 함께 나눠줍니다. 부족한 부분을 짚어주고 복습해야 할 페이지를 알려주는 시험 평가서를 받은 학생들은 자신의 성적을 쉽게 수긍하고 새로운 학습 동기를 부여받지요. 조벽 교수는 또 이렇게 역설하고 있습니다.

"동기 부여란 '어떻게 하면 열심히 공부하게 할까?' 하는 고민이 아니라 '조금만 잘하면 좋은 결과를 얻을 수 있다.'는 희망을 주는 것이다. 이런 희망을 갖게 됐을 때 학습 동기가 가장 강하게 일어난다."

3 김난도(1963~)

서울대학교 생활과학대학 소비자학과 교수이며, 저서 〈아프니까 청춘이다〉로 유명해졌습니다.

서울에서 태어났으며, 서울대 법학과와 서울대 행정대학원을 졸업하고 미국 서던캘리포니아 대학에서 공공관리론에 관한 연구로 박사 학위를 받았습니다. 이후 귀국하여 서울대 환경대학원에서 시간 강사로 강의를 하다가 1997년 생활과학대학 소비자학과 교수로 임용되어 현재까지 학생들을 가르치고 있습니다.

김난도 교수의 강의는 학생들이 평가하는 서울대학교 우수강의에 선정되었고, 2006년에는 강의에 대한 열의와 지도력을 인정받아 서울대학교 교육상을 수상하였습니다. 2010년 말 출간한 에세이집 〈아프니까 청춘이다〉는 37주 연속으로 도서판매량 1위에 오르면서 독자들이 선정하는 2011년 최고의 책으로 선정되었습니다.

현재 김난도 교수는 서울대에서 제자들을 가르치는 한편, 여러 대학을 돌아다니며 젊은이들에게 용기를 주는 강의를 하고 있습니다. 또한 여러 가지 사회 활동도 하고, 신문 등에 칼럼을 쓰기도 하고, 계속하여 책을 펴내는 등 왕성한 활동을 하고 있습니다.

그의 저서에는 〈아프니까 청춘이다〉 외에 〈김난도의 내일〉, 〈트렌드 코리아〉, 〈트렌드 차이나〉 등이 있습니다.

4 최재천(1954~)

생물학자이자 환경운동가로, 현재 이화여자대학교 환경과학부 석좌교수이며, 국립생태원 원장으로 재직하고 있습니다.

미국 하버드 대학에서 생물학 박사학위를 받은 뒤 미국 하버드 대학과 미시간 대학에서 강의를 하다가 한국으로 돌아와 서울대에서 강의를 하다가 이화여대 석좌교수로 임용되었습니다. 석좌교수란, 학술기관이나 대학에서 석좌기금이나 대학발전기금 등으로 재원을 마련해 탁월한 학문적 업적을 이룬 석학을 초빙해 임명한 교수를 말합니다. 석좌교수는 일반 교수에 비해 훨씬 좋은 대우를 받고 좋은 조건에서 일할 수 있습니다.

최재천 교수는 학생들을 가르치는 한편, 우리나라 환경을 되살리기 위해 노력하고 있습니다. 특히 2003년에 136환경포럼을 결성해 공동대표로 일하면서 우리나라 환경을 살리는 데 공헌했습니다.

또한 환경과 동물에 관한 책을 많이 집필했습니다. 저서로 〈개미제국의 발견〉, 〈생명이 있는 것은 다 아름답다〉, 〈열대예찬〉, 〈자연을 사랑한 최재천〉, 〈다윈 지능〉, 〈당신의 인생을 이모작하라〉 등이 있습니다.

11 이 직업을 가진 사람에게 듣는다

인문학 교수 최영갑 | 성균관대학교 유학과 교수

學而時習之, 不亦悅乎(학이시습지, 불역열호)
배우고 때로 익히니 또한 기쁘지 아니한가?
매일 논어를 읽는 남자, 최영갑 교수의
삶과 분리되지 않은 학문의 길

Q1 청소년 시절을 어떻게 보냈나요?

친구들과 놀기 좋아하고, 공부도 열심히 하는 평범한 학생이었습니다. 초등학교 때부터 운동을 많이 했습니다. 육상은 기본이고 높이뛰기, 넓이뛰기, 배구 등 여러 가지 운동을 했지요.

그러다가 자라면서 차츰 문학과 철학에 관심을 갖게 되었습니다. 고등학교 1학년 이후에는 진로를 공부로 정하고, 열심히 공부했습니다. 대학에 들어가서는 도서관 문 열 때 들어가서 문 닫을 때까지 공부했지요.

Q2 교수를 직업으로 선택한 배경이 궁금합니다.

특별한 이유가 있었던 것은 아닙니다. 제가 어디에 얽매여서 직장생활을 하기보다는, 저 혼자 사색하고 글 쓰는 것을 좋아해서 진로에 대해서 고민을 많이 했습니다. 교사로 나갈 기회도 있었는데, 교사보다는 교수가 얽매이지 않고 자유로울 것 같아서 선택하게 되었습니다.

제가 어렸을 때부터 책을 많이 읽고, 문학과 철학에 관심을 갖게 된 것은 바로 위의 형 때문이었습니다. 형이 어렸을 때부터 건강이 좋지 않아서 밖에서 놀기보다는 집에서 책 읽는 것을 좋아했습니다. 집에 세계문학전집과 세계철학전집 등이 있었고, 자연스럽게 책을 접하게 되었지요. 고등학교 때는 서양철학을 많이 읽었는데, 대학에 들어와서 유교철학을 공부하게 된 건 외할버지께서 훈장을 하신 영향도 있고, 제 성격이 서양철학보다는 동양철학이 맞아서 선택하게 되었습니다.

Q3 교수가 되려면 꼭 박사 과정을 거쳐야 하나요? 공부하면서 어떤 점이 가장 힘들었나요?

과거에는 교수 중에 박사가 아닌 사람도 많았지만, 요즘은 박사가 아니면 교수로 채용되지 않습니다. 박사가 교수가 될 수 있는 라이선스가 된 것이지요.

보통 교수가 되기까지 석사 과정 3~4년, 박사 과정 2년 반~3년, 논문 쓰는 데 3년 정도 걸려서 합해서 13년 정도 걸립니다. 최소한 10년에서 13년 정도가 소요됩니다.

다른 직장인과 비교하면 대학 졸업한 후에 취업까지 시간이 오래 걸리지요. 그래서 당장 돈을 벌어야 하는 사람들은 어려울 수 있습니다. 하지만 대학에 여러 가지 장학금이나 연구비 제도가 있으므로 공부하고 싶은 의지가 있다면 얼마든지 가능합니다.

저 역시 공부하면서 결혼하고 아이도 낳아서 생활을 꾸려 나가는 것이 가장 힘들었습니다. 하지만 찾아보면 생활할 수 있는 방법이 있습니다. 또 그렇게 긴 기간이 아닙니다. 몇 년만 참으면 좋은 미래가 있는데, 이 정도는 참고 견뎌야 한다고 생각합니다.

Q4 교수님의 하루 일과를 말씀해 주세요.

저는 보통 4시 30분에 일어나서 씻고, 차 한 잔 마시면서 일정표를 보면서 하루를 준비합니다. 강의를 준비하고, 마음을 다스리기 위해 붓글씨도 쓰고, 집필 중인 책이 있으면 책도 씁니다. 학교에 출근해서 강의하고, 회의도 하고, 연구단도 운영하는 등 복잡한 일도 있지만 기본적으로 연구와 강의로 이루어져 있어 제가 하고 싶은 일을 하는 날이 많습니다.

Q5 교수님들 모두 독서와 연구를 즐기는지 궁금합니다.

대부분의 교수들은 책 읽고 연구하는 것을 좋아합니다. 학자들의 성격은 대부분 냉철하고 차분한 편입니다. 머리가 좋고 공부를 잘해서 이 길을 가기보다는 끈기 있게 오래 앉아서 생각하기 좋아하는 사람들이 많습니다. 책을 읽고 글 쓰는 것을 좋아하는 사람들이 많지요. 안중근 의사의 말처럼 책을 안 읽으면 마음이 허전하고, 여행가면 책을 읽고 싶어서 조급해지는 특징들이 있습니다.

Q6 강의 준비는 어떻게 하고, 어디에 중점을 두나요?

강의 준비는 한 학기 전에 미리 준비해 놓습니다. 그리고 강의 전날에는, 어떤 주제를 어떻게 풀어낼지 준비합니다. 지식을 가르치는 것에는 한계가 있기 때문에 학생들에게 어떻게 전달할 것인지에 대해 고민을 많이 합니다.

저는 강의록을 준비하고 내용을 다 소화합니다. 그래서 강의할 때는 노트나 프린트물을 보지 않고 학생들과 눈을 맞춰가면서 수업합니다. 그래야 학생들이 강의를 이해하고 있는지 파악할 수 있거든요.

Q7 '아는 것과 가르치는 것은 다르다'는 말이 있는데, 훌륭한 학자는 당연히 명강의를 한다고 생각하세요?

많이 안다고 해서 강의를 잘하는 것은 아닙니다. 어떻게 풀어낼 것인지가 중요합니다. 명강의란 보통 대중 강연을 가리키는데, 학교에서는 인기 있는 강의를 명강의라고 합니다. 그런 강의의 특징은 학생들 눈높이에 맞춰서 진행되고, 5분마다 웃음을 줍니다. 그러나 그렇게 웃고 나면 남는 것이 없고, 심각하게 어려우면 수업을 듣지 않지요. 대중 강연은 재미있는 것이 좋고, 학교의 강의는 좀 더 심도 있는 전문적인 강의가 좋다고 생각합니다.

Q8 예전 학생과 비교해서 요즘 학생들은 어떤 점이 다른 것 같나요?

제가 학교 다닐 때는 한참 민주화운동 중이어서 강의가 중단되는 일이 많았습니다. 하지만 요즘은 강의 평가가 있어서 모든 강의가 다 이루어집니다.

제가 학생들을 가르치기 시작한 이후로 15년 정도는 학생들이 강의 중에 박수도 치고 호흡을 같이 해 나갔습니다. 하지만 요즘에는 그런 강의를 찾아보기 힘듭니다. 학생들은 개인적으로 관심이 있고 궁금한 질문에 대해서는 적극적인데, 다른 학생들과 협동하는 작업에는 소극적입니다. 개인적 성향들이 강해졌다는 것은 장점이지만, 그룹 활동에서 몇 사람이 주도하는 모습은 좀 아쉽습니다.

Q9 현대인들, 특히 청소년들이 인문학을 배워야 하는 이유는 무엇이라고 생각하세요?

최근 몇 년 사이에 인문학 열풍이 불고 있는데, 인문학은 글자 그대로 사람 '인(人)'에 글월 '문(文)'으로, '문'은 문체, 꾸밈이라는 뜻입니다. 즉, 사람이 이 세상을 만들어가는 것이 인문학입니다. 따라서 인문학은 문학, 역사, 철학에 관련된 것만이 아니라 우리가 살아가는 데 필요한 모든 학문이 해당합니다.

현대에 와서 사람들이 학문을 세분화해서 인문학, 자연과학, 사회학으로 분류했는데, 문제가 생기니까 융합학문이 생겨났습니다. 융합학문은 고대에 있던 학문의 방식으로, 철학자가 수학자, 물리학자, 화가, 해부학자를 겸했습니다.

우리가 세상을 살아가기 위해서는 모든 학문

을 두루두루 익혀서 통합적 사고를 가져야 합니다. 특히 청소년 시절에는 편향된 사고가 아니라 종합적 사고를 키우기 위해서 인문학 서적들을 읽는 것이 좋습니다.

Q10 교수님이 생각하시는 유학의 매력은 무엇인가요?

한 마디로 단정하기 어렵지만, 유학은 우리의 삶에 많은 도움이 되는 학문입니다. 삶의 어려움이 닥칠 때마다 선현들의 말씀에서 해답을 얻습니다. 선현들의 말씀을 떠올리면서, 제가 갈 길을 발견하고, 저를 돌아볼 기회를 가질 수 있어서 좋습니다. 유학은 가르치면서 동시에 배우게 되는 학문이기 때문에 정말 잘 선택했다는 생각을 합니다.

Q11 청소년들이 유학을 어렵게 느끼는 이유는 뭘까요?

서양 학문이 들어오면서 유학은 전통 학문이 되어 버려서 어릴 때부터 접할 기회가 적어졌습니다. 예전에는 모두 유학부터 공부했지만, 이제는 영어부터 공부합니다.

두 번째로 유학은 한문을 통해서 획득해야 합니다. 고기를 잡기 위해서 그물이나 통발이 필요한 것처럼 한문이 하나의 도구가 되는 것이지요. 그런데 도구를 익히는 데 시간이 너무 오래 걸립니다. 그래서 빠른 시간 안에 지식을 습득하려는 학생들에게는 어렵게 느껴질 수밖에 없습니다.

Q12 유학을 동양철학이라고 말하는데, 유학과 서양철학의 차이점은 무엇이라고 생각하세요?

저는 서양철학은 이론이고, 동양철학은 삶과 밀접한 관련이 있는 살아 있는 학문이라고 생각합니다. 서양철학은 이론으로서 공부하는 학문이고, 동양철학은 이론과 실천이 겸해진 학문이지요.

중국 도가사상에서 발전한 것이 도교인데, 중국은 일종의 도교 국가입니다. 우리나라는 조선 시대 이후로 유교 국가이고, 일본은 불교문화에 영향을 많이 받은 불교 국가라 할 수 있습니다.

동양철학은 내 삶이 녹아진 학문입니다. 삶이 곧 철학이고 철학이 곧 삶이지요. 분리되지 않습니다.

Q13 교수님이 생각하는 교수직의 가장 큰 매력은 무엇인가요?

자신이 좋아하는 일을 하면서 살 수 있는 것이 가장 큰 매력이지요. 교수직은 시간적으로 여유가 있습니다. 보통의 직장인들은 여행을 가도 금요일 오후에 갈 수 있지만, 교수는 방학이 있으니까 좀 더 여유 있는 계획을 짤 수 있습니다.

Q14 교수직을 하면서 가장 보람을 느낄 때와 힘들 때는 언제인가요?

군대 간 학생이 휴가 때 일부러 찾아올 때도 기쁘고, 졸업한 학생들이 주례를 부탁하러 오면 '내가 주례를 할 만한 사람인가'하는 생각이 들면서도 저를 찾아준 것에 흐뭇합니다. 저를 멘토라고 말하는 학생들을 봐도 기쁘고, 무엇보다 학생들과 마음이 통할 때가 가장 기쁘지요.

힘들 때는 제 삶과 강의가 일치되지 않을 때입니다. '내가 이 공부를 하면서 제대로 살고 있나?' 하는 회의가 들면, 강단을 떠나고 싶다는 생각도 듭니다. 가끔은 '그냥 평범하게 살면 안 될까?' 하는 생각이 들어서 힘듭니다.

Q15 학문적 실력 외에 교수가 갖춰야 할 자질에는 무엇이 있을까요? 또 교수직에 적합한 성격이 있을까요?

요즘은 지식을 쉽게 취득할 수 있는 시대이므로 지식 전달의 역할은 더 이상 교수의 일이 아닙니다. 더 중요한 것은 사람들이 올바른 가치관을 가지고 세상을 바라보고 판단할 수 있도록, 과거 잘못했던 일을 되풀이하지 않도록 도와주는 역할입니다. 교수는 단순한 직업인으로서 가르치는 사람이 아니라 스승이 되어야 하기 때문에 인격과 지식 모두를 갖출 수 있도록 노력해야 합니다.

교수직은 성격이 차분하고, 사색을 좋아하고, 한곳에 집중을 잘하는 사람들이 어울립니다. 집중을 잘 못하는 사람들은 이쪽에 관심을 가지면서, 일부러 집중력을 키울 수도 있습니다.

가능하면 청소년 시기에 빨리 자기 길을 찾는 사람이 유리하다고 생각합니다. 물론 10대에 생각한 것이 20대가 되면 달라질 수도 있지만, 자신의 길을 빨리 파악하면 그만큼 시간을 단축할 수 있습니다.

Q16 사색을 깊게 하기 위한 특별한 훈련이 있나요?

사색을 위해서는 인내심이 필요합니다. 한 자리에 오랫동안 앉아서 책을 끝까지 읽어볼 것을 권합니다. 책을 읽다가 중간에 일이 생겨서 그만두는 경우가 많은데, 그럼 앞부분이 생각 안 날 때가 많습니다.

사색도 잠깐 하고 끝내는 경우가 많은데, 새벽이나 밤 같은 조용한 시간에 생각하는 훈련을 하는 것이 필요합니다. 앞서 말했듯이 책도 처음부터 끝까지 읽는 훈련이 필요합니다. 역사나 세계사 등 인문학적인 공부를 할 때 세부적인 내용을 암기하려고 애쓰는데, 세부적인 것은 부차적입니다. 세부적인 것에 집중하기 때문에 전체적인 것을 보지 못한다고 생각합니다.

Q17 교수님들은 텔레비전은 안 보고 책만 읽으시나요? 교수님들의 취미가 궁금합니다.

저는 학생들과의 소통을 위해서 텔레비전을 봐야 한다고 생각합니다. 강의 중에 학생들에게 텔레비전 프로그램 이야기를 많이 합니다. 오락프로를 안 보면 학생들과 대화가 안 되기 때문에, 다시보기라도 해서 챙겨 봅니다. 오락 프로그램 등을 보면서 젊은이들의 트렌드를 파악하고, 그 안에서 주제를 뽑아서 철학과 연결시키려고 합니다.

개인적으로는 영화를 좋아합니다. 하지만 영화는 휴식을 위해서 보기 때문에 내용은 잘 기억하지 못합니다. 정신 집중을 위해 붓글씨를 쓰고, 여행도 즐겨합니다.

Q18 교수님들도 방학을 좋아하나요? 방학 때는 어떤 일을 하세요?

학생이나 교수나 똑같습니다. 교수들도 당연히 방학을 좋아합니다. 저는 방학 때 밀린 글을 씁니다. 출판사와 계약했던 책들을 대부분 방학 때 쓰지요. 방학 때는 여유롭게 생각할 수 있는 시간을 가지려고 노력합니다. 학기 중에는 워낙 많은 일을 하기 때문에, 방학 때 혼자서 여유를 가져야 생각이 정리됩니다. 글쓰기도 한 권을 완성한 후에는 여유를 가져야 다음에 새로운 글을 쓸 수 있습니다. 쉼 없이 계속 책을 쓰면 똑같은 말이 반복될 뿐입니다. 이런 측면에서 방학은 학자들에게 매우 좋은 기회입니다. 조선 시대에도 관리들에게 쉬면서 공부할 수 있는 시간을 따로 줬습니다. 방학은 교수에게 새로운 동력을 만들어 내는 귀중한 시간입니다.

Q19 교수를 꿈꾸는 청소년이 무엇을 준비하면 좋을까요?

책을 많이 읽으라고 권하고 싶습니다. 요즘 학생들은 독서도 시험을 잘 보거나 내신 등급을 올리기 위해서 하기 때문에 한계가 있습니다. 시험에 나오는 지문만 골라 읽기 때문에 대학에 들어와도 그런 학생들과 이야기하다 보면 벽을 보고 이야기하는 기분이 듭니다.

비단 교수가 되기 위해서가 아니라, 세상을 살아가기 위해서는 시간 나는 대로 많은 책을 읽는 것이 좋습니다. 경험해 보니까 공부하면서 하루에 300쪽 정도는 읽을 수 있습니다. 요즘은 입시공부에 쫓겨 시간이 많이 부족하다고 하지만, 그래도 가능하면 많은 책을 읽을 것을 권합니다.

Q20 교수님이 가장 영향을 많이 받은 책을 추천해 주세요.

저는 영원한 고전, 논어를 추천하고 싶습니다. 논어에 나오는 첫 번째 문장은 다 알 것입니다.

'배우고 때로 익히니 또한 기쁘지 아니한가(學而時習之, 不亦悅乎)'

기쁨을 느끼면서 공부하는 사람은 매우 드뭅니다. 나이가 들어서야 비로소 공부의 기쁨을 느낄 수 있지요. 어렸을 때는 아무리 가르쳐 줘도 알 수 없습니다. 어렸을 때부터 공부의 기쁨을 안다면 남보다 한 걸음 빨리 갈 수 있습니다.

저는 논어를 처음 읽었을 때 논어가 제게 다가오는 느낌이었습니다. 대학교 1학년 때 20번 정도 읽었고, 지금도 논어를 책상에 펴놓고 아침마다 읽고 나옵니다. 논어의 구절이 제가 하는 일과 딱 맞아 떨어질 때가 많습니다.

청소년들도 부담 갖지 말고 이해 안 되는 부분은 빼고 훑어보면 좋을 것 같습니다. 한자가 아니라 한글로 읽어도 괜찮습니다. 한글로 된 책을 읽다 보면, 한자도 자연스럽게 눈에 들어오게 됩니다. 일부러 고등학교 때부터 한자를 익히려고 애쓰지 않아도 됩니다.

Q21 교수를 꿈꾸는 청소년들에게 조언 부탁드립니다.

어떤 분야의 교수냐에 따라 다르겠지만 유학

과 교수는 돈을 많이 벌기보다 문학과 고전 학문에 관심이 있는 학생들에게 적합합니다. 그리고 끈기가 있는 학생들이 선택하길 바랍니다. 교수라고 다 명민한 것은 아니에요. 조금 느리더라도 끈기 있게 앉아서 공부할 수 있는 학생이라면 과감하게 도전하기를 바랍니다.

I
심리학자
탐구형

Medical Doctor

Scientist

Professor

PSYCHOLOGIST

Mathematician

PSYCHOLOGIST

심리학자(탐구형)

심리학이란 인간의 행동과 심리과정을 과학적으로 관찰하고 연구하는 학문으로, 인간의 행동을 설명하고 예측하게 하며 나아가 통제할 수 있게 하는 학문입니다. 심리학자가 되면 심리 상담소에서 상담을 해 주기도 하고, 국가기관이나 대학교 등에서 연구를 할 수도 있으며, 병원에서 임상심리사로 활동하기도 합니다. 이 외에도 아동놀이치료, 병원심리검사, 정신보건센터, 범죄심리학 등 다양한 범위에서 활동할 수 있습니다.

01 심리학자 이야기

1 심리학자란?

'천 길 물속은 알아도 한 길 사람 속은 모른다.'라는 말이 있습니다. 여기서 '길'이란 길이의 단위로, 한 길은 사람의 키 정도의 길이를 가리킨다고 합니다. 즉 사람의 속마음을 알기란 매우 힘듦을 가리키는 속담입니다.

PSYCHOLOGIST

이렇듯 복잡한 사람의 마음을 연구하는 사람들이 심리학자입니다. 심리학자들은 밖으로 드러나는 사람들의 행동을 연구해서, 사람들이 왜 그렇게 행동하는가를 보다 잘 이해할 수 있게 해 줍니다. 심리학자들은 그동안 사람의 성격이 어떻게 발달하는지, 그리고 성격이 건강하게 발달하도록 하는 방법은 무엇인지에 대해서 많은 것을 알아냈습니다. 더 나아가 나쁜 습관을 고치도록 돕는 방법이나 학생들의 학습을 돕는 방법에 대해서도 연구했습니다. 아직도 심리학자들이 연구해야 할 부분이 남아 있긴 하지만 그동안의 연구는 인간의 삶의 질을 높이는 데 기여했습니다.

Tip

심리학자는 인간에 대한 이해를 배우고, 그것을 다른 사람을 돕는 데 쓰는 보람 있고 멋진 직업입니다. 훌륭한 심리학자가 되려면 자기가 연구하는 분야 외에도 다른 여러 분야에 대한 지식을 가지고 있어야 합니다.

2 심리학의 종류

심리학은 크게 기초심리학과 응용심리학으로 나눌 수 있습니다. 기초심리학은 순수한 학문적 관점에서 인간을 이해하려는 심리학 분야로, 심리 현상의 일반적 원리를 찾는 데 중점을 둡니다. 인지심리학, 생리심리학, 발달심리학, 성격심리학, 학습심리학, 사회심리학, 언어심리학 등이 여기에 속합니다.

응용심리학은 기초심리학 분야에서 밝혀 놓은 일반 원리들을 일상생활에 활용하는 데 중점을 둡니다. 말 그대로 '응용'하는 심리학이라 할 수 있지요. 응용심리학의 종류에는 임상심리학, 상담심리학, 교육심리학, 범죄심리학, 심리검사심리학, 산업 및 조직심리학, 소비자행동 심리학, 인지공학 심리학 등이 있습니다. 응용심리학은 이론과 지식을 바탕으로 실생활에 적용하는 학문이니만큼 응용심리학을 공부하고 싶은 사람은 기초심리학에 대한 기본 공부를 탄탄히 해야 합니다.

오늘날 복잡해지는 사회 변화에 따라 심리학의 응용 분야도 더욱 다양해지고 있습니다. 예를 들어, 스포츠심리학, 여성심리학, 가족심리학 등 인간의 행동과 적응에 관련된 수많은 분야가 새롭게 등장하고 있습니다.

심리학자는 교수가 되어서 대학에서 강의를 하기도 하고, 기업이나 국공립기관에서 연구원으로 일하기도 합니다. 또 직접 상담소를 열 수도 있습니다. 다양한 분야가 있는 만큼 일하는 곳도 무척이나 다양합니다.

Tip

심리학의 종류가 다양한 만큼 어떤 분야를 연구했느냐에 따라 근무 환경도 달라집니다. 하지만 심리학자가 공통적으로 하는 일은 결국 연구입니다. 자신의 분야에서 생길 수 있는 인간의 의식, 생각, 행동, 특성에 관해서 연구를 하는 것입니다. 그리고 어떤 현상에 대해 두드러진 특징이 나타나는 경우에는 그것을 과학적으로 입증하고 밝히는 일을 합니다.

3 심리학자가 되려면

심리학자가 되려면 무엇보다 사람에 대해 깊은 관심이 있어야 합니다. 심리학의 기본은 사람의 마음과 행동을 연구하는 것에서 출발하기 때문입니다. 따라서 좋은 심리학자가 되기 위한 시작은 사람을 이해하려는 마음이라고 볼 수 있습니다. 주변 사람들을 잘 둘러보고 그들의 이야기를 들어주며 공감하다 보면 자연스럽게 사람의 마음과 행동에 대해서도 알 수 있게 됩니다.

또한 심리학은 분야가 다양한 만큼 자신이 관심 있는 분야를 찾기 위해 다양한 지식을 쌓을 필요가 있습니다. 여러 분야의 책을 읽으면서 자신이 좋아하는 분야를 찾아 나가야 합니다. 그리고 학교 공부도 게을리 해서는 안 됩니다. 특히 수학과 과학 과목에 신경을 써야 합니다. 심리학은 사람의 마음을 과학적으로 연구하는 분야이기 때문에 수리 능력과 논리력이 많이 필요합니다.

고등학교에서는 문과 계열을 선택해야 대학의 심리학과에 입학하기 좋습니다. 하지만 문과에 진학하더라도 수학과 과학 과목을 게을리 해서는 안 됩니다. 우리나라에서는 심리학과를 문과로 분류하고

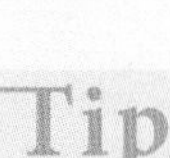

심리학자가 되려고 마음먹었다면 지금부터 가까운 사람들에 대해 조금씩 관심을 가지는 것이 좋습니다. 어떤 생각을 하는지, 어떤 고민을 가지고 있는지, 저 사람은 왜 저런 행동을 하는지 등의 의문을 갖는다면 심리학자로 성장하는 데 좋은 습관이 되어줄 것입니다.

있지만 앞서 말했듯이 수리 능력이 많이 필요한 학문입니다. 또 교과 과목 공부 외에 소설을 많이 읽으면 좋습니다. 소설 속에는 다양한 사람들의 심리와 행동이 묘사되어 있기 때문입니다.

대학에서는 심리학과에 입학하여 공부하면서 자신의 전공 분야를 찾아 나가고, 그에 맞춰서 취업이나 자격증을 준비하면 됩니다. 교수나 연구원이 될 거라면 꾸준히 오랫동안 공부하겠다는 각오를 가져야 합니다.

4 직업 전망

사회가 복잡다단해지는 오늘날은 심리학자에 대한 수요가 점점 늘고 있는 추세이므로 직업적 전망은 밝다고 볼 수 있습니다.

특히 임상심리학자의 경우 유망한 직업 100위 안에 들어갈 정도로 그 수요가 많아지고 있습니다. 경제 수준이 높을수록 정신적인 면에 투자하는 사람이 많아지기 때문에 앞으로는 수요가 더욱 늘어날 것으로 예상됩니다. 또 선진국처럼 심리 상담이 자연스러운 분야로 자리 잡을 가능성이 커지고 있어서 상담심리학 역시 수요가 늘 것으로 보입니다. 기계가 사람에 맞춰지는 시대가 되어가는 요즈음, 사람의 생각과 관심을 이용해 기계를 만드는 인지심리학 분야도 주목받고 있습니다.

최근 심리학자들의 진출 분야는 일반 기업, 법원, 경찰청, 게임 개발, 3D 텔레비전 개발, 스마트폰 개발 등 무궁무진합니다. 심리학의 분야와 그 수요가 계속해서 늘고 있는 추세입니다.

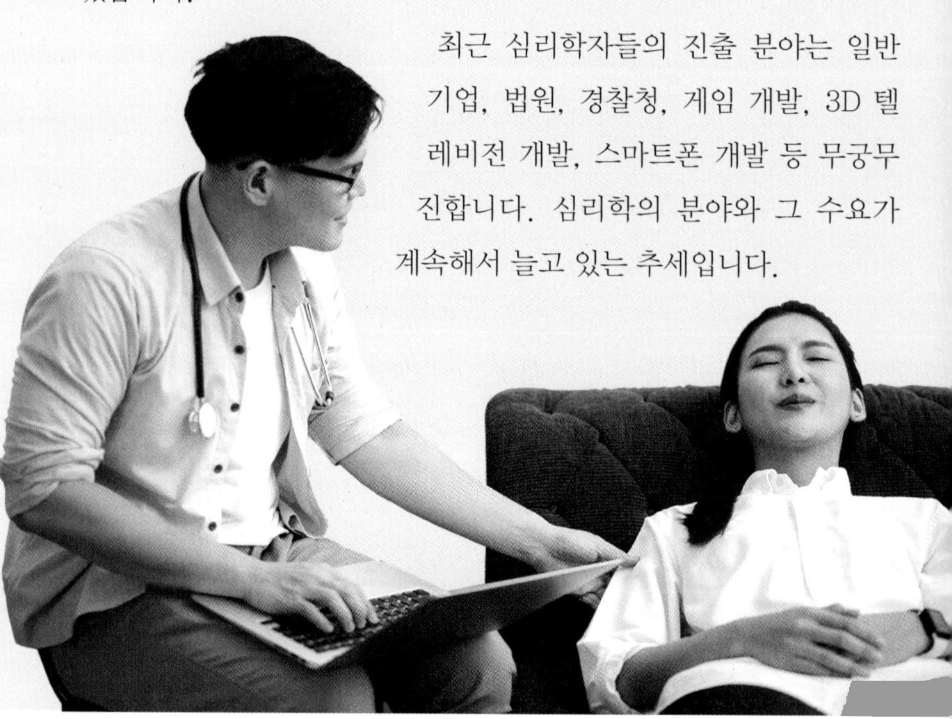

02 심리학자의 종류

심리학에 수많은 분야가 있는 만큼 각 분야를 연구하는 심리학자의 종류도 무척 다양합니다. 지금부터 대표적인 심리학 분야를 중심으로 알아보겠습니다.

1 발달심리학자

발달심리학이란 인간이 태어나서 죽을 때까지의 과정을 연구하는 분야입니다. 인간의 생애 전반에 걸쳐서 심리적으로 어떻게 성숙되고 발달하는지에 관한 연구가 이루어집니다. 발달심리학에서는 인간의 생애를 발달 과정에 따라 아동기, 청소년기, 청년기, 중 · 장년기, 노년기로 구분하여 각각의 발달 단계에 따른 여러 가지 특징을 연구합니다.

오늘날에는 사회의 복지 수준이 점차 높아지면서 자녀 교육에 대한 관심도 커져 가고 있고, 인구가 고령화되면서 노인 인구의 비율이 늘어나고 있습니다. 따라서 아동기 발달 및 노년기 발달에 대한 심리학자의 수요가 늘어날 것으로 예상됩니다.

Tip

발달심리학자들은 대부분 생애의 어느 한 부분만을 연구합니다. 발달심리학에서는 출생에서부터 20대 초반의 시기인 유아기와 아동기, 청소년기에 주로 관심을 갖습니다. 심리학자들이 아동의 행동을 연구하는 데 이용하는 아동 발달에 관한 네 가지 주요 이론이 있습니다. 성숙이론, 정신분석이론, 학습이론, 인지이론이 그것입니다.

2 인지심리학자

인지심리학은 인간이 지식을 만들어 내고 활용하는 인지 과정을 연구하는 분야입니다. 정보 처리와 관련된 모든 정신 과정에 대한 이해와 설명을 다룹니다. 지각, 주의, 학습, 기억, 언어 이해 및 산출, 추리, 판단, 결정, 문제 해결, 지능, 의식, 정서 등의 심리적 과정들이 인지심리학의 연구 주제가 됩니다. 따라서 인지심리학자는 사람들이 어떤 행동이나 생각을 하는 원인이나 과정을 인지 처리 과정을 통해서 해석해 나갑니다.

인지심리학을 적용할 수 있는 분야에는 여러 가지가 있습니다. 한 예로 인지공학은 인지심리학을 공학 분야에 접목시킨 분야입니다. 예를 들어, 사람에게 가장 적합한 세탁기를 만들고자 할 때, 세탁기의 크기 · 높이 · 색깔 · 버튼 위치 등을 어떻게 해야 사람이 편안하게 느낄지를 고려해야 합니다. 인지심리학이란 바로 이런 것들을 연구하는 분야입니다.

또한 인지심리학은 어떤 식으로 정보를 처리할 때 가장 효율적으로 할 수 있는지를 연구해서 교육 교재를 개발하거나 컴퓨터 홈페이지 제작 등에 활용하기도 합니다. 인지심리학자들은 이러한 것들이 가능하도록 기초적인 연구를 하는 사람들입니다.

3 임상심리학자

임상심리학은 개인이나 집단이 겪는 심리적인 문제를 이해 및 평가하고 치료 혹은 예방하는 심리학의 한 분야입니다.

임상심리학자들은 인간관계를 손상시키거나 불안 및 불행을 유발하는 심리 장애를 치료합니다. 진학으로 인한 스트레스나 사랑하는 사람을 잃었을 때 느끼는 슬픔 같은 일시적인 장애는 물론이고 신경증이나 정신병처럼 오랜 기간 계속되는 정서적 장애를 극복하도록 돕는 일을 합니다. 임상심리학자는 이런 사람들을 돕기 위해 심리학의 각 분야에서 개발된 이론들을 개인이나 집단의 상황에 적절히 적용하고 그 효과에 대한 평가와 연구를 수행합니다.

임상심리학자의 치료 방법은 주로 심리치료를 통해 이루어집니다. 환자와 여러 차례 만나 편안하게 대화를 나눔으로써 환자가 심리장애

Tip

임상심리학자는 적성이나 지능, 성격을 측정하는 검사를 개발하고 실시하며, 그 검사 결과를 해석합니다. 이 검사는 심리 장애를 진단하는 데 사용되는 것은 물론, 때로는 학과나 직업을 적합하게 선택할 수 있도록 돕는 데 사용되기도 합니다.

Tip

훌륭한 임상심리학자가 되기 위해서는 과학적인 실험을 설계하고 수행할 수 있도록 훈련받아야 합니다. 더 나아가 자신의 연구 기술을 이용해 심리 장애를 진단하고 치료할 수 있는 다양한 방법을 개발하며, 사람의 성격 구조와 발달에 대한 새로운 이론을 제시하고 검증하려는 노력을 해야 합니다.

를 일으킨 원인을 스스로 이해할 수 있도록 도와줍니다.

임상심리학자의 중요한 목표는 심리 장애를 이해하고 예방하는 일입니다. 임상심리학자는 상담 프로그램을 개발하고, 그런 프로그램에 참가하여 자녀 양육 방법이나 대인 관계를 개선할 수 있는 방법을 교육합니다.

임상심리학은 현재 가장 많은 심리학 전공자들이 진출하고 있는 분야입니다. 임상심리학자들은 주로 병원에서 임상심리사로 근무하며, 그 밖에 정부, 대학, 교도소, 소년원 등에서 일합니다. 최근에는 진출할 수 있는 분야가 점차 다양해지고 있습니다.

4 사회심리학자

사회심리학은 개인과 개인, 개인과 사회가 서로 주고받는 영향과 과정에 대해 연구합니다. 즉, 사람들이 사회생활을 하는 과정에서 다른 사람들에 대해 갖게 되는 인상이나 정보들을 어떻게 처리하는지, 사람들의 느낌 · 생각 · 신념 · 의도 · 목표 등이 어떻게 구성되는지, 그리고 그런 요인들이 다른 사람들과의 상호작용에 어떻게 영향을 미치는지에 대해 이해하고 그 영향에 대해 다루는 학문입니다. 집단심리학, 문화심리학 등이 사회심리학에 포함됩니다.

사회심리학자들은 사람들이 다른 사람들과 함께 있을 때 특정한 방식으로 행동하게 만드는 원인들을 연구하고, 특정한 생각과 느낌 및 행동이 일어나는 조건들을 찾아냅니다. 즉 선전과 설득, 동조 현상, 집단 간의 갈등, 편견과 공격적 행동 등에 관한 문제를 중점적으로 연구합니다.

사회심리학자들은 주로 대학이나 정부기관, 기업체에서 인사 계획의 입안을 돕거나 새 상품의 판매 가능성을 측정하는 일을 합니다.

Tip

사회심리학자들의 연구 방법으로는 먼저 자신의 이론을 전개하기 위해 연구를 시작하고, 그 다음에 자신의 이론을 뒷받침할 수 있는 증거를 수집합니다. 종종 실험을 통해 자신의 이론을 증명하기도 합니다.

5 학교심리학자

학교심리학은 초 · 중 · 고등학교에 재학하고 있는 아동과 청소년의 건강한 발달과 조화로운 적응을 위해 다양한 심리학 서비스를 제공하는 역할을 합니다. 효과적인 교육 방법을 찾거나 학습 동기의 유발, 교육 평가나 학습 평가는 물론 학교에서 발생하는 정서, 교우관계, 진로 선택 문제들을 다룹니다. 학교심리학자는 학교 교육에서 학습의 효율성과 교육 효과를 높이기 위해 심리학적인 지식을 활용합니다.

오늘날 대부분의 아동과 청소년은 여러 가지 원인으로 인해서 학습 문제를 경험하게 됩니다. 최근에는 우울, 불안 등의 정서 문제와 비행, 게임중독, 학교폭력, 학교 중도탈락 같은 행동 문제를 겪고 있는 아동과 청소년의 숫자가 증가하고 있습니다. 이처럼 아동과 청소년이 겪는 문제를 조기에 발견하고 개입하여 건강한 삶을 누리도록 돕는 것이 학교심리학자의 역할입니다.

6 산업심리학자

산업심리학은 기업 및 산업 분야에서 조직, 인사 부분과 업무 효율 측면에서 개개인의 활동을 어떻게 최적화할 수 있을 것인가에 대해 연구하고 적용하는 심리학의 한 분야입니다. 즉 근로자의 행동을 심리적으로 연구하고 분석하여 산업 활동에서 나타나는 여러 문제를 해결하려 노력합니다. 한 마디로 산업을 발전시키기 위해 심리학을 적용하는 것입니다.

산업심리학에서는 크게 두 가지를 연구합니다.

첫째, 각 근로자들 사이의 차이점을 분석하고, 그들의 직무를 평가하는 일입니다. 그리하여 직무에 적합한 인재를 선발하는 방법과 직무 수행을 올바르게 평가할 수 있는 기준을 제시합니다. 또한 근로자를 훈련하는 교육 프로그램을 개발하기도 합니다.

둘째, 근로자들이 조직에서 어떤 역할을 하는지, 조직이 사회에서 어떤 역할을 하는지를 연구합니다. 그리고 직무 만족도와 동기를 연구해 효율성을 높일 수 있도록 직무와 조직을 다시 설계하는 한편, 훌륭한 지도자의 특성과 유형을 제시하기도 합니다.

기업의 조직 행동이나 인사 및 취업에 대한 주제들이 활발히 연구되고 있는 오늘날, 산업심리학자들은 주로 일반 기업, 자문회사, 정부기관, 대학 등에서 일합니다.

7 범죄심리학자

사회가 발달하고 복잡해질수록 지능적이고 잔인한 강력 범죄가 자주 발생합니다. 예전에는 단순 원한관계의 범죄가 대부분이었으나 최근 들어 지능적인 범죄, 그리고 흔히 '사이코패스'라고 불리는 반사회적 인격 장애자들에 의한 범죄가 늘면서 범죄수사 역시 과학적으로 변하고 있습니다. 이러한 과학적인 범죄수사에 꼭 필요한 심리학 분야가 바로 범죄심리학입니다. 범죄심리학에서는 심리학적 이론과 원리를 적용해서 범죄자의 행동을 설명하고, 범죄 행동의 교정 및 예방을 과학적으로 연구하고 응용합니다.

현재 국내에서는 경찰청에 범죄심리사의 자격으로 심리학 전공자들이 진출해 있으며, 연수 및 수련을 통해 범죄심리사로 양성되고 있습니다.

상담심리학은 임상심리학과 밀접한 관련이 있는 분야로, 두 분야 모두 개인의 정서장애나 성격장애 같은 심리적 부적응의 문제를 다룹니다. 그러나 임상심리학은 병으로 분류되는 심각한 문제를 가진 환자를 대상으로 하는 반면, 상담심리학은 일반인이 생활 속에서 겪는 문제를 다룹니다.

8 상담심리학자

사회가 발전하면서 신체적 · 가정적 · 문화적 문제를 가진 사람들에 대한 사회적 관심이 높아지고 있습니다. 상담심리학은 성격, 발달, 진로 선택, 직업생활, 가족관계 및 부부관계 등 일상적인 문제를 연구하고 진단하며 치료하는 심리학의 한 분야입니다.

상담심리학자는 인간행동의 연구를 통해 밝혀진 심리학적 지식을 일상생활에서 문제를 겪는 사람들에게 적용하여 바람직한 변화를 돕는 역할을 합니다. 즉 전문적인 심리학 지식과 기술을 바탕으로 사람들이 겪는 문제를 해결하고, 인격적인 성숙을 촉진하기 위해 노력합니다. 이들은 심리치료를 위해 상담이나 면접을 주로 하고, 행동 수정처럼 프로그램화된 특정한 행동 훈련을 실시하기도 합니다.

현재 상담심리학자들은 대학 교수, 대학의 상담소, 교육청, 학교 상담자, 기업 상담실, 사회복지기관, 종교기관, 군대, 각종 심리상담 전문기관 등 다양한 분야에서 활동하고 있습니다. 이처럼 상담심리학자는 상담이 필요한 곳이라면 어디로든 진출할 수 있습니다.

9 소비자행동심리학자

사람이 살아가는 데 있어서 소비 활동은 빼놓을 수 없는 중요한 일입니다. 소비자행동심리학자는 소비 활동에 관련된 소비자의 심리를 연구합니다. 소비자가 물건을 구입하기 전에 어떤 방법으로 정보를 알아보고, 어떤 방법으로 물건을 사며, 그 물건을 사용하면서 어떤 생각을 하는지 등 소비와 관련된 모든 과정을 다룹니다. 예를 들어 사람들은 왜 명품을 좋아하고 사고 싶어 하는지 등을 소비자행동심리학의 연구 주제로 삼을 수 있습니다.

그러므로 기업에서 마케팅이나 홍보 활동을 할 때는 소비자행동심리학에 근거하여 활동 계획을 짭니다. 대부분의 기업과 광고대행사, 리서치 회사들은 소비자행동심리학자로부터 최신 이론과 현장의 생생한 정보를 제공받아서 활용하고 있습니다.

03 책과 영화 속에서 만나는 심리학자

1 관련 책

1) 〈내가 사랑하는 심리학자〉 아드리안 우어반 지음, 말글빛냄, 2007

이 책은 심리학에 관심 있는 사람이라면 꼭 알아야 할 15명의 심리학자를 소개하고 있습니다. 프로이트를 비롯한 심리학 대가들의 생애와

사상 및 지은 책에 대해 소개하고, 각각의 이론이 오늘날까지 우리 사회에 어떤 영향을 끼쳤는지를 설명하고 있습니다. 그리고 무의식의 힘, 인간의 행동, 마음의 탐험, 가족의 치료 등 심리학의 주요 주제에 따라 크게 4가지로 나눠서 심리학을 설명하고 있습니다.

이 책은 심리학이 어려운 것이 아니라 우리 생활과 밀접한 관계가 있으며 우리의 사고와 행동에 많은 영향을 끼친다는 점을 알게 하여 심리학이라는 학문과 좀 더 가까워지는 계기를 마련해 줍니다. 따라서 미래의 심리학자를 꿈꾸는 학생에게 더할 나위 없이 좋은 책입니다.

2) 〈스키너의 심리상자 열기〉 로렌 슬레이터, 에코의 서재, 2005

제목부터 흥미진진해 보이는 이 책은 여느 심리학 관련 책들과는 조금 다릅니다. 20세기에 실시되었던 대표적인 심리학 실험 10가지를 소개하고, 이 실험에 참여했던 심리학자들을 인터뷰한 내용을 담고 있습니다. 제목의 '스키너의 심리상자'란 바로 이 10가지 실험 중 하나를 뜻합니다.

심리학계에서는 그동안 여러 가지 유명한 실험들이 이루어져 왔는데, 이 책은 그 중에서도 흥미진진한 10가지 실험들을 선별하여 소개합니다. 멀쩡한 사람이 정신병원에 들어가면 어떻게 되는지를 살펴보는 실험도 있으며, 가짜 기억을 이식하는 실험도 있습니다.

저자는 이런 실험을 한 심리학자들과의 인터뷰를 통해서 그들의 개인적인 상황이나 성격 및 실험 당시의 배경 등을 관찰하고 난 후에, 왜 그들이 그런 특정한 실험을 하게 된 것인지를 알려주고 있습니다. 단순한 실험 내용과 결과보다 그런 실험을 하게 된 과정과 배경에 더 주목하고 있습니다. 그 심리학자들이 이런 실험을 통하여 '진정으로 무엇을 추구했는가?' 하는 것을 알 수 있으며, 세상에서 혹독한 비난을 받았던 잔인한 심리학 실험도 그 배경을 알고 나면 꼭 손가락질할 수만은 없다는 것을 보여줍니다. 이와 같이 이 책은 다양한 심리학 실험에 대해서 보다 깊게 이해할 수 있도록 도와줍니다.

10가지의 흥미진진한 실험과 그 배후에 있는 심리학자들의 심리를 이해할 수 있는 이 책은 심리학에 관심 있는 학생이라면 꼭 읽어봐야 합니다.

3) 〈꼭 알고 싶은 심리학의 모든 것〉 강현식, 소울메이트, 2010

이 책은 150개의 심리학 핵심 개념어를 간결하면서도 통찰력 있게 풀이하고 있으며, 중요한 심리학 실험의 경우 구체적인 수치나 세부적인 진행 상황까지 자세히 담고 있습니다. 독자의 이해를 돕기 위해 되도록 많은 예시를 들어 주며 영화나 대중가요, 다큐멘터리 내용도 언급해서 다양한 정보를 얻을 수 있습니다. 흥미와 재미 위주가 아닌 보다 객관적이고 다양한 정보를 얻을 수 있는 심리학 서적을 원하는 사람들이나 나중에 심리학을 전공하고자 하는 사람들이 읽어보면 좋을 책입니다.

150개의 개념어로 나누어져 있기 때문에 꼭 순서대로 읽지 않아도 되고, 관심 있는 주제에서 시작해서 다른 주제들로 넘어가는 방법도 추천합니다. 눈에 들어오는 쉬운 용어부터 읽기 시작하면 어느새 심리학의 큰 틀이 잡힐 것입니다. 어려운 심리학 전공서를 아직 읽기 힘든 학생들에게 믿음직한 참고 도서가 되어 줄 수 있습니다.

2 관련 영화

1) 〈언세드〉

이 영화는 2001년 캐나다에서 개봉한 영화입니다.

주인공 마이클은 성공한 심리치료사입니다. 하지만 그는 3년 전 아들 카일의 자살을 막지 못한 죄책감 때문에 자신의 모든 자리에서 물러나 환자 치료를 거부합니다. 그리고 오로지 학자로서의 삶을 살며 은둔 생활을 하고 있습니다. 남겨진 가정조차 지키지 못한 채 방황하던 어느 날, 마이클은 제자에게서 17세 소년 토미의 치료를 부탁받게 됩니다. 수용소에 수감 중인 토미는 엄마를 살해하는 아빠의 모습을 목격한 후 심리적 공황상태에 빠져 있었습니다. 그리고 과거로부터 벗어나 평안해지기를 거부하고 있었습니다. 마침 죽은 아들 또래였던 토미와의 만남을 계기로 마이클은 용기를 내어 세상과 만날 준비를 하게 됩니다.

그런데 토미와의 상담과 만남이 계속될수록 마이클은 알 수 없는 불안을 느끼게 됩니다. 생전에 아들 카일이 즐겨하던 핸드볼 게임을 하자며 제안을 하기도 하고, 비밀을 간직한 채 말하려 하지 않는 듯 굳게 다문 입술 등 토미의 행동은 마이클에게 카일의 생전 모습을 떠오르게 합니다. 토미를 통해 아들의 죽음에 대한 강한 강박관념으로부터 벗어나 보려 했던 마이클은 시간이 지날수록 토미 때문에 더욱 혼란스러워지는 자신을 발견합니다. 게다가 자신의 딸에게도 접근해 자신의 모든 것을 꿰뚫고 있는 토미를 점차 경계하게 됩니다. 그러던 어느 날 토미의 사건을 처음부터 재조사하면서 마이클은 그동안 감춰졌던 진실과 음모를 점차 찾아내게 됩니다. 심리치료사인 주인공의 심리를 들여다볼 수 있는 영화입니다.

2) 〈성질 죽이기〉

2003년 미국에서 방영된 영화로, 분노조절에 대해 심리학적으로 살펴볼 수 있는 영화입니다. 평범하고 순한 남자 데이브 버즈닉은 사실 성질을 죽일 필요가 전혀 없는 남자였습니다. 그러던 어느 날 출장 때문에 비행기를 탔다가 스튜어디스와의 작은 충돌이 발생하면서 성질 나쁜 말썽꾼이라는 오해를 사게 됩니다. 법원에서는 그에게 분노조절장애라는 판단을 내리고 분노를 억누르는 '성질 죽이기' 치료를 받으라는 판결을 내립니다. 할 수 없이 버디 라이델 박사가 운영하는 '성질 죽이기' 프로그램에 참여하긴 했지만, 박사를 비롯해서 같이 모인 사람들이 어딘가 수상해 보입니다. 박사의 성격이 더 괴팍하고 이상했기 때문입니다.

하루 빨리 치료에서 벗어나고픈 데이브와는 달리 라이델 박사는 24시간 밀착치료를 주장하며 아예 그의 집에 눌러앉아 버립니다. 라이델 박사의 도저히 이해할 수 없는 '성질 죽이기' 치료는 얌전했던 데이브를 오히려 참을 수 없이 열 받는 상태로 만들어 갑니다. 문제는 화를 낼 때마다 이 지옥 같은 치료기간이 늘어난다는 점이었습니다. 살살 약을 올리고 이상한 처방만 해 주는 라이델 박사는 급기야 데이브의 여자친구까지 빼앗아가려 합니다.

하지만 알고 보면 라이델 박사의 처방은 성질을 죽이려면 비록 성질을 내더라도 그 원인과 맞서서 극복을 해야 한다는 것이었습니다. 박사의 도움으로 치료를 무사히 마치고, 소심했던 데이브는 드디어 여자친구를 향한 프러포즈에 성공합니다.

괴팍하지만 밝고 어딘가 귀엽기까지 한 라이델 박사의 치료를 보면서 심리 치료에서 정말로 중요한 것이 무엇인지 깨닫게 하는 영화입니다.

04 심리학자는 무슨 일을 할까?

심리학자들의 일과는 근무 환경에 따라 다릅니다. 기업이나 국공립 기관에서 일하면 일반 직장인들처럼 출퇴근 시간이 일정하고, 월급을

받습니다. 반면 개인 상담소를 여는 등 프리랜서로 일하는 사람들은 일에 따라 출퇴근 시간이 다르고, 보수도 달라집니다.

지금부터 가장 많은 심리학자들이 직업으로 삼고 있는 임상심리학자의 일과를 따라가 보기로 합니다.

임상심리학자는 주로 병원이나 개인 상담센터, 국가 기관, 공공기관 등에서 일하고 있습니다. 임상심리학자가 주로 하는 일은 상담과 치료입니다. 그 밖에 다양한 심리검사를 병행합니다.

출근하여 그날의 상담 일정을 파악합니다.

9시부터 상담자와 상담을 진행합니다. 보통 상담 시간은 20~30분 정도이지만 처음 찾아온 상담자나 증세가 심각한 상담자의 경우 다소 길어질 수 있습니다.

임상심리학자는 상담자들과의 대화를 통해 의학용 촬영도구가 밝혀낼 수 없는 개인의 미묘한 문제들을 진단합니다. 문제를 진단한 후에는 그에 적합한 치료 계획을 세우는데, 정신과 의사처럼 약물을 이용한 치료는 하지 않습니다. 하지만 문제의 원인을 설명하는 심리학적 이론을 바탕으로 다양한 치료 방법을 사용합니다.

일반 직장인들처럼 1시간 정도 점심시간을 갖습니다.

오후에는 오전과 마찬가지로 상담자와 상담을 합니다. 상담한 내용은 컴퓨터에 입력하여 다음 상담할 때 참고합니다.

임상심리학자는 상담자 본인뿐만 아니라 그 가족을 대상으로 상담하기도 합니다. 정신적인 문제는 개인의 문제일 뿐만 아니라 가족의 문제이기도 하기 때문입니다. 또한 상담과 치료에서 그치는 것이 아니라, 정신장애인, 신체장애인, 그리고 그 가족을 대상으로 재활 서비스를 제공하여 사회복귀를 촉진시키는 일도 합니다.

Tip

임상심리학자는 개인치료, 집단치료, 가족치료 등의 치료를 수행하며, 행동치료, 현실치료, 인지행동치료 등 다양한 심리학적 방법을 통해 치료합니다. 이 외에 정신장애나 사회부적응 등의 심리적 장애가 어떤 원인과 과정을 통해 발생하는 것인지 연구하고, 심리 상담 방법을 새롭게 구성하거나 기존의 심리 상담 방법을 수정하기도 합니다. 또한 정신건강 관계자들이나 기타 산업체 및 정부기관 관계자 등에게 스트레스를 관리하는 방법, 범죄자를 다루는 전문적 방법 등 다양한 심리적인 문제에 대해 자문을 제공하기도 합니다.

05 심리학자가 되기 위해 필요한 능력

1 사람에 대한 애정과 관심

심리학은 다양한 인간의 문제를 연구하고 해결하는 학문이기 때문에 심리학자는 기본적으로 사람에 대한 애정과 깊은 관심을 가지고 있어야 합니다. 심리학을 연구하다 보면 많은 사람들과 만나게 됩니다. 그럴 때 사람들에게 애정을 가지고 인격적으로 대할 수 있어야 훌륭한 심리학자가 될 수 있습니다.

2 논리적 사고와 호기심

심리학은 인간의 마음과 행동을 연구하지만 그 연구 결과는 철저하게 과학적으로 분석하는 학문입니다. 그래서 분석적이고 논리적인 사고 능력이 필요합니다. 또한 사람들의 행동에 '왜?'라고 물을 수 있는 호기심이 있어야 합니다. 사람의 마음과 행동에 의문을 던지고 그것을 조사, 실험 등을 통해 논리적으로 밝히는 것이 심리학의 본질이기 때문입니다.

3 공감 능력과 포용력

상담심리사, 심리치료사 등의 분야로 진출하고 싶다면 공감 능력이 필요합니다. 상대방의 이야기를 잘 들어주고 공감해야만 그 사람의 문제를 해결하기 위한 방법도 제시할 수 있습니다. 또한 상대가 어떤 이야기를 하더라도 묵묵히 받아들일 줄 아는 포용력도 필요합니다. 상담하러 온 사람은 마음의 치료가 필요하기 때문에 그들의 마음을 따뜻하게 어루만져 줄 수 있어야 합니다. 마치 자신의 문제인 것처럼 들어주고 조언해 준다면 상담자는 자신의 마음을 털어놓을 것입니다.

4 말하기와 글쓰기 능력

훌륭한 심리학자가 되려면 말하기나 글쓰기 등의 언어 능력도 중요합니다. 자신이 연구한 학문을 사람들에게 잘 알리고 설명할 수 있어야 하기 때문입니다.

심리학자들은 사람들 앞에 나서서 강의를 하게 되는 경우가 많습니다. 그럴 때 복잡한 심리학 이론을 쉽게 풀어서 말할 수 있는 능력이 있다면 사람들의 호응을 더 잘 끌어낼 수 있습니다. 그리고 청중의 마음을 사로잡을 수 있다면 보다 수월하게 강의를 할 수 있을 것입니다.

또한 분석한 연구 결과를 보고서로 작성하기 위해서는 글을 잘 쓸 수 있어야 합니다. 요즘에는 심리학자들이 대중을 위한 책을 쓰는 경우도 많아졌습니다.

이렇듯 말하기와 글쓰기는 심리학자가 갖추어야 할 기본 소양이라 할 수 있습니다.

5 다양한 독서

독서의 중요성은 아무리 강조해도 지나치지 않습니다. 심리학의 분야는 워낙 넓기 때문에 심리학자라고 해서 모두 같은 분야를 연구하지는 않습니다. 사회심리학을 공부하고 싶은 경우에는 정치와 경제에 대해서 잘 알아야 하고, 아동심리학을 연구하고 싶은 사람은 아동에 대해 많이 알아야 합니다. 따라서 심리학자가 되기를 꿈꾸는 학생이라면 학교 교과 외에도 다양한 독서를 통해 배경 지식을 쌓는 것이 필요합니다.

6 원만한 성격과 강한 마음가짐

심리학자는 다양한 사람과 대화를 나눌 일이 많기 때문에 원만한 성격을 갖추는 것이 매우 중요합니다. 상담을 하면서 상대방의 기분을 나쁘게 한다거나 불쾌감을 준다면 성공적인 상담이 될 수 없습니다. 심리학자 스스로가 원만한 성격으로 무난한 인간관계를 맺고 있어야만 상담자를 대할 때도 문제가 없을 것입니다.

또한 강한 마음가짐도 필요합니다. 상담이라는 것이 단지 이야기만 들어주는 게 아니라 그 사람의 마음을 공감하고 이해할 수 있어야 하기 때문이지요. 그런데 내 마음이 약하면 다른 사람의 이야기를 들어주는

것이 힘이 듭니다. 상담하러 오는 사람들의 우울한 이야기에 오히려 자신이 빠져드는 경우가 의외로 많기 때문입니다. 따라서 심리학자는 마음을 강하게 먹고, 이 사람에게 도움이 되어야 한다는 자세를 가져야 합니다.

7 꼼꼼하고 통찰력 있는 성격

심리학자는 다른 사람들이 보지 못하는 사람의 내면까지도 들여다볼 줄 알아야 합니다. 따라서 통찰력이 필요합니다. 또한 개인의 문제뿐만 아니라 사회의 문제도 다루어야 하기 때문에 세상의 일들을 깊이 있게 바라볼 줄 알아야 합니다. 연구 결과를 수치화하는 작업이 많기 때문에 꼼꼼함도 필수입니다. 결과를 분석하고 보고서를 작성하는 일은 연구에 있어서 아주 중요한 작업입니다.

8 자연과학적 소양

요즘에는 심리학의 여러 분야 중에서 뇌와 관련한 연구도 활발해지고 있습니다. 따라서 첨단 기계를 이용해 사람의 마음과 생각에 따라

뇌의 기능이 어떻게 달라지는지를 연구하기도 합니다. 이런 연구를 할 때면 심리학자는 자연과학자가 되기도 해야 합니다. 따라서 심리학자에게는 자연과학적인 소양도 필요합니다. 이런 점에서 심리학은 문과, 이과로 구분할 수 없는 복합적인 학문이라 할 수 있습니다.

9 영어 능력

대학에서 심리학을 전공하게 되면 원서를 많이 봐야 합니다. 또 심리학자가 되려면 대학원에 진학해야 하는데 이때에도 영어 실력이 반드시 필요합니다. 따라서 학생 때부터 영어 공부를 꾸준히 해 두면 좋습니다. 심리학은 국내에 비해 해외 연구가 활발한 편이므로 다양한 연구 결과를 빠르게 접하기 위해서라도 영어 능력은 꼭 필요합니다.

10 수리 능력

심리학은 그저 남들의 마음을 읽는 것이 아닌 과학의 한 분야입니다. 따라서 수학을 빼놓고는 심리학을 이야기할 수 없고 배울 수도 없습니다. 심리학을 연구하기 위해서는 가설을 세우는 과정이 필요한데, 하나의 가설을 뒷받침하기 위해서는 다양한 각도의 연구와 그 연구의 결과물인 통계가 필요합니다. 이렇듯 심리학의 연구 결과는 정교한 데이터를 기반으로 치밀하게 분석한 것이기 때문에 수리 능력이 중요합니다. 그러므로 심리학자가 되고자 하는 학생이라면 수학 공부도 열심히 해야 합니다.

11 인내와 끈기

심리학은 사람의 마음과 행동을 연구하는 과학 분야이기 때문에 심리학자들은 연구실에서 많은 상담과 실험을 진행하면서 시간을 보냅니다. 사람을 대상으로 하기 때문에 시간이 많이 걸리는 경우도 있고, 가설과는 다른 결과가 나오는 경우도 빈번합니다. 따라서 같은 실험을 몇 번씩 반복해야 하고 수정해야 하기 때문에 인내심과 끈기가 필요한 직업입니다. 또한 심리학자가 되기 전까지의 과정 역시 오랜 공부와 수련이 필요하므로 당연히 인내가 필요합니다.

06 심리학자의 장단점

1 장점

1) 사람에 대한 이해의 폭이 깊고 넓어짐

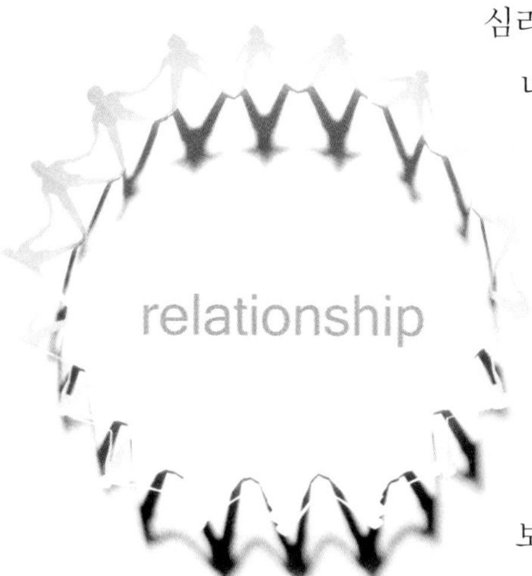

심리학을 공부하면 사람에 대한 이해의 폭이 깊고 넓어져서 나와 가까운 사람에 대해서도 보다 잘 알게 됩니다. 그래서 실생활에서 인간관계를 맺는 데에 많은 도움이 됩니다.

또한 사람을 잘 이해하게 되는 만큼 자신의 마음도 편안해집니다. 사람을 이해하게 되면 미워하거나 시기할 일이 그만큼 줄어들기 때문이지요. 사회생활을 하는 데 있어서도 매끄러운 인간관계를 유지하기가 보다 쉬워집니다.

2) 보람과 성취

대부분의 사람들은 낯선 사람에게 자신의 문제를 털어놓는 것을 꺼립니다. 하지만 심리학자라는 직업의 특성상 그 벽을 허물기가 수월합니다. 커다란 문제를 안고 있었던 사람에게 상담을 통해 진정으로 도움을 주고, 상대방이 그 문제를 해결하고 편안해 하는 모습을 볼 때 무척 기쁘고 보람을 느끼게 됩니다.

또 개인이나 사회에 도움이 되는 연구 결과를 내놓기도 하고, 정보를 제공하기도 하면서 사회에 유익한 활동을 한다는 점 역시 보람을 느낄 수 있습니다.

3) 전도유망한 전문직

심리학자는 전문직이며 프리랜서로 활동하는 것이 가능한 직업입니다. 나이와 상관없이 일할 수 있고, 능력에 따른 수입이 보장됩니다.

심리학의 위상이 높은 외국과는 달리 우리나라에서는 아직 미개척된 분야가 많습니다. 사회가 발전하는 만큼 사람들의 심리 문제도 늘고 있으므로 자신이 노력하고 깊이 연구한다면 심리학자로서 어느 한 분야의 전문가가 될 수 있는 가능성은 충분합니다.

2 단점

1) 사람들의 인식 부족과 오해

아직까지 우리나라에서는 심리학자가 어떤 일을 하는지 잘 모르는 경우가 많습니다. 실제로 정신과 의사와 헷갈려하는 사람들도 많습니다. 그런 사람들은 심리학자에 대해 신뢰감을 갖기가 쉽지 않습니다. 종종 심리학자를 독심술사로 보는 오해가 있기도 합니다.

2) 상담 과정에서 오는 스트레스

심리학자는 스스로의 마음이 무척 강해야 합니다. 프로이트는 '전이'라는 방법을 상담에 쓰기도 했습니다. 이것은 심리학자가 자신의 좋은 마음 상태를 상담하러 온 사람에게 전달해 줌으로써 치유하는 방법입니다. 반대로 다른 사람을 상담해 주다가 오히려 마음의 병을 갖게 되는 경우도 있습니다.

심리학자도 사람이기 때문에 상대방의 문제에 영향을 받기도 합니다. 늘 우울하고 힘든 이야기를 들어야 한다는 점이 부담으로 다가오기도 합니다. 상담자의 입장에 지나치게 공감하다 보면 직업인으로서의 본분을 잊어버리고 우울해지는 경우가 있습니다. 이 때문에 전공을 바꾸는 경우도 생긴다고 합니다. 그만큼 상담은 쉽지 않은 일입니다.

또한 상담하러 오는 상담자들의 심리 상태는 대부분 매우 좋지 않습니다. 그리고 상담 내용을 잘 받아들이려 하지 않고 오히려 화를 내는 경우도 있습니다. 아무리 노력해도 상담에 응하려 하지 않는 경우도 종종 있지요. 이런 부정적인 반응을 접하는 일도 빈번하므로 심리학자는 늘 자신의 마음을 단련해야 합니다.

3) 긴 공부 기간

심리학자가 되려면 대부분 대학원까지 진학해서 석사 학위 정도는 있어야 합니다. 그리고 보다 깊이 있는 연구를 위해서는 박사 과정까지 밟아야 합니다. 임상심리사 등의 자격증을 취득하기 위해서는 각종 실습과 수련을 해야 하므로 공부해야 하는 기간이 어림잡아 10년 이상은 걸립니다. 별다른 수입이 없다면 이 기간 동안에는 경제적으로 어려울 수밖에 없습니다.

따라서 심리학은 단지 흥미로만 시작해서는 안 되며 끈기와 인내심이 요구되는 직업이라는 걸 명심해야 합니다. 또한 심리학자가 된 후에도 평생 공부를 해야 하고, 연구 과정에서도 많은 스트레스를 받는다는 것을 알아둬야 합니다. 많은 노력을 해야 하지만 노력하는 만큼 보상을 받는다고 장담하기는 어려운 직업이므로, 기본적으로 심리학이라는 학문에 대한 큰 애정이 필요합니다.

07 심리학자가 되기 위한 과정

1 중 · 고등학교 시절

심리학자가 되려면 모든 학교 과목에 충실하되, 그 중에서 수학이나 과학에 관심이 많으면 더욱 좋습니다. 심리학과 관련된 각종 실험을 할 때 과학적 지식이 필요할 뿐만 아니라 심리학의 연구 결과를 수치로 작성하기 위해서는 수학 능력도 필요하기 때문입니다.

또한 교과서 외에도 다양한 책을 많이 읽어야 합니다. 시중에 쉽게 풀이된 심리학 서적이나 다양한 주제를 다룬 소설도 좋습니다.

방학 때에는 여러 대학에서 주최하는 심리학 캠프에 참여하거나, 한국심리학회에서 중 · 고등학생을 대상으로 하는 프로그램에 참여하는 것도 좋습니다.

고등학교 때는 문과, 이과 중 문과 계열을 선택하는 것이 유리합니다.

2 대학교 시절

대학에서는 심리학과에 진학하는 것이 유리합니다. 심리학과가 아니라면 복수전공제도를 활용하여 심리학을 제2전공으로 정할 수도 있습니다.

현재 우리나라의 4년제 종합대학에는 대부분 심리학과가 개설되어 있습니다. 우리나라에서 최초로 심리학과가 개설된 대학은 성균관대학교로, 산업 및 조직심리학으로 유명합니다. 서울대학교와 중앙대학교도 심리학과가 생긴 지 오래 됐으며, 이화여자대학교는 임상심리학으로 유명합니다. 그리고 고려대학교는 임상심리, 산업 및 조직심리, 소비자심리 등이 유명합니다. 경찰대학은 범죄심리학이 유명한데, 경찰대학에 입학하려면 전국 상위 1%의 성적에 체력조건도 우수해야 하므로 체력도 튼튼히 길러둬야 합니다.

대학 시절에는 자신의 전공 분야를 열심히 공부하는 한편, 다양한 경험을 해보는 것도 필요합니다.

3 석사 · 박사 과정

심리학을 전공한 뒤 대학을 졸업하고 나면 바로 기업이나 기관 등에 취업할 수 있습니다. 하지만 심리학자가 되거나 심리치료사가 되려면 좀 더 공부를 해야 합니다. 심리학이라는 학문 자체가 세부 분야가 많고, 제대로 공부하려면 많은 시간이 필요합니다. 그래서 대학교 4년 동안 공부한 것만으로는 심리학자로서 활동하기는 불가능하고, 대학

원까지 마쳐야 합니다.

특히 심리치료사가 되려면 대학원에 진학하여 임상심리나 상담심리를 전공해야 합니다. 대학원 과정을 마쳐야만 심리치료사, 심리상담사 자격증을 취득할 수 있으므로 대학원 과정이 필수입니다.

따라서 대학 졸업을 앞둔 학생들은 어느 대학원에서 석사 과정과 박사 과정을 밟을 것인가를 미리 정해야 합니다. 대학원을 선택할 때는 자신의 분야를 집중적으로 연구할 수 있는 곳인지를 우선적으로 고려해야 합니다. 고려대학교 대학원의 경우 국내 유일의 문화심리학과가 있습니다.

대학원에서는 자기가 연구한 분야에 대해 논문을 쓰게 됩니다. 이 논문이 통과되면 석사가 되고, 다시 박사 과정을 공부한 후에 논문이 통과되면 박사가 됩니다. 이 시기는 자신의 분야가 거의 확실하게 정해지는 시기라고 볼 수 있습니다.

4 취업 및 연구원

석사와 박사 과정을 마치고 나면 대학이나 기업, 국가에서 운영하는 연구소에 들어가 자신의 전문 분야에서 연구를 할 수 있습니다. 혹은 대학에서 교수 생활을 하며 연구를 병행하는 심리학자도 많습니다. 심리학과 교수가 바로 이런 경우입니다. 또 공채나 특채를 통해 공공기관이나 기업체, 대학부설연구소나 정부출연 연구기관, 관련 민간 연구기관 등으로 진출할 수도 있습니다.

이렇게 연구원이나 교수가 되는 길 말고도 상담소에서 상담을 하거나 대기업 총무과에서 인력개발 또는 강의를 하기도 하며, 국가기관, 대학교, 학생상담센터 등에 취업하는 것도 가능합니다.

5 임상심리사와 상담심리사 자격증 획득

현재 우리나라에서 심리학 전공자들이 가장 많이 진출하고 있는 분야는 임상심리사와 상담심리사입니다. 간단히 차이를 말하자면 임상심리는 우울증이나 여러 정서적 증상에 대해서 다루는 편이고, 상담심리는 보다 건강한 사람을 대상으로 하는 편입니다. 하지만 둘 다 많은 공부와 수련이 필요합니다.

1) 임상심리사 자격증

대학에서 심리학을 전공하고 난 뒤 임상심리 관련 대학원에 진학해서 좀 더 전문적인 수준의 임상 관련 공부를 마치거나 수련, 혹은 경력을 쌓아서 임상심리사 관련 국가 및 민간 자격증을 취득하면 임상심리사로 활동할 수 있습니다.

주로 대학원의 석사 또는 박사학위까지 취득한 후 활동하며, 수련 기간까지 하면 실제 교육 기간이 10년 정도로 상당히 긴 편입니다. 무척 오랜 시간과 노력이 필요하지요.

대학원을 졸업하면 대부분 정신보건임상심리사 자격증과 임상심리사 자격증을 함께 취득하는 경우가 많습니다.

정신보건임상심리사 자격은 대학에서 심리학을 전공한 후에 보건복지부에서 정한 임상심리학 관련 과목을 이수하면 응시할 수 있습니다. 병원 등의 지정 수련기관에서 1년간 수련을 받고 시험을 통과하면 2급 자격증을 취득할 수 있게 됩니다. 1급 자격증은 대학원에서 임상심리학을 전공하고 역시 보건복지부에서 지정한 수련기관에서 3년간의 교육을 받은 후에 시험에 합격하면 취득할 수 있습니다. 혹은 2급을 취득한 사람이 정신보건 분야에서 5년간 근무하면 보건복지부 심사 후에 1급으로 승급됩니다.

임상심리사 자격은 임상심리와 관련해 1년 이상 실습 수련을 받거나 2년 이상 실무에 종사한 사람으로 대학 졸업자나 졸업 예정자가 2급 자격시험에 응시할 수 있습니다. 1급 자격은 임상심리와 관련해 2년 이상 실습 수련을 받은 사람, 또는 4년 이상 실무에 종사한 사람으로서 심리학 분야에서 석사학위 이상의 학위를 취득한 사람 및 취득예정자, 임상심리사 2급 자격 취득 후 임상심리와 관련해 5년 이상 실무종사자 등이 응시할 수 있습니다.

Tip

국내 임상심리학자 관련 자격 제도는 보건복지부가 주관하는 정신보건임상심리사 1급 · 2급, 한국산업인력공단의 임상심리사 1급 · 2급 등이 있으며, 민간 자격으로는 한국심리학회 및 한국임상심리학회의 임상심리전문가 자격증이 있습니다.

이렇게 자격증을 취득해서 임상심리사가 되면 병원에서 근무하거나 사설 심리치료센터를 개업할 수도 있습니다. 혹은 각종 국가기관의 전문 인력으로도 활동할 수 있게 됩니다.

Tip

상담심리사는 주로 상담센터에서 상담사로 근무합니다. 사회복지기관, 청소년 관련 기관, 그 외에 상담심리사를 필요로 하는 모든 곳에서 상담 또는 상담 관련 업무를 하게 됩니다. 상담자와 만나 이야기를 들어주고 조언을 해 주는 것이 상담심리사의 주요 업무입니다. 요즘에는 기업체 내의 인간관계에 대해서 자문을 해 주거나 심리 교육을 하기도 합니다. 상담심리사 1급 취득자는 이런 상담 외에도 상담 수련생들이 상담을 잘 해나갈 수 있도록 지도, 감독하는 역할도 하며, 상담실을 책임지고 운영하기도 합니다.

2) 상담심리사 자격증

우리나라에서도 점차 선진국처럼 상담에 대한 수요가 높아지고 있습니다. 하지만 비공식 심리상담사와 각종 민간 자격증이 많아서 잘 구별해야 합니다. 사람을 상담해 주는 것은 절대 쉬운 일이 아닌 만큼 엄격한 자격 조건이 요구됩니다.

상담심리사 자격증은 한국상담심리학회에서 관장하는 상담심리사 2급과 1급이 있습니다.

상담심리사 2급 자격증을 취득하려면 우선 4년제 대학교 상담 관련 학과를 졸업해야 하고, 졸업 후에 2년 이상 상담을 하면서 수련을 해야 합니다. 만약 상담 관련 학과를 졸업하지 않았다면 졸업 후에 3년 이상의 실습과 수련을 거쳐야 합니다. 예를 들어 산업심리학을 전공했다면 상담 관련이 아니므로 3년 이상의 실습과 수련이 필요합니다. 실습과 수련은 병원이나 교도소 등 공인된 기관에서 해야 합니다.

1급 자격증을 따려면 상담심리 관련 석사학위가 필요합니다. 석사학위를 취득했어도 3년 이상의 수련과 실습을 해야만 상담심리사 1급 자격증을 취득할 수 있습니다.

08 심리학자의 마인드맵

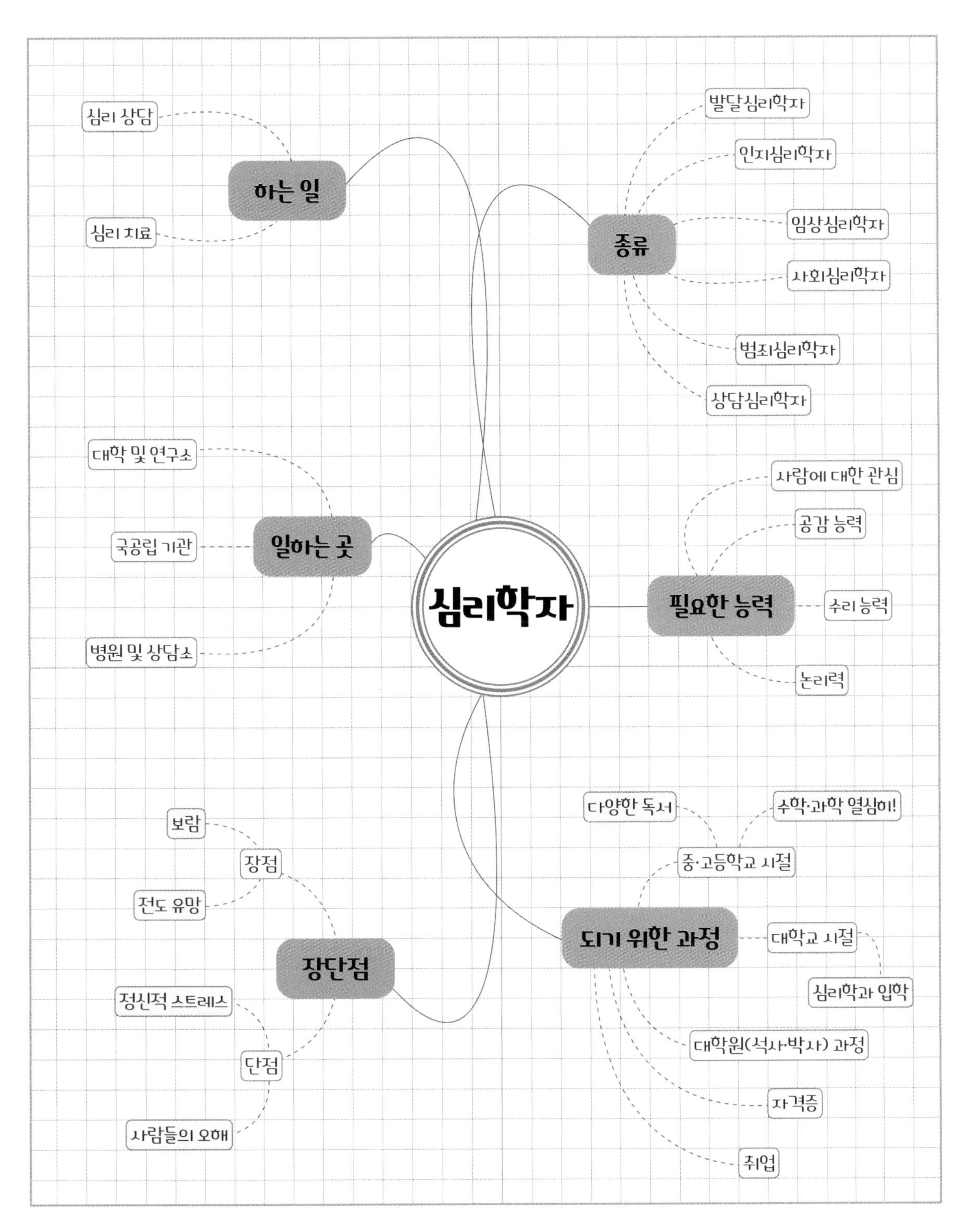

09 심리학자와 관련하여 도움 받을 곳

1 정보를 얻을 수 있는 사이트

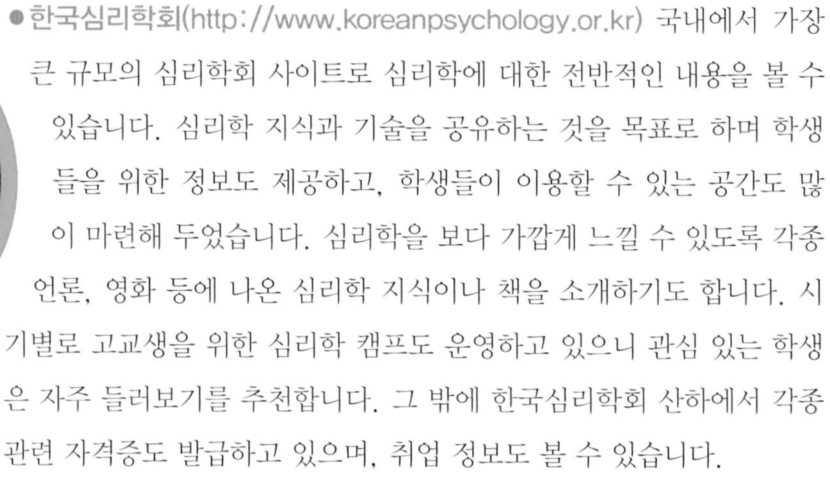

● **한국심리학회(http://www.koreanpsychology.or.kr)** 국내에서 가장 큰 규모의 심리학회 사이트로 심리학에 대한 전반적인 내용을 볼 수 있습니다. 심리학 지식과 기술을 공유하는 것을 목표로 하며 학생들을 위한 정보도 제공하고, 학생들이 이용할 수 있는 공간도 많이 마련해 두었습니다. 심리학을 보다 가깝게 느낄 수 있도록 각종 언론, 영화 등에 나온 심리학 지식이나 책을 소개하기도 합니다. 시기별로 고교생을 위한 심리학 캠프도 운영하고 있으니 관심 있는 학생은 자주 들러보기를 추천합니다. 그 밖에 한국심리학회 산하에서 각종 관련 자격증도 발급하고 있으며, 취업 정보도 볼 수 있습니다.

● **고용노동부 워크넷(https://www.work.go.kr)** 한국고용정보원에서 운영하는 사이트로 무료로 직업 심리 검사를 이용할 수 있습니다. 직업 정보 검색, 직업 · 진로 자료실, 학과 정보 검색 등의 정보를 제공하며, 직업 · 학과 동영상, 이색 직업, 테마별 직업 여행, 직업인 인터뷰 자료를 볼 수 있습니다. 온라인 진로 상담 서비스도 제공하고 있습니다.

● **진로정보망 커리어넷(https://www.career.go.kr)** 한국직업능력개발원이 운영하는 사이트로 초등학생부터 성인과 교사에 이르기까지 대상별로 진로 및 직업 정보를 제공하며, 온라인 상담도 할 수 있습니다. 심리 검사를 무료로 이용할 수 있기 때문에 심리학에 관심 있는 학생이라면 직접 해 보는 것도 좋은 경험이 될 것입니다. 학생들이 만든 UCC 자료도 무료로 볼 수 있으므로 들러보면 유익할 것입니다.

● **심리학 웹진 사이틱(http://psytik.blog.me)** 심리학을 전공하는 대학생들이 운영하는 블로그입니다. 심리학 칼럼, 심리학 명언, 심리학 콘

서트, 심리학 캠프 등 다양한 심리학 소식을 발 빠르게 전달합니다. 심리학을 전공하고 싶은 학생들이 둘러보기에 좋은 곳입니다. 대학생이 되면 어떤 것을 배우고 실습하는지 미리 체험해 볼 수도 있습니다.

● 한국청소년심리학회(http://psychologyfi.blog.me) 순수한 청소년들의 자발적 단체로, 정기적인 심리학 토크 콘서트를 개최하고 있습니다. 청소년들이 만든 단체지만 인지과학팀, 범죄심리학팀, 임상심리학팀, 교육심리학팀 총 4개의 팀으로 세분화되어 있고, 연구 활동도 진행하고 있습니다. 또 연구 활동과 성과를 발표하는 학술지도 꾸준히 발행하고 있습니다. 아직 규모는 크지 않지만 참여하는 학교가 점차 늘고 있으므로 관심을 가져볼 만합니다.

● 누다심의 심리학 아카데미(http://www.nudasim.com) '누다심'이라는 필명으로 활동하는 심리학 칼럼니스트 강현식의 사이트입니다. 심리학 관련 개인 사이트로는 가장 크고 정보가 많습니다. '누다심'이란 '누구나 다가갈 수 있는 심리학'이라는 뜻으로 그만큼 심리학에 대해 쉽게 풀어놓은 글이 많습니다. 다양한 주제의 흥미 있는 글들이 많고 수준에 맞는 심리학 이야기들을 골라서 읽을 수 있습니다. 강현식은 심리학 관련 서적도 여러 권 출판했고, 심리학에 관해 다양한 하루짜리 특강도 종종 열고 있습니다.

● 심리학 카페 알이즈웰(http://cafe.naver.com/alliswellrapport) 심리학에 열정을 가지고 꿈을 향해 나아가는 사람들의 모임인 인터넷 카페입니다. 다양한 사람들이 회원으로 활동하고 있고, 친목을 만들 수도 있는 공간입니다. 오프라인 모임도 진행하고 있으며, 뜻이 맞는 사람들끼리 심리학 동아리도 만들어 활동하고 있습니다. 특히 연령대별로 게시판을 나누어 놓았기 때문에 중 · 고등학생들도 자유롭게 의견을 교환하고 정보를 얻을 수 있습니다. 각종 심리학 캠프 등에 대한 정보도 빠르게 올라오는

편입니다. 무엇보다 심리학을 전공하고 싶은 학생들이 모여 있어서 서로 힘이 되어줄 수 있지요. 또 대학생, 심리학자 등 다양한 사람들이 활동하고 있어서 실제적인 정보 교환이 아주 활발하게 이루어지고 있는 카페입니다.

현재 중 · 고등학생과 심리학을 전공하고 있는 대학생 간의 멘토링을 준비하고 있으니 관심 있는 학생이라면 신청하고 참가해 보는 것도 좋습니다.

2 직업 체험 프로그램

● 서울대학교 심리학캠프(http://psych.snu.ac.kr) 서울대학교 사회과학대학 심리과학연구소에서 매년 2회 개최하는 청소년을 위한 심리학 교실입니다. 대상은 고등학교 1~3학년이며, 매년 여름방학과 겨울방학 기간 중에 실시합니다. 캠프 기간은 총 3일이며 통학형으로 진행됩니다.

학생들이 정규교과과정에서는 습득하지 못하는 '인간의 마음과 행동'에 대한 과학적 이해를 도모하고, 나아가 자신의 마음과 행동에 대해 사고해 보는 기회도 제공하는 캠프입니다.

심리학개론에 대한 쉬운 강의를 진행하고, 100% 다 출석한 학생에게는 이수증서도 제공합니다. 총 500여 명 정도를 모집하지만 워낙 인기가 있어 조기 마감되는 경우가 많습니다.

● 성균관대학교 심리스쿨(http://www.skku.edu/new_home/index.jsp) 성균관대학교 심리학과에서 매년 기수별로 주최하는 심리스쿨로, 심리학에 관심 있는 학생들을 위한 프로그램입니다. 성균관대학교 심리학과 교수의 강의를 들을 수 있으며, 현장에서 활동하는 심리전문가들도 만날 수 있습니다. 참가 학생 전원에게 성균관대 심리학과장 명의의 수료증이 주어지고, 최우수 학생에게는 동아일보 사장상을 수여합니다.

2주 동안 화 · 목 · 토요일마다 총 6회 실시되며, 기수별로 60명의 학생을 모집합니다. 보통 2기수씩 한 번에 모집하기 때문에 실제 참가인원은 120명 정도입니다. 성균관대학교 홈페이지의 공지사항을 통해 모집 정보를 확인할 수 있습니다.

● 한국심리학회 고교생 심리학교실(http://www.koreanpsychology.or.kr) 한국심리학회에서 매년 여름 개최하는 대규모의 심리학 교실입니다. 약 300여 명이 참가할 수 있으며 접수는 선착순으로 홈페이지에서 합니다. 매년 개최 날짜가 다르니 평소에도 홈페이지에서 자주 확인하거나, 회원 가입을 통해 정보를 받아두면 좋습니다. 많은 학생들이 참여해서 강연을 듣고 심리학에 대해서 궁금했던 것들을 자유롭게 질문할 수 있는 좋은 기회가 될 것입니다.

10 유명한 심리학자

1 프로이트(1856~1939)

정신분석학의 창시자인 오스트리아의 의사이자 심리학자입니다.

프로이트는 체코에서 태어나 오스트리아 빈에서 생애를 보냈습니다. 1873년부터 1881년까지 생리학을 전공한 의대생이었으며, 인간의 본질을 이루고 있는 것은 무엇이며, 인간을 움직이게 하는 것은 무엇이고, 인간이 충동에 따라 행동하려는 것을 막아주는 것은 무엇인지를 자신의 연구 기반으로 삼았습니다.

그 후 뇌 해부 연구를 했고, 코카인의 마취 효과를 발견했습니다. 이 과정에서 프로이트는 현재 마약으로 분류되어 있는 코카인을 오랫동안 사용해서 코카인 중독자가 되었다가 다행히 중독에서 벗어날 수 있었습니다. 그 경험으로 코카인을 정기적으로 섭취하면 여러 가지 부작용이 일어난다는 것을 알게 되었습니다.

프로이트는 무의식과 억압의 방어기제에 대한 이론, 환자와 정신분석자의 대화로 병을 치료하는 임상치료방식을 만든 것으로 유명합니다. 프로이트가 발견한 방어기제 중 중요한 3가지는 합리화, 부정, 무의식 상태로의 억압입니다.

먼저 '합리화'를 설명하자면, 예를 들어 어린아이가 높은 곳에 있는 장난감을 손에 넣을 수 없을 때 '저 장난감은 분명 재미가 없을 거야.'라는 식으로 합리화를 하는 것입니다. 실패했다는 감정으로부터 자신을 보호하는 것이지요. '부정'을 설명하자면, 사람들이 견디기 힘든 현실에 대해 '이게 아니야!'라고 부정하는 것입니다. 마지막으로 '무의식 상태로의 억압'은 내가 견디기 힘든 것을 나의 의식에서 지워버려 무의식 속으로 밀어 넣으면서 잊어버리는 것을 말합니다.

또한 프로이트는 4~5살 정도의 남자아이가 아빠를 경쟁자로 생각하고 엄마를 뺏기 위해 아빠를 닮으려 한다는 오이디푸스 콤플렉스를 이론으로 정립했습니다.

무의식적 동기가 행동을 통제한다는 프로이트의 이론은 정신의학 분야에 커다란 발전을 가져왔을 뿐만 아니라 정신질환자 치료에 많은 도움을 주었습니다. 또한 교육학자와 사회학자들은 교육학과 사회학에 프로이트의 이론을 적용하려는 새로운 접근을 시도했으며, 많은 작가와 예술가가 프로이트의 이론에서 새로운 작품의 주제를 찾아냈습니다.

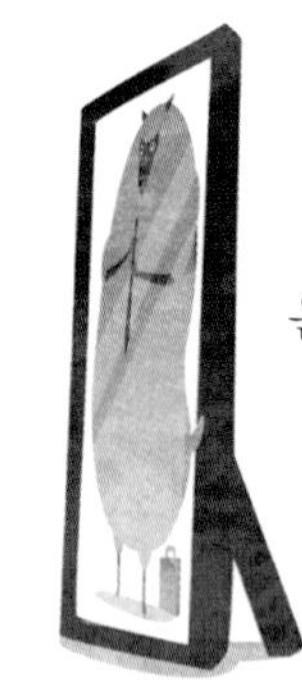

이렇게 우리에게 친숙한 이론들을 내놓은 프로이트는 1939년 나치의 박해를 피해 영국으로 망명했고, 지병으로 83세에 세상을 떠났습니다.

2 피아제(1896~1980)

스위스의 심리학자이자 논리학자인 피아제는 아동의 사고 과정에 대한 연구로 명성을 얻었습니다.

스위스의 뇌샤텔에서 태어난 피아제는 대학교에서 중세문학을 가르치는 아버지의 영향을 받으며 자랐습니다. 피아제는 생물학과 자연에 대해 깊은 관심을 가지고 있었는데 고등학교를 졸업하기도 전에 몇 가지 논문을 출판하기도 했습니다. 11세 때 알비노에 걸린 참새에 대한 과학 소논문을 썼으며, 초등학교 6학년 때는 개구리의 변태에 대한 관찰을 기록한 관찰일기를 스위스 생물학회에 제출했습니다. 이 관찰일기가 학문적 업적으로 인정받아 스위스 한 대학의 교수로 초빙될 정도로 어릴 때부터 관찰력이 뛰어나고 두뇌가 명석했습니다. 15세 때는 연체동물에 관한 논문을 발표했으며, 21세에는 자연과학 박사학위를 받았습니다.

이후 취리히 대학에서 잠깐 공부를 했는데 당시 그의 생각의 방향을 보여주는 2개의 철학 논문을 출판했으나, 나중에 미숙한 저작이라며 스스로 깎아내렸습니다. 이후 그는 알프레드 비네의 연구실에서 일하게 되었는데 비네의 실험실에서 피아제는 아동의 지능검사 시 아동의 틀린 답이 일관성 있는 유형을 나타냄을 발견하고 아동의 사고가 독특한 특성을 갖고 있음을 알아냈습니다. 이때부터 아동 연구에 흥미와 초점을 두었고, 1921년 스위스로 돌아가 제네바에 있는 루소 연구소에 부임하여 아동심리학을 연구했습니다.

1923년 자신의 제자였던 발렌틴 샤트네와 결혼해 3명의 자녀를 두었습니다. 피아제는 자신의 세 자녀가 성장하는 과정을 보면서 아동의 사고는 성인의 사고와는 매우 다르다는 것을 발견했고, 이 성장과정을 관찰하면서 기록한 내용을 토대로 유명한 인지발달이론을 만들었습니다. 사람의 인지발달은 환경과의 상호작용에 의해서 이루어지는 적응과정이며, 이것이 몇 가지 단계를 거쳐서 발달한다고 보는 이론입니다. 발달 단계는 감각운동기(0~2세), 전조작기(2~7세), 구체적 조작기(7~11세), 형식적 조작기(11세 이후)의 네 단계로 구분했습니다.

감각운동기에는 감각적 반사운동을 하며 주위에 대해 강한 호기심을 보입니다. 또한 숨겨진 대상을 찾고, 보이지 않는 위치 이동을 이해할 수 있게 됩니다. 전조작기에는 상징을 사용하고, 사물의 크기 · 모양 · 색 등과 같은 지각적 특성에 의존하는 직관적 사고를 보이며, 자기중심적 태도를 보입니다. 구체적 조작기에는 사물 간의 관계를 관찰하고 사물들을 순서화하는 능력이 생기며, 자아 중심적 사고에서 벗어나 자신의 관점과 상대방의 관점을 이해하기 시작합니다. 형식적 조작기는 논리적인 추론을 하고, 자유 · 정의 · 사랑과 같은 추상적인 원리와 이상들을 이해할 수 있게 되는 시기입니다. 피아제의 인지발달이론은 아동교육에 아주 중요한 이론으로 응용되고 있습니다.

1929년 피아제는 제네바의 국제 교육국의 국장으로 취임하였고, 1968년까지 계속 국장을 지내다가 1980년 세상을 떠났습니다.

3 파블로프(1849~1936)

러시아의 생리학자로, '파블로프의 개' 실험으로 유명합니다. 소화작용에 대한 연구로 1904년 노벨 생리 · 의학상을 받았습니다.

파블로프는 러시아 라잔에서 시골 목사의 아들로 태어났습니다. 11세에 신학교에 들어가 신학, 고전어, 철학을 배웠고 과학에 대한 관심을 키워 갔습니다. 1870년 신학교를 떠나 상트페테르부르크 대학교에 입학하여 생리학을 전공하고, 부전공으로는 화학을 공부했습니다.

끼니를 거르기 일쑤였던 가난 속에서도 파블로프는 저명한 생리학자들의 지식을 스펀지가 물을 빨아들이듯 받아들였습니다. 가정교사 일과 조교 수입으로 근근이 대학을 다니던 그는 1883년 상트페테르부르크의 임피리얼 의학 아카데미에서 박사학위를 받았습니다.

파블로프는 1881년에 결혼했는데, 결혼 초기에는 가난 때문에 부인과 떨어져 살아야 했습니다. 파블로프는 훗날 자신의 업적을 편안한 연구를 할 수 있도록 헌신한 부인에게 돌렸다고 합니다.

파블로프의 실험 중 개의 실험에 대해 간략히 설명하자면, 개한테 밥을 줄 때 항상 종을 쳤더니 나중에는 종만 쳤는데도 개가 침을 흘린다는 실험입니다. 이것이 파블로프가 발견한 조건반사현상입니다.

11 이 직업을 가진 사람에게 듣는다

심리학자 박민지 | 장안대학교 사회복지학과 근무

내담자의 작은 변화에도 크게 기뻐하는 심리학자들의 심리는 무엇일까?
한 사람이 바로 서서, 사회에 적응하는 데 심리학과 심리학자가
어떤 도움을 줄 수 있는지 박민지 심리학자로부터 그 비밀스러운
세계에 대해 들어보았습니다.

Q1 지금 일하는 곳과 주요 업무를 말씀해 주세요.

장안대학교 사회복지학과 소속으로 심리치료 교과목을 강의하고, 학생상담센터에서 대학생들 심리검사와 상담을 하고 있습니다. 학생상담센터에서는 주로 진로나 성격에 관한 심리검사를 합니다. 개인적인 고민이 있거나 적응에 어려움을 겪는 학생들은 장기적으로 개인 상담을 하고, 외부에서 의뢰해 온 아동심리검사나 부모상담 등도 함께 하고 있습니다.

Q2 심리학의 많은 분야 중에서 아동심리치료를 전공한 이유가 궁금합니다.

심리학을 공부하다 보면 어린 시절의 경험과 기억이 일평생에 걸쳐 얼마나 많은 영향을 미치는지를 알 수 있습니다. 어린 시절 부모와 어떠한 경험을 했는지가 이후 개인이 세상을 바라보는 관점, 타인과 관계하는 태도 등에 큰 영향을 미치게 되거든요. 매우 중요한 시기라고 생각해서 아동심리에 흥미를 갖게 되었습니다.

감기도 초반에 잡아야 하듯이 인간의 심리적인 문제도 초기에 개입하는 것이 중요한 것 같습니다. 어렸을 때 충분한 정서적인 지지를 받지 못했거나, 욕구 충족이 안 되었거나 혹은 훈육이 잘 이루어지지 않으면 정서적인 불편함을 느끼며 성장합니다. 이러한 내 안의 불편함은 세상을 살아가면서 내가 경험하게 되는 부분에 부정적인 영향을 미치게 됩니다.

예를 들어 부모로부터 충분한 정서적 지지를 받지 못한 아이는 내가 무가치하고 무능력하다고 생각하며 자랄 수 있습니다. 그러면 학교에 입학해서 친구들과 어울리는 과정에서도 자신 없는 모습이 드러나게 되고, 관계가 불편하게 될 수 있습니다. 또 이런 환경이 아이를 더 자신 없게 만들고, 악순환이 반복되지요. 아이들이 건강하게 자랄 수 있도록 보다 빨리 개입하는 것이 중요하다고 생각해서 아동심리치료를 선택하게 되었습니다.

Q3 심리학자와 정신과 전문의는 어떻게 다른가요?

심리학자들은 심리검사를 실시해서 해석하고, 환자들을 상담합니다. 정신과 전문의는 상담과 더불어 검사 결과를 토대로 환자를 진단하고, 필요하면 약을 처방하거나 다른 심리치료를 의뢰합니다. 각각 교육과정과 수련과정도 다르지만 약의 처방 여부가 가장 큰 차이입니다.

Q4 심리학의 분야에 아동발달심리학과 여성심리학은 있지만 남성심리학이 없는 이유는 뭘까요?

처음 심리학이 발달하던 시기에는 남성 중심 사회였습니다. 초창기 인간의 심리에 관심을 가지고 연구하던 학자들도 남성이 다수였기 때문에, 남성심리학은 딱히 구분될 이유가 없었던 것 같습니다. 시간이 지나 여성과 아동에 대한 인권이 재조명되고 여기에 관심을 갖게 되면서 여성심리학과 아동심리학 등이 가지를 쳐서 나오게 된 것입니다.

심리학의 분야는 매우 다양합니다. 몇 가지만 예를 들자면 인간의 발달을 연구하는 발달심리학, 뇌의 구조와 호르몬 분비 등을 연구하는 생리심리학, 정신적인 문제를 다루는 임상심리학, 상담을 통해 적응을 돕는 상담심리학, 인지기능에 초점을 둔 인지심리학 등이 있습니다. 각 분야가 필요에 맞게 사용되고 있고, 최근에는 뇌나 신경학적 부분에 대한 관심이 증대하고 있습니다. 따라서 뇌의 구조나 기능상의 문제가 심리에 어떤 영향을 끼치는지에 대한 연구가 활발히 진행되고 있습니다.

Q5 심리학과를 졸업하면 보통 어디에서 일하게 되나요?

사람의 심리에 대한 적용은 많은 분야에서 필요하므로 다양한 분야로 진출하고 있습니다. 기업에서는 마케팅을 위한 소비심리학 등의 수요가 있고, 사원 복지 차원에서 심리 상담을 제공하기도 합니다.

보통 학부를 졸업하고 일반 기업에 취업하지 않으면 대학원에 많이 진학합니다. 심리검사를 해석하거나 심리 상담을 하는 데 필요한 전문적인 기술을 습득하는 데는 학사 과정만으로는 한계가 있기 때문입니다. 그래서 기본적으로 임상에서 심리검사나 상담을 하기 위해서는 석사 과정까지 마쳐야 합니다. 박사 과정은 보다 깊은 학문과 연구에 대한 욕구가 있을 때 선택합니다.

Q6 심리학자가 된 후 사람들을 대할 때 달라진 점이 있나요?

아무래도 사람을 바라볼 때 이해의 폭이 넓어진 것 같습니다. 아주 넓다는 것은 아니고, 넓어지는 과정이라고 해야 할까요? 예전에는 이해가 안 되고 마음에 안 드는 사람을 보면 그냥 거리를 두었지, 이해하려고 노력하지 않았습니다. 그러나 지금은 어떤 사람이 내 상식으로는 이해할 수 없는 행동을 하더라도 저 사람은 왜 저렇게 행동을 하는지에 대해 한 번 더 생각해 보게 됩니다.

Q7 심리학자인 본인의 심리를 잘 파악하고, 이론을 바탕으로 스스로를 이해하고 치료하는 것이 가능할까요?

타인에 대해서는 통찰하고 이해하면서도 스스로를 통찰하는 일은 쉽지 않습니다. 그러나 상담사 본인이 자신에 대해 깊이 알지 못하면 상담의 효과도 제한적일 가능성이 큽니다. 나를 아는 게 우선이 되어야 합니다. 이론을 공부할 때마다 이론에 맞추어 나를 돌아보는데, 그러한 경험이 나에 대한 이해의 폭을 넓혀 줍니다. 그러나 내가 인정하고 싶지 않은 나의 모습을 직면하고, 변화를 이끄는 것은 쉬운 일이 아닙니다. 그런 경우엔 심리학자 역시 상담을 받으며 성장하고자 노력합니다.

Q8 심리학자에 대한 흔한 오해나 편견은 뭘까요?

가끔 '너는 내가 지난 여름에 한 일을 다 알고 있어.'와 같은 취급을 받을 때가 있는데, 심리학자들이 신도 아니고 전혀 그렇지 않습니다. 한 사람을 온전히 알기 위해서는 충분한 만남과 대화가 필요합니다. 그럼에도 심리학을 공부했다고 하면 '내가 무슨 생각을 하는지 어떤 사람인지 다 알 것 같다.'며 경계하는 경우도 있는데, 그런 걱정은 안 하셔도 됩니다.

Q9 심리학자에게 가장 필요한 능력은 뭘까요?

지극히 주관적인 생각이지만, 어떠한 편견이나 선입관도 갖지 않고 한 사람을 있는 그대로의 모습으로 바라보는 것이 가장 중요한 것 같습니다. 물론 다른 중요한 것들도 많지요. 잘 들어주는 경청의 능력, 내담자의 감정에 민감하게 반응해 주는 태도, 예리하게 통찰하는 능력도 필요합니다. 실제로 이러한 능력을 기르기 위해 많은 교육을 받고, 노력하고 있습니다.

그러나 제가 생각했을 때 내 앞의 내담자에 대한 어떠한 편견도 없이 순수하게 인격과 인격의 만남으로 있는 그대로 존중하는 것, 어렵긴 하지만 그게 가장 중요하고, 그러한 경험을 통해 치료적 효과도 나타나는 것 같습니다.

Q10 심리학자로서 자신을 업그레이드하기 위해 어떤 노력을 하고 있나요?

끊임없이 공부하는 것 외엔 다른 방법이 없습니다. 대학교 때 교수님이 "여기 있는 사람 중에서 상담 공부할 사람은 잘 생각해 보세요. 죽을 때까지 공부해야 됩니다. 시간은 시간대로, 돈은 돈대로 드는데 아웃풋은 생각만큼 많지가 않습니다."라고 말씀하셨습니다. 이제는 제가 학생들에게 강의하면서 교수님의 말씀을 그대로 전하고 있습니다. 심리학자는 평생 공부해야 하는 직업입니다.

먼저 자신을 돌아보고 성찰하기 위해 심리학자 역시 상담을 받아야 합니다. 누군가를 상담하다 보면 자기 안에 해결되지 않은 문제가 드러날 때가 있습니다. 그러면 내담자의 치료 효과에 부정적인 영향을 미치게 되므로 심리학자 본인의 상담은 필요조건입니다.

그리고 상담을 계속해 주다 보면 에너지가 소진될 때가 있습니다. 그럴 때 심리학자 역시 상담을 받으면서 스스로를 통찰하기 위한 노력을 하면서 일어설 힘을 얻게 됩니다. 상담 기법이나 기술에 대해서도 계속해서 공부해야 합니다. 이러한 공부는 동료들과 함께 서로 모니터링하며 이루어지기도 하고, 경험이 더 많은 선배로부터 수퍼비전(supervision)*을 들으며 이루어지기도 합니다.

또한 새롭게 쏟아지는 심리 이론이나 상담 기법들에 대한 공부도 계속해야 하는데, 이러한 부분들은 다양한 학술대회나 워크숍 등을 통해 채워 갈 수 있습니다. 그리고 민감한 사회적 이슈에도 관심을 가지고, 책을 읽거나 영화를 보는 것도 상담에 도움이 됩니다. 독서나 영화를 통해 내가 살아보지 않은 사람들의 삶을 이해할 수 있기 때문입니다.

수퍼비전(supervision) 교육활동의 전반에 걸쳐 교육목표를 효과적으로 달성하기 위해 이루어지는 전문적 · 기술적인 봉사활동

Q11 심리치료가 효과가 있다고 생각하세요? 어떤 측면에서 효과가 있는지 설명해 주세요.

방대하고 어려운 질문이네요. 심리치료 분야는 굉장히 다양하고, 효과 역시 다양하게 나타나므로 포괄적으로 말씀드리겠습니다.

심리학에는 많은 이론이 있고 각 이론을 배경으로 다양한 치료 기법들이 개발되어 있습니다. 중요하게 여기는 부분도, 치료적 접근 방법도 각기 다르지요. 예를 들어 어떤 사람이 생각의 틀이 왜곡되거나 잘못되어 상황과 현상, 자신에 대해 왜곡하고 부정적으로 지각한다면 심리치료를 통해 그러한 인지적 틀을 바꾸어 보다 적극적으로 생활할 수 있도록 도울 수 있습니다. 또 어떤 사람이 스스로에 대해

자신이 없고, 자기 욕구를 표현하지 못하고 감추려고만 한다면 상담을 통해 본인의 모습을 바로 바라보고, 자존감을 세워 갈 수 있도록 도와줄 수도 있습니다.

여러 이론과 치료 기법들은 각각의 특성이 있고 치료 방법이 다를 수는 있지만 궁극적으로 한 사람이 바로 서서 건강하게 살아갈 수 있도록 도와주는 역할을 합니다.

Q12 아동심리치료를 받는 아동들이 많나요? 아동심리치료가 성인에 비해 어려운 점은 무엇인가요?

많다 적다에 대해 주관적으로 논하기는 어렵지만, 계속해서 늘고 있는 추세입니다. 그만큼 힘들어하는 아이들이 많아지는 것 같아 마음이 아픕니다.

아동심리치료의 어려운 점은 '동기'의 문제입니다. 일단 아이들은 불편함을 느끼면서도 어떻게 해결해야 할지 모릅니다. 특히나 감정적인 부분은 더더욱 알지 못하지요. 성인인 경우엔 '아, 우울해. 나는 감정 조절이 너무 안 돼.'와 같은 생각이 들면 스스로가 필요해서 치료를 받으러 오는 경우가 많습니다. 하지만 아동의 경우엔 아동의 동기보다 부모의 동기로 인해 치료가 이루어집니다. 치료의 필요성을 느끼는 것도, 아이를 치료센터에 데려오는 것도, 그리고 치료의 지속 여부도 부모가 결정합니다. 이렇듯 아동심리치료는 부모와 항상 함께 가야 하는데, 치료에 대한 부모의 동기를 함께 이끌어야 한다는 점이 어렵습니다. 그리고 아이들은 아직 자신의 감정에 대해 느끼고 표현하는 것이 미숙하고, 언어적인 표현이 쉽지 않아서 상담할 때 다양한 방법으로 더욱 섬세하게 살펴봐야 합니다.

Q13 심리학자가 결혼을 하는 것이 학문 연구에 도움이 될까요? 나이가 들고 결혼을 하면 이해의 폭이 더 넓어질 수 있는지 궁금합니다.

가끔 부모님들을 상담할 때 "선생님, 결혼은 하셨나요? 아이는 있으세요?" 같은 질문을 받을 때가 있습니다. 비록 부부 생활이나 육아에 대한 경험이 없어도 많은 학자들이 수년에 걸쳐 연구해 온 학문에 대한 전문지식이 있기 때문에 크게 부족함은 없습니다. 육아를 하다 보면 내 아이만을 바라보게 되므로 오히려 나의 주관적인 틀 안에서만 보게 될 수도 있습니다. 반면에 수많은 사례들을 연구하여 밝혀진 이론들은 보다 더 올바른 방향을 제시해 줄 수 있습니다.

물론 실생활에서 이론의 가르침을 적용한다는 게 쉽지 않고, 그만큼 많은 노력이 필요합니다. 아무래도 결혼이 그러한 이해의 폭을 넓혀 줄 수는 있는 계기가 될 수는 있지요. 부부관계에서 이루어지는 수많은 일들과 해결의 과정에 대한 경험과 부모로서 부딪히게 되는 다양한 상황들을 실제로 경험하면 이론의 적용에 대해서도 보다 현실적인 안내를 할 수 있을 것 같습니다.

Q14 심리학자로서 기억에 남는 에피소드가 있나요?

아동 상담을 하며 가장 기억에 남았던 일이

기도 하고, 또 앞으로 제 비전에 대한 방향 설정을 하는 데 영향을 미쳤던 일이 하나 있습니다. 5살짜리 여자아이를 상담하던 중 아이가 평소와 달리 제 머리를 잡아당기거나 발로 차는 등의 공격적인 행동을 보였습니다. 아동과 상담을 마친 후 부모 상담을 하면서 오늘따라 아이에게서 공격적인 모습이 나타났는데, 혹시 집에서 무슨 일이 있었는지 묻자 어머님께서 환하게 웃으시며 "아이가 어린이집에 가기 싫다고 문 뒤에 숨어 있길래 제가 머리채를 확 잡아끌어 냈더니 그런가 봐요."라고 말씀하셨습니다.

그날 여러 가지 생각이 들었습니다. '아이에게 부모는 거울과 같은 존재이고, 아동 상담은 아이의 변화만이 아닌 부모의 변화와 함께해야 한다. 요즘 부모들이 육아서적도 많이 읽고 공부도 많이 하지만, 기본적인 양육에 대해 모르는 부분이 많구나. 알아도 못하는 것은 어쩔 수 없다 해도 모르는 부분에 대해서는 알 수 있도록 도와야겠다.' 이런 생각을 하면서 앞으로 내가 할 수 있는, 그리고 해야 할 일들이 많다는 생각을 했습니다.

Q15 심리학자로서 가장 뿌듯할 때와 힘들 때는 언제인가요?

내담자가 정말 작은 변화의 모습이라도 보여줄 때 가장 뿌듯합니다. 예전에는 눈맞춤도 못했던 내담자가 이제는 눈을 맞추고 이야기를 한다거나, 너무 우울하고 무기력해서 집 밖으로 나오는 것도 힘들어서 씻지도 않고 모자를 눌러쓰고 왔던 내담자가 어느 날부터는 모자를 벗고 미용실에 가서 머리도 하고 화장도 하고 오는 모습 등 이런 소소한 변화들을 보면 마음이 뿌듯해집니다.

힘들 때는 나 자신에 대한 좌절감, 무능력함을 느낄 때입니다. 상담이 진전되지 않으면 제 마음도 조급해지고, 갑자기 내담자가 상담을 거부하면 상처가 되기도 합니다. 상담하면서 동시에 제 마음의 문제도 잘 다뤄야 할 때 힘이 듭니다.

Q16 청소년들에게 추천해 주고 싶은 심리학 책이 있나요?

정신과 의사인 스캇 펙 박사가 쓴 〈아직도 가야 할 길〉이라는 책을 추천하고 싶습니다. 수년간 환자들을 치료한 사례들을 모은 책인데, 우리 삶의 여정에 대해 깊이 생각해 보게 하고, 그들의 삶을 통해 나의 삶을 돌아볼 수 있게 해 주는 책입니다.

Q17 심리학의 매력은 무엇일까요?

심리학 공부를 처음 할 때는 너무 신기했습니다. 예를 들어 프로이트라는 학자가 인간의 발달 단계에서 생후 1년간은 구강기로서 감각이 구강 내에 발달하기 때문에 모든 것을 입 안에 가져간다고 말했는데, 대부분의 아이들이 정말 그렇게 하고 있는 것입니다.

'인간은 소우주와 같다.'는 표현처럼 인간의 삶은 저마다 복잡하고 다양한데, 이런 사람들의 삶을 관찰하여 일반화시키고, 이론으로 발전시킨 것에 놀라움을 느꼈습니다. 그리고 이론을 통해 한 개인이 잘 적응하고 발달할 수 있는 지침을 줄 수 있다는 것이 매력적으로 느껴졌습니다. '인간은 이러이러한 단계를 거쳐 발달한다.'에서 끝나는 게 아니라 '각 발달 단계마다 충족되어야 하는 것, 혹은 발달되어야 하는 과업이 있다.'로까지 이어지는 것이지요. 그리고 이러한 연구를 통해 그 필요한 부분들을 채울 수 있도록 도와서, 한 사람이 건강하게 성장할 수 있도록 이끈다는 것이 제게는 크나큰 매력으로 다가왔습니다.

Q18 심리학자의 직업적인 비전은 어떻게 예상하세요?

이런 말씀을 드리는 것이 조심스럽긴 하지만, 지금도 많이 필요하고 앞으로는 더 많이 필요해질 것 같습니다. 아동이든 성인이든 심리치료가 필요한 내담자들이 많아지고 있거든요. 출산율은 적어지고 있는데, 상담이 필요한 아이들이 늘어나고 있다는 것은 한편으로는 슬픈 일이기도 합니다. 아픈 아이들이 보다 속히 회복될 수 있도록 치료의 차원, 예방의 차원에서의 심리치료와 부모교육 등은 앞으로 꾸준히 발전할 것으로 예상됩니다.

Q19 심리학자로서 앞으로의 계획이나 비전은 무엇인가요?

먼저 나 자신을 잘 들여다보고 통찰해서 인격적으로 성장하고 싶습니다. 상담 과정은 인격과 인격의 만남이거든요. 그래서 제 스스로가 좋은 인격을 갖추고 싶습니다. 그리고 아이들을 상담할수록 부모의 역할이 매우 중요하다는 것을 깨닫게 됩니다. 아픔을 경험하는 아이들의 회복을 위해 아이들을 치료하는 것도 중요하지만, 아이들이 그러한 아픔을 겪지 않도록 부모님들께 도움이 될 수 있는 지침을 드리는 것도 중요하다고 생각합니다. 저도 계속 공부하고, 경험하고, 배운 것을 나누고 싶습니다.

Q20 심리학자를 꿈꾸는 청소년들에게 조언 한마디 해 주세요.

인간에게 관심을 갖고 지속적으로 이해의 폭을 넓히는 노력을 했으면 좋겠습니다. 사람들은 저마다 너무나 다양한 모습으로 살아가고 있기 때문에, 삶의 다양성에 대해 공부하길 바랍니다. 심리학이라는 학문이나 어떤 학자의 연구에 대한 이론적인 공부도 필요하지만 다양한 책, 영화, 공연 등을 통하여 삶의 다양성에 대한 이해의 폭도 넓히길 바랍니다.

I
수학자
탐구형

Medical Doctor

Scientist

Professor

Psychologist

MATHEMATICIAN

MATHEMATICIAN

수학자(탐구형)

우리의 생활은 대부분 수학과 관련되어 있습니다. 시계를 보거나 물건을 사고 거스름돈을 계산할 때, 또 집안 살림을 하면서 예산을 세우거나 수입과 지출을 계산할 때에도 수학을 사용합니다. 그 밖에 운전, 요리, 게임, 취미 활동 등 일상생활에서도 수학이 필요합니다. 이렇듯 수학은 사물의 모양을 계산, 측정, 기술할 뿐만 아니라 그 구조, 순서, 관계 등을 다루는 학문입니다. 그리고 이런 수학을 전문적으로 연구하는 사람을 수학자라고 합니다.

01 수학자 이야기

1 수학자란?

흔히 수학은 일상생활에서 쓸모가 없다고 생각하는 사람들이 많습니다. 단순 계산은 계산기가 해 주고, 어려운 수학 공식은 사회에 나가면 활용할 일이 없다고 말입니다. 그렇지만 수학은 우리의 일상생활과 매우 밀접한 관련이 있습니다.

인류문명의 발전이 과학기술 때문이었다면, 그 과학기술의 기초는 수학입니다. 수학은 과학, 의학, 생물학, 물리학은 물론, 음악, 미술, 건축학, 미술학, 기상학, 철학, 컴퓨터공학 등 다양한 분야에 영향을 끼쳤습니다. 수학은 인류의 생활을 편리하게 해 주는 현대 기술을 발달시키는 데 결정적인 구실을 했으며, 과학문명이 눈부시게 발달하는 현대 사회에서 그 중요성이 더욱 커지고 있습니다.

실제로 수학이 활용되는 영역 역시 폭넓게 변화하고 있습니다. 보험 관련 연구원, 금융연구원, 환경분석가, 기상분석가, 화학자, 생물학자, 컴퓨터과학자 등도 수학적인 지식을 지니고 있어야 하며, 최근에는 암호전문가, 빅데이터 전문가, 영화산업의 특수효과 전문가까지 수학자의 분야를 나눈다는 것 자체가 어려울 정도로 방대해졌습니다.

수학자의 정의 역시 과거에는 수학을 연구하거나 가르치는 사람에 국한되었으나, 요즘에는 수학적 지식을 동원하여 사회 각 분야에서 활약하는 사람도 수학자에 포함시킵니다.

Tip

수학에서는 세심한 분석과 분명한 추론이 가장 중요하고, 이 방법을 잘 쓰면 우리가 마주치는 매우 어려운 수수께끼도 쉽게 풀 수 있습니다.

2 수학자의 종류

수학자의 연구 활동은 크게 순수수학과 응용수학으로 나누어집니다.

순수수학을 연구하는 수학자들은 당장 어디에 쓸 필요성 때문이 아니라 우리가 일반적으로 알고 있는 수학을 깊이 있게 연구합니다. 순수수학은 다시 여러 분야로 나뉩니다. 숫자와 방정식의 해법을 연구하는 대수학, 자연현상을 미분과 적분의 개념으로 해석하는 해석학, 수학을 시각적 모델로 설명하는 기하학, 공간을 수학적으로 정의하는 위상수학 등이 그것입니다.

응용수학자들은 순수수학에서 연구된 수학적 이론들을 실제 생활에 적용하기 위해 노력합니다. 수학을 통해 산업을 이해하는 산업수학, 물리학과 연결하는 수리물리학, 금융과 접목시키는 금융수학 등 그 분야가 아주 다양합니다.

> **Tip**
> 일반적으로 응용수학은 과학을 비롯한 다른 분야에 도움을 주고자 수학 기술을 발전시키는 연구 분야지만 순수수학과 응용수학의 경계를 명확히 구분할 수는 없습니다. 순수수학에서 개발된 연구를 실용적으로 응용하는 경우도 종종 있으며, 응용수학의 연구가 순수수학의 연구로 이어지는 경우도 종종 있습니다.

3 훌륭한 수학자가 되려면

수학은 기초적인 개념을 익히고 논리적인 생각을 키우는 학문이기 때문에 늘 생각하는 습관을 가져야 합니다. 다들 그렇다고 하니까 그냥 공식을 외우고 마는 것이 아니라, '왜 그럴까?' 하는 생각을 가지고 논리적으로 설명할 수 있어야 합니다. 가장 중요한 것은 수학을 사랑하고 수학 문제 푸는 것을 좋아하는 것입니다.

수학자가 되려면 초등학교 시절부터 수학에 관심을 갖고 수학 관련 책을 많이 읽어 생각의 폭을 넓혀야 합니다. 또한 수학은 차곡차곡 쌓이는 학문이므로 학교 공부를 소홀히 해서는 안 됩니다. 덧셈을 배워야 뺄셈을 할 수 있고, 그 후에 곱셈과 나눗셈을 할 수 있게 되는 것입니다. 중간에 포기하거나 뛰어넘을 수 없는 학문이 바로 수학입니다. 대신 천천히 빠짐없이 공부하다 보면 어느새 수학 실력이 늘었다는 걸 깨달을 수 있습니다.

고등학교 시절에는 과학 고등학교에 입학하거나 이과를 지원하여 심화된 수학 공부를 해야 합니다. 내용이 어려워지지만 포기하지 않고 집중해서 공부해야 하며, 수학경시대회나 올림피아드에 나가서 자신의 실력을 확인하고 자극받는 계기로 삼아도 좋습니다.

대학에서는 수학 관련 학과를 선택해야 합니다. 한국과학기술원(카이스트)과 포항공과대학교(포스텍)를 포함해 전국 대부분의 대학에 수학 관련학과가 개설되어 있습니다.

대학 시절에는 순수수학, 응용수학, 전산수학 등을 배우는데, 2학년까지는 교양과목 위주로 공부하고 3학년 때부터 본격적으로 전공과목을 배우게 됩니다. 대학을 졸업한 후에 바로 취업하는 경우도 있지만 수학자가 되기 위해서는 2년 과정의 대학원을 마치고, 약 4년 과정의

박사과정을 마쳐야 합니다.

수학자가 되기 위해서는 이렇게 오랜 시간 공부해야 하지만, 자신이 좋아하는 수학을 연구하면서 사회에 도움이 될 수 있다는 점에서 뿌듯함과 보람을 느낄 수 있는 직업입니다.

4 직업 전망

수학은 다양한 분야의 기초가 되는 가장 기본적이고 오래된 학문이기 때문에 오늘날 수학자들은 여러 산업 분야로 진출하고 있습니다. 기술자, 컴퓨터과학자, 물리학자, 경제학자들도 어떤 면에서는 수학을 이용하는 수학자라고 볼 수 있습니다.

대학에서 수학을 전공한 후 대학원에 진학하여 석사 · 박사 과정을 밟으면서 순수수학자의 길을 걷는 사람도 있고, 수학적 이론을 가지고 연구소나 회사의 연구팀으로 들어가는 사람도 있습니다. 아니면 교육 분야에서 활약하는 사람도 있는데, 수학교사, 수학학원 강사, 수학책을 출판하는 일을 하는 사람들이 여기에 속합니다.

또한 IT 분야에서 일하는 수학자도 있습니다. 국가보안 관련 정보를 전송하도록 설계된 암호 시스템을 해독하고 분석하는 암호전문가가 되기도 하고, 컴퓨터 시스템을 관리하는 일도 합니다. 은행이나 기업에 들어가서 수치를 연구하고 전산을 다루는 수학자들도 있고, 각종 통계 관련 회사에서 여론을 조사하고 해석하는 사람들도 있습니다.

최근에는 영화 속 특수효과를 만들기도 하고, 게임 디자이너로 활약하기도 하며, 외국에서는 음악을 분석하는 음악분석가로 일하기도 합니다. 그 밖에 인터넷 분야, 통계학, 보험계리사 등에까지 진출하고 있지요. 앞으로 사회가 점점 세분화됨에 따라 수학자의 진로도 더욱 다양해질 것으로 예측됩니다.

Tip

미국이나 서유럽 국가들에서는 수학자가 크게 인정받고 있습니다. 수학자들이 문제 해결력이 뛰어나고, 사회 현상을 분석하는 데 능력이 있다고 보기 때문입니다. 특히 미국에서는 수학자 출신을 CEO로 추대하는 기업이 늘고 있습니다.

02 수학자의 종류

1 순수수학자

순수수학자는 우리가 일반적으로 알고 있는 수학자입니다. 수학을 연구하고 이론을 발전시키는 사람으로, 우리가 고등학교 때까지 배웠던 수학에서 더 깊이 들어가 연구합니다. 자연현상을 관찰하여 일반적인 생각을 논리적 모순이 없는 하나의 수학적인 모형으로 만들고, 이론을 만들어내기 위해 노력합니다. 끊임없는 분석을 통하여 원래 있었던 이론과 새로운 이론의 관계를 증명하는 것도 순수수학자의 역할입니다. 또 수학적으로 해석해야 하는 문제를 풀어내고, 알고리즘(해법)을 개발합니다. 복잡한 수식이 필요할 때는 컴퓨터를 이용합니다.

Tip

순수수학은 당장 이윤을 창출할 수 있는 학문은 아닙니다. 그러나 순수수학자들의 이론과 연구결과들이 과학이나 공학에 영향을 끼치게 됩니다. 순수수학자들의 이론을 근거로 과학이나 공학이 한층 발전하게 되므로 사회가 발전하기 위해서는 열심히 연구하는 순수수학자들이 필요합니다.

2 응용수학자

수학적인 원리를 자연과학, 공학, 인문사회과학, 경제학, 경영학 등 여러 분야에 응용하여 적용하는 수학자들입니다. 순수수학에서 나온 이론을 실제 생활에 적용하는 것입니다. 응용수학의 분야는 몇 가지로 한정짓기 어려울 정도로 방대하지만, 크게 몇 가지로 분류하면 다음과 같습니다.

전산수학 또는 전산응용수학은 수학을 기초로 하여 컴퓨터 실습 및 컴퓨터 응용공학 분야로 연결되는 학문입니다. 컴퓨터 프로그래밍이나 통계에 활용되기도 합니다.

암호학은 정보를 보호하기 위해 수학을 이용하는 학문입니다. 초기에는 보안에 초점이 맞추어져 있었지만 점차 컴퓨터를 통한 패스워드, 본인인증, 서명까지 포함해 일상에서 떼어놓을 수 없는 중요한 학문이 되었습니다.

수치해석학은 자연과학, 의학, 사회과학에서 나타나는 문제들을 수학적인 문제로 해결하고자 하는 학문입니다. 실생활은 물론 우주탐험이나 국방에서 필요한 내용을 컴퓨터를 통해 미리 계산하여 결과를 예측하는 것으로, 수학이 직접적으로 생활에 도움을 주고 있기 때문에 활발하게 이용되고 있습니다.

수리물리학은 물리학과 연결되어 있습니다. 수학적인 생각으로 물리학의 분야를 분석하기 때문에 이 학문을 통해 날씨와 관련한 기상학을 수학적으로 증명할 수도 있습니다.

금융수학은 최근 들어 수학의 역할이 커지고 있는 분야입니다. 수학을 통해서 각종 금융상품을 개발하기도 하고, 불확실한 미래를 예측하기도 합니다. 다양한 수학 이론을 동원하여 금융산업에서 발생하는 문제를 해결할 수 있도록 연구가 진행되고 있습니다.

수리통계학은 수학의 기법을 이용하여 데이터를 모으고, 규칙성을 찾아내는 학문입니다. 데이터를 해석해 다양한 분야에 활용될 수 있는데, 국가의 땅·경제·인구의 데이터 해석은 물론 최근에는 인구조사, 여론조사, 교통량조사 등 설문지를 통해 데이터를 해석하는 작업도 하고 있습니다.

사회가 점차 전문화되고 복잡해지면서 수학을 통해 미래를 예측하고 많은 정보를 처리하는 일이 중요해졌습니다. 따라서 많은 대학의 수학과에 금융·암호·수치해석 연구소가 설립되었고, 여러 기업에서도 수학자들을 연구원으로 채용하는 등 응용수학자들의 진로가 다양해지고 있습니다.

Tip

연봉 평균 10만 1,360 달러(약 1억 원)의 높은 수입을 자랑하며 실내 근무를 하고, 매연이나 소음에도 시달릴 필요 없는 미국 최고의 직업은 무엇일까요? 〈월스트리트저널〉의 구직사이트 커리어캐스트닷컴(CareerCast.com)의 자료에 따르면 2014년 미국 200개 직업 가운데 최고의 직업은 수학자였습니다. 수학자에 이어 3위는 통계학자였고, 보험계리사, 컴퓨터 시스템 분석가(8위)가 그 뒤를 이었는데, 대부분 수학과 관련된 직업이었습니다. 수학은 앞으로 8년 내에 23% 성장할 분야로 꼽히기도 했습니다.

3 암호전문가

최근에 중요하게 떠오른 수학자의 직업으로 암호전문가가 있습니다. 암호를 해석하고 만드는 일을 하는 사람으로서, 수학을 이용한 암호 알고리즘을 다룰 줄 알아야 합니다. 과거에는 군대나 정부에서 기밀이나 보안을 지키기 위해 암호전문가를 필요로 했지만, IT 기술이 발달함에 따라 개인정보 보호에 대한 중요성이 높아지면서 일상생활 곳곳에서 큰 역할을 하게 됐습니다. 암호전문가들은 주로 은행을 비롯한 기업에서 근무하는데, 정보 보안에 대한 컨설팅을 의뢰받으면 해당 회사의 취약한 부분을 연구하고 강화하도록 암호 알고리즘을 만듭니다. 최근에는 정부기관을 비롯해 금융권, 기업체, 학교 등 다양한 분야에서 활약하고 있습니다. 비교적 연봉이 높은 편으로, 미국에서는 평균 85,000달러(약 9,300여만 원, 환율에 따라 다름) 정도의 연봉을 받는다고 합니다.

4 게임 디자이너

수학자는 분석하고 예측하고 체계화하는 것이 주된 일이므로 다양한 분야에서 활약하고 있습니다. 그 중 조금 특이한 직업도 있는데, 바로 시뮬레이션 게임을 디자인하는 게임 디자이너입니다. 슈팅 시뮬레이션 게임에서 포탄을 쏘았을 때 날아가는 곡선이라든지, 축구나 야구 게임에서 바람의 영향을 받아 공이 움직이는 것 등을 게임 속에서 잘 표현하기 위해서는 정확한 공식이 필요합니다. 또 그래픽뿐만 아니라 게임의 룰을 만들고 공식을 정하는 것에서도 수학자의 역할이 중요합니다. 모순이 생기지 않는 게임의 규칙을 만들어야 더 재미있는 게임을 즐길 수 있기 때문입니다.

독일의 라이너 크니지아는 대표적인 게임 디자이너입니다. 〈Lost Cities〉라는 게임 외에 200여 개의 보드게임을 디자인하고, 수많은 보드게임 상을 수상했습니다. 그가 만든 게임들은 대체적으로 수학을 이용한 특유의 규칙들 속에서 운영하는 재미가 있다고 합니다.

5 영화 특수효과 담당자

수학자들은 전혀 의외의 분야에서도 활약하고 있습니다. 그 중 하나가 SF 영화를 만드는 특수효과 제작입니다. 20세기 후반부터 특수효과를 보다 현실적으로 보이도록 하는 데 수학자의 손길이 들어가기 시작했습니다. 예를 들어, 영화 〈타이타닉〉에서 배가 침몰할 때 물이 쏟아져 들어오는 장면이나 〈토이 스토리〉 시리즈 같은 애니메이션에서 물체가 흔들리는 장면은 수학자의 손에서 더욱 현실적이고 자연스러운 움직임으로 만들어집니다. 국내에서는 아직 수학자의 역할이 크진 않지만, 미국 할리우드에서는 수학자가 특수효과를 담당한 지 꽤 되었습니다.

6 음향전문가

최근 들어 수학을 활용하여 음악을 만드는 작업이나 음향분석가도 주목을 받고 있습니다. 수학을 활용해 음향을 분석하고, 음악을 위한 악기와 연주 공간의 최적화, 작곡이나 음향 치료에 이르기까지 수학적 이론을 적용하고 있습니다. 이런 업무를 하는 수학자들이 생겨난 지는 얼마 되지 않았지만 앞으로 더욱 많이 필요해질 것으로 예상됩니다.

03 역사, 책, 영화 속에서 만나는 수학자

1 수학계의 노벨상, 필즈상

수학계에도 노벨상이 있습니다. 1936년 캐나다의 수학자 존 필즈의 유산으로 만들어진 필즈상(필즈 메달)입니다. 필즈상은 전 세계의 저명한 수학자들이 한 번쯤 꿈꾸는 상으로, 수학자로서 최고의 영광이라고 할 수 있습니다. '존 필즈'의 이름을 따서 만들어진 이 상의 메달에는 고대 그리스 수학자 아르키메데스가 새겨져 있습니다.

Tip

필즈상은 반드시 수학자만 받는 것은 아닙니다. 수학적인 업적이 있으면 누구나 받을 수 있습니다. 1990년도에는 물리학자인 에드워드 위튼이 수상했습니다.

필즈상은 노벨상처럼 매년 주는 것이 아니라 4년에 한 번만 시상하기 때문에 노벨상보다 받기가 어렵습니다. 상금으로는 15,000달러(약 1,600여만 원)를 받는데, 수상자들의 영광에 비하면 상금은 그다지 중요하지 않습니다.

필즈상에는 나이 제한이 있습니다. 만 40세가 넘으면 수상 대상에서 제외됩니다. 수학 분야에서 위대한 업적을 이룬 사람들의 나이가 모두 40세 아래였기 때문이라고 합니다.

2014년 8월 서울에서 국제수학자 대회가 열렸습니다. 전 세계 수학자 5,000여 명이 참석해 강의를 하며 연구 성과를 나누고, 필즈상 시상식도 열렸습니다. 수상자는 미국 스탠퍼드 대학의 교수 마리암 미르자카니라는 여성이었습니다.

아직까지 우리나라에서는 필즈상을 수상한 사람이 없습니다. 세계 수학경시대회에서는 늘 상위권을 차지하는데 왜 필즈상을 받은 사람은 없을까요?

수학자는 문제를 잘 푸는 사람이 아니라 수학적 사고를 기른 사람이라는 말이 와 닿는 대목입니다.

2 관련 책

1) 〈앵무새의 정리 1, 2〉 드니 게디 지음. 이지북. 2008

여러 가지 수학 이론을 흥미진진한 이야기로 풀어낸 책입니다. 어느 날 파리의 서점 주인에게 대학 동창으로부터 수학 관련 책이 배달되고, 함께 배달된 동창의 편지에는 자신이 수학계 최고의 난제를 풀었다고 쓰여 있습니다.

그러나 동창은 사고로 사망한 뒤였고, 진실을 파헤치기 위해 서점 여직원과 그녀의 아이들, 그리고 우연히 합류하게 된 앵무새가 모이면서 이야기가 시작됩니다. 사건의 실마리가 되는 수학자들 한 명 한 명을 찾아내고, 그들의 삶과 일구어낸 업적 속에서 동창이 하려고 했던 이야기의 단서를 찾게 됩니다.

오일러, 갈루아, 페르마, 페라리, 골드바흐, 비노그라도프 등 친숙하면서도 낯선 수학자들의 이야기가 나오는 이 책은 빠른 사건 진행으로 재미있게 읽을 수 있고, 고대부터 근대까지의 수학적 사실을 바탕으로 쓰여져 있어 유익합니다. 사건 진행과 더불어 수학책 속에 흔히 등장하는 +, −, = 등 수학 기호들이 어떻게 생겨났고, 누가 처음 사용했는지 등 소소한 수학적 상식을 알 수 있게 되면서 수학을 더욱 친근하게 느낄 수 있습니다.

2) 〈수학, 인문으로 수를 읽다〉 이광연 지음. 한국문학사. 2014

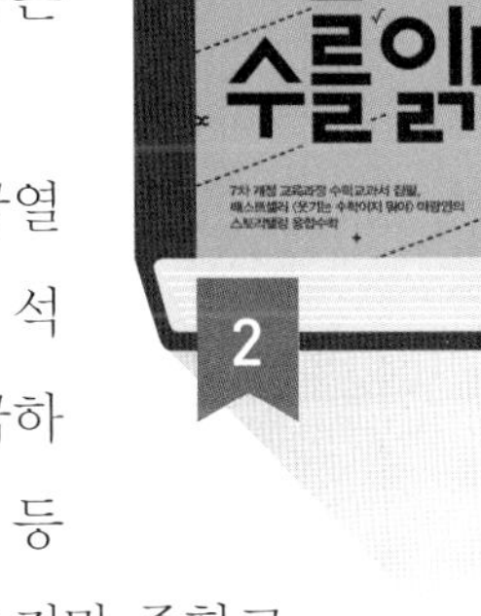

우리 실생활을 비롯해 음악, 경제, 영화, 건축, 동양고전, 역사, 명화 속에 숨어 있는 수학적 원리를 다루는 책입니다. 수학이 우리 생활과 멀리 떨어져 있지 않고, 인류의 역사와 함께 시작되었으며 문명을 발전시키는 원동력이 되어 왔다는 것을 말하고 있습니다.

톤네츠 화음이 아름다운 소리를 내는 이유, 영화 〈설국열차〉에서 죄수의 팔을 7분 동안 열차 밖으로 내놓은 이유, 석굴암에 녹아든 금강비의 비밀, 김삿갓의 시가 감성을 자극하는 이유, 이순신 장군이 해전에서 승리할 수 있었던 비법 등을 수학적 관점으로 설명합니다. 수학적 설명이 많이 나오지만 중학교 수학 수준에서 알 만한 수학 지식을 다루므로 복잡한 수학 공식을 몰라도 이해할 수 있는 내용들입니다.

3) 〈옥스퍼드 살인 방정식〉 기예르모 마르티네스 지음. 웅진지식하우스. 2007

미스터리와 수학이 만난 추리소설입니다. 영국 옥스퍼드 대학교 근처에서 연쇄살인이 벌어지던 중 한 암호해독가가 살해당하는데, 이 사건을 처음 목격한 수학 교수와 유학 온 학생이 이 사건의 범인을 찾으려 논리와 수학을 이용하게 됩니다.

교수와 학생의 대화에서 많은 수학적인 이야기들이 나오는데 사건을 해결하는 데 어느 정도 연관이 있습니다. '오컴의 면도날', '피타고라스 학파', '페르마의 마지막 정리' 등 수학적 상식을 활용해 논의하고 사건을 풀어냅니다.

이 책은 스페인 문학상을 받는 등 그 인기에 힘입어 영화로도 제작되었습니다.

4) 〈용의자 X의 헌신〉 히가시노 게이고 지음, 현대문학, 2006

한 천재 수학 교사와 물리학 교수 사이의 두뇌 대결을 다룬 일본 추리소설입니다. 사건은 작은 도시의 연립주택에서 한 모녀가 중년의 남자를 살인하는 것으로 시작합니다. 이혼한 아내 야스코가 돈을 갈취하려는 전남편을 우발적으로 살해하게 된 것인데, 이때 옆집에 사는 천재 수학 교사가 그동안 몰래 마음에 품었던 야스코를 돕기 위해서 비상한 두뇌를 이용해 범행 사실을 은폐하려고 합니다. 완벽한 알리바이로 사건이 미궁에 빠지자 경찰이 천재 물리학 교수에게 도움을 청하면서, 천재 수학 교사와 물리학 교수의 대결이 시작됩니다. 천재 수학 교사가 수학을 순수하게 연구하는 것처럼, 야스코를 향한 순수한 의지가 어떻게 진행되는지 관심을 갖고 지켜볼 수 있습니다.

3 관련 영화

1) 〈21〉

2008년에 미국에서 개봉된 영화로, MIT 졸업과 동시에 하버드 의대 입학을 앞둔 수학 천재 벤의 이야기를 다루고 있습니다.

벤의 뛰어난 수학 능력을 탐내는 미키 교수는 비밀리에 활동하고 있는 MIT 블랙잭 팀에 가입할 것을 권합니다. 30만 달러의 등록금이 필요했던 벤은 유혹을 거절하지 못하고 팀에 가입하게 됩니다. 사실, 이 팀은 카지노 블랙잭에서 앞으로 나올 카드와 자신의 승률을 예측하는 카드 카운팅 기술과 팀의 비밀 암호를 철저히 훈련받은 다음, 신분을 위장하여 주말마다 라스베이거스로 날아가 어마어마한 돈을 벌어들이고 있었습니다. 호화로운 세계에 빠져 짜릿한 나날을 보내던 벤은 카드 카운팅을 엄격히 단속하는 보안요원을 만나게 되고, 비밀행각이 드러나면서 위기를 맞게 됩니다.

이 영화는 과거 MIT 학생들이 라스베이거스에서 수학을 이용하여 블랙잭으로 큰돈을 벌다가 검거되었던 실화를 재구성한 것입니다.

2) 〈굿 윌 헌팅〉

1998년 미국에서 상영된 영화로, 방황하는 천재와 그를 천재 이전에 인간으로 바라보고 돕는 교수의 이야기를 그린 영화입니다.

MIT 공과대학에서 청소부로 일하고 있는 윌 헌팅은 보스턴 남쪽의 빈민가에서 친구들과 함께 무료한 삶을 보내고 있습니다. 청소 일을 제외하고 대학 정문 앞에도 가본 적 없는 윌은 MIT 공대에서 바닥 청소를 하던 중 수학과 교수인 제럴드 램보 교수가 써놓은 수학문제를 발견하게 됩니다. 램보 교수가 〈MIT 테크〉지에 이름을 실어주겠다고 학생들에게 과제로 내준 것이었습니다. 하지만 난이도가 워낙 높은 탓에 아무도 그 문제를 풀지 못했습니다.

윌은 청소를 하던 중 우연히 문제를 접하게 되고 아무도 없는 시간에 순식간에 풀어서 그곳에 두고 갑니다. 놀란 램보 교수는 문제를 푼 학생을 찾기 위해 더 어려운 문제를 냅니다. 또다시 와서 남몰래 문제를 풀던 윌은 램보 교수와 마주치자 그 자리에서 도망치고 맙니다. 윌이 풀어낸 문제는 수학기여상을 받은 교수들조차도 풀기 어려운 문제였고, 이로 인해 램보 교수는 윌이 천재라는 사실을 알게 됩니다.

그러나 윌은 친구들과 어울려 술 마시며 놀고, 시비가 붙으면 거침없이 싸우는 등 끝없이 문제를 일으킵니다. 그러던 중 한 폭력사건에 휘말려 법정에 서게 되었는데, 어려운 상황에 처한 윌에게 램보 교수가 찾아옵니다. 램보 교수는 윌을 도와주겠다며 그에게 조건을 제시합니다. 그 조건은 자신의 보호 아래 윌을 석방시키고, 대신 여러 수학 문제를 함께 풀며 이론을 증명하고, 정신과 상담을 받아야 한다는 것이었습니다. 그러나 윌은 또 한 번 자신의 뛰어난 머리를 이용해서 상담을 담당한 이들을 곤란하게 만들어 버립니다. 결국 몇몇 정신과 의사들은 윌의 상담을 맡지 않겠다고 선언하고, 램보 교수는 고민 끝에 친구인 심리학자 숀 교수를 찾아가 윌의 상담을 부탁합니다.

윌은 늘 그래왔듯이 숀에게도 날카롭게 대하며 그의 아픈 부분을 건드리고 자극합니다. 숀은 크게 화를 내면서도 윌에게 진정한 상실감이 무엇인지 가르쳐 줍니다. 이어 숀은 자신에 대해 먼저 아는 것이 중요하다며 따스하게 윌을 감싸고, 그런 숀에게 윌도 점점 마음을 열기 시작합니다. 윌은 결국 이들의 도움으로 자신의 상처를 치유하고 회복하며 행복을 향해 나아갑니다.

3) 〈넘버스〉

2005년부터 2010년까지 미국에서 방영된 드라마로, FBI 요원인 형과 천재 수학자인 동생이 LA에서 일어나는 사건들을 수학적으로 해결하는 내용을 담고 있습니다. 총 시즌 1편부터 6편까지 방영되었습니다. 흔히 다른 영화나 매체에서 수학을 다룰 때 그 의미가 왜곡되거나 비현실적으로 표현되는 경우가 많은데 이 드라마에 나오는 수학 이론들은 모두 실제 다뤄지는 것들입니다. 사건을 해결하는 공식과 낙서하는 숫자들도 모두 의미가 있고 전공 수학에 나오는 실제 수학으로, 정확한 수학적 내용을 위해 MIT 공과대학과 캘리포니아 공과대학에서 도움을 받았다고 합니다.

04 수학자는 무슨 일을 할까?

1 수학자의 하루

수학자의 일과는 연구와 연습이 끊임없이 이어진다고 볼 수 있습니다. 자신이 설정한 문제나 의뢰받은 과제를 분석하고 연구한 다음 발표하고, 동료들과 의견을 나눕니다. 때로는 새로운 이론을 만들어 내기도 하고 논문을 작성하거나 보고서를 작성해서 제출하기도 합니다. 출퇴근 시간이 정해져 있는 곳도 있지만, 대부분 자신이 맡은 문제를 해결하고 나서 퇴근합니다. 누가 시켜서 하는 일이라기보다는 자신과의 약속이라고 할 수 있습니다.

수학자들은 대부분 앉아서 근무하며 반복된 일을 하기 때문에 신체적으로 무리가 되는 일은 없지만, 장시간 앉아 있는 시간이 많아 꾸준한 건강관리가 필요합니다.

지금부터 연구소에 근무하는 수학자의 하루를 따라가 보겠습니다.

사무실로 출근해 업무 준비를 합니다. 이메일과 연구소 내의 공지사항을 확인하고 오늘 할 일을 확인합니다. 실시간으로 메모를 확인하면서 어제 했던 업무를 마무리하고, 오늘 할 연구를 구상합니다. 다른 방법으로 연구할 수 있을지, 지금 진행하고 있는 내용과 관련한 또 다른 연구가 있을지 고민합니다.

본격적인 업무를 시작합니다. 주로 혼자 연구하는 일이 많지만 때로는 팀 프로젝트에 참여하는 경우도 있습니다. 회의에 참석해 여러 사람이 함께 대화를 나누며 문제를 해결할 방법을 찾기도 합니다. 기존에 발표된 이론들을 적용시킬 수 있는지 알아보기도 하고, 각자 어떤 생각을 했는지 토의하면서 연구의 가닥을 잡습니다.

점심 시간입니다. 사내 식당에서 점심을 먹거나 동료들과 외출해서 식사를 합니다. 특별히 정해진 시간이 있는 것은 아니기 때문에 한두 시간 정도의 여유를 가지고 휴식을 취합니다.

다시 업무를 시작합니다. 연구실에 앉아 문제에 집중하며 이론을 만들어 내거나 적용하면서 해결해 나갑니다. 오전에 팀 회의에서 나온 이야기들을 토대로 혼자 해결해 나가는 시간을 갖습니다.
꼼꼼하게 계산하고, 데이터를 확인하며, 정확하게 결과를 도출해 내는 것이 중요합니다. 미처 생각지 못했던 방법을 창의적으로 떠올리며 적용해 나가려는 자세도 필요합니다.

보통 퇴근하는 시간이지만 수학자들의 퇴근 시간은 정해져 있지 않습니다. 스스로 정해 놓은 범위만큼의 일을 한 후에 퇴근하기도 하고, 결과를 도출해 낼 때까지 퇴근하지 않는 경우도 있습니다. 또 중간에 예상치 못한 난제를 만나 해결하지 못하면 새벽까지 연구소에 머무는 경우도 있습니다. 어찌 보면 지루해 보일 수도 있지만 이론을 하나 붙잡고 있다 보면 시간 가는 줄 모릅니다.

05 수학자가 되기 위해 필요한 능력

1 끊임없는 호기심

수학은 한 마디로 정의해서 '생각의 자유'라고 할 수 있습니다. 생각하는 힘을 기르고 내 생각을 남에게 논리적으로 설명하는 학문이기 때문입니다. 그래서 언제나 모든 사물을 호기심 있게 바라보고 탐구하는 자세가 필요합니다. '왜 그럴까?', '왜 이렇게 되었을까?'를 생각하다 보면 해답을 유추해 나갈 수 있습니다.

2014년 필즈상을 수상한 프린스턴 대학교 석좌교수인 '만줄 바르가바'는 수학자인 어머니의 영향을 받아 언제나 호기심을 갖는 자세를 키웠다고 합니다. 어릴 때 슈퍼마켓에 쌓여 있는 오렌지를 보고 '왜 피라미드 모양으로 쌓여 있을까?'라는 궁금증을 가졌던 바르가바는 집에 와서 오렌지를 이리저리 다른 모양으로 쌓아 보면서 스스로 답을 깨우칠 수 있었습니다.

바르가바처럼 일상의 작은 부분부터 관심을 가지고 들여다보며 수학에 재미를 붙이게 되고, 정확한 공식이 없는 사물이라도 추론을 이끌어 내는 과정 자체가 즐거워지면 수학과 가까워질 수 있습니다.

2 독창성과 상상력

수학에서의 혁신적 발견은 아무도 상상하지 못한 새로운 아이디어에서 나오는 경우가 많습니다. 그래서 항상 독창적으로 생각하고 풍부한 상상력을 적용하는 것이 중요합니다. 잘 알다시피 수학은 단순히 문제를 풀기 위한 학문이 아니라, 주어진 상황에 맞게 문제를 해결할 수 있는 사고력과 창의력을 키우는 학문입니다. 가우스가 어렸을 때 1부터 100까지 더하는 문제를 풀 때 앞에부터 하나씩 더하지 않고, 1과 100, 2와 99, 3과 98을 연결짓고, 각 쌍의 합인 101×50=5,050을 정답으로 유추할 수 있었던 것처럼 말입니다. 이는 배운 대로 계산하는 게 아니라 발상의 전환을 통한 수학적 창의력을 발휘한 것입니다.

Tip

'모방은 창조의 어머니'라는 말처럼 창의력은 다른 사람의 경험이나 알려진 사실을 바탕으로 이루어지는 것입니다. 따라서 다른 사람의 경험과 생각을 폭넓게 익힐 수 있는 독서야말로 수학적 창의력을 기르는 가장 좋은 방법입니다.

독창성과 상상력을 키우기 위해 가장 좋은 방법은 무엇일까요? 바로 독서입니다. 언뜻 생각하기에 책 읽는 것과 수학을 잘하는 것이 무슨 연관이 있을지 이해가 안 갈 수도 있지만, 책을 읽게 되면 문장을 이해하는 사고력이 길러지고 논리력과 집중력이 향상됩니다. 또 각 분야의 지식을 간접적이나마 경험할 수 있게 되어 지식의 폭이 넓어집니다. 말하자면 아는 것이 많아지게 됩니다. 아는 것이 많으면 보이는 것도 많아지고, 발상의 전환을 할 수 있는 아이디어 뱅크도 넓어집니다.

3 수학에 대한 애정

수학자들이 평생 보고 읽고 생각하는 것은 무엇일까요? 당연히 수학입니다. 따라서 수학에 대한 애정과 재미 없이는 평생 수학자로 살기 어렵습니다. 수학에 대한 생각을 멈추지 않고 수학을 사랑하는 마음이 있어야 합니다.

미국 뉴햄프셔 대학교의 이탕 장 교수는 미국 퍼듀 대학교에서 1991년 박사학위를 받았지만, 이후 교수직을 얻지 못해 10여 년 간 친구가 운영하는 식당일을 도우며 어렵게 생활했습니다. 그런데 돈을 많이 벌지 못했던 그 시기를 그는 오히려 수학에 대해 편하게 생각할 수 있었던 때라고 말합니다. 수학에 대한 애정으로 끈질기게 몰두하여 생각하고, 또 생각할 수 있었기 때문입니다. 마침내 58세라는 늦은 나이에 수학계 최고 난제로 꼽히는 '쌍둥이 소수 문제'를 해결하는 데 돌파구를 마련해 세계의 주목을 받게 되었습니다.

이탕 장 교수처럼 수많은 실패와 고민 속에서도 수학을 놓지 않는 애착과 집념이 있다면 누구든 훌륭한 수학자가 될 수 있습니다.

4 끈기와 성실함

수학자가 하는 일은 수학적 이론을 이용해 문제를 해결하는 일이기 때문에 정확하고 세심한 자세가 요구됩니다. 이는 정신적인 부담이 될 수도 있습니다. 그러나 문제를 해결했을 때, 특히 오랜 시간 붙잡고 있던 어려운 과제를 풀어냈을 때 오는 성취감과 희열은 무엇과도 바꿀 수가 없습니다. 그러므로 수학자는 스스로 자신을 채찍질하며 학습하고, 꾸준히 노력해야 합니다.

Tip

수학은 이론을 만들어 내고, 논리적으로 설명하는 학문입니다. 모든 사람을 이해시키기 위해서는 모순 없는 확실한 논리력이 가장 중요합니다. 수많은 실패를 거쳐야 하므로 꼼꼼하고 엄격한 기술 외에도 포기하지 않는 끈기가 필요합니다.

일본의 수학자 히로나카 헤이스케는 천재가 아니었습니다. 유년시절엔 입시에 실패하고, 피아니스트를 꿈꾸다가 대학시험 일주일 전까지 밭일을 도왔습니다. 그는 대학 3학년이 되어서야 수학 공부를 시작했습니다. 다른 사람이 한 시간 만에 해치우는 것을 두 시간이 걸려 하는 것은 기본이었습니다. 그렇지만 다른 사람이 1년에 하는 일을 2년에 걸려 하더라도 결국 해내고야 말았습니다. 시간이 얼마나 걸리는가가 중요한 것이 아니라 끝까지 해내는 것이 그의 신조였습니다. 마침내 미국 하버드 대학에서 박사학위를 따고, 수학계의 노벨상이라는 필즈상까지 수상하였습니다. 모두 끈기 있게 해낸 결과였습니다.

수학은 늘 기존의 것으로부터 새로운 것을 쌓아가는 학문입니다. 게으름을 부리거나 요령을 피워서는 단계를 뛰어넘을 수가 없습니다. 성실하고 끈기 있게 차근차근 계단을 밟듯 올라가야 기초가 튼튼해지고 다음 단계를 밟을 수가 있습니다. '온고지신'의 학문이라고 불리는 이유가 바로 여기에 있습니다.

5 의사소통과 협동

최근 수학계는 그 발전 속도가 매우 빠릅니다. 그리고 그 기반에는 인터넷 보급의 발전과 전 세계 수학자들의 협력이 있습니다. 수학은 더 이상 천재들만의 학문이 아닙니다. 과거에는 편지로 연구 내용을 교환했지만 이제는 인터넷 발달로 실시간 이메일을 주고받으며, 수시로 의견을 나눌 수 있게 되었습니다. 또 실험실이 필요한 과학 분야와 달리, 컴퓨터만 있으면 언제 어디서든 연구를 할 수 있어 효율성이 높아졌습니다.

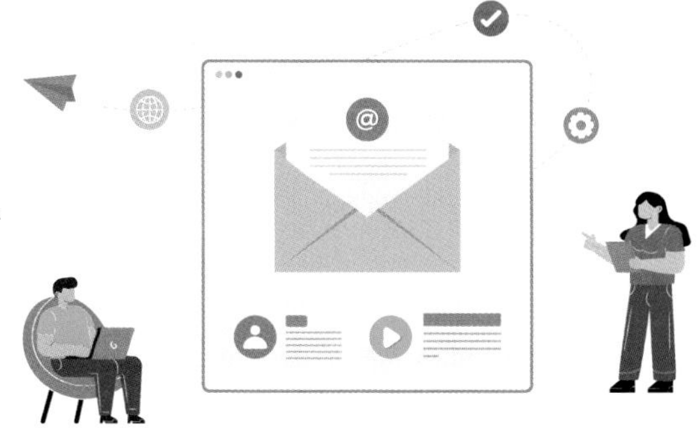

6 긍정적인 마인드

수학자의 길은 정해져 있는 것이 아닙니다. 몇 년 일하면 승진하고, 연봉이 오를 거라고 기대할 수 있는 직업이 아니고, 정해진 길을 따라가면 훌륭한 수학자가 될 수 있다는 가이드라인이 있는 것도 아닙니다. 그래서 다른 사람들과 수없이 비교하며 자신의 처지를 비관할 수도 있습니다. 때로는 같은 나이에 연봉이 높은 회사원 친구를 부러워할 수도 있고, 대단한 연구 결과를 발표한 수학자를 질투할 수도 있습니다. 왜 나는 번뜩이는 아이디어가 나오지 않는 건지, 내 연구는 진전이 없는 것인지 속상할 수도 있습니다. 그렇기 때문에 긍정적인 마음을 갖는 게 중요합니다.

Tip

수학자는 돈이나 승진과 같은 외면적인 성공을 목표로 택할 수 있는 직업은 아닙니다. 오직 수학을 사랑하는 마음과 사회에 보탬이 되고 싶은 생각 그리고 커지는 호기심을 충족하기 위해서 수학자의 길을 선택하는 경우가 많습니다. 누가 시켜서 하는 일이 아닌, 내가 좋아서 시작한 일이니만큼 긍정적인 생각으로 연구에 임하는 자세가 필요합니다.

7 사회에 대한 관심

이제 수학자가 수학만 잘하는 시대는 끝났습니다. 수학은 모든 학문과 연계되어 있습니다. 경제 · 화학 · 물리 · 우주 · 사회 · 음악 · 컴퓨터 · 문학 · 미술 등 수학은 모든 학문에 영향을 끼치고, 다른 학문으로부터 영향을 받고 있습니다.

그러므로 수학자로서 직면한 문제를 잘 해결하기 위해서는 수학적 사고에만 갇혀 있어서는 안 됩니다. 다른 학문과 연계하여 생각하면 보다 독창적인 아이디어가 떠오르기도 하고, 시야가 넓어지는 만큼 문제를 바라보는 시각도 다각화될 수 있습니다. 따라서 사회 각 분야에 관심을 가지고, 일상생활에서도 수학과 연결시켜 생각하는 습관을 가져야 합니다.

06 수학자의 장단점

1 장점

1) 하고 싶은 일을 하면서 살 수 있습니다

수학자들 대부분은 어릴 때부터 수학을 좋아하고 관심이 많았던 사람들입니다. 따라서 수학자가 되어 좋아하는 분야를 깊이 공부하고 연구하는 성취감은 무엇과도 바꿀 수가 없습니다. 일반 직장인들은 재미를 느끼며 일하는 경우가 많지 않지만 수학자는 자신이 좋아하는 일을 평생 할 수 있고, 돈도 벌 수 있고, 사회에 좋은 영향을 끼친다는 자부심을 가지며 일할 수 있습니다.

2) 비교적 자유롭게 일할 수 있습니다

수학자의 업무는 다른 직업에 비해 독립적입니다. 팀워크를 이루어 일하는 일반 회사원과도 다르고, 실험실에 들어앉아 연구하는 과학자와도 다릅니다. 수학자가 일하는 데는 도구나 자재가 필요한 것이 아니므로 수학자는 언제 어디서든 생각하고 고민하며 연구할 수 있습니다. 산책이나 여행을 하다가도 종이와 연필이 있다면 좋겠지만, 없어도 괜찮습니다. 머릿속으로 충분히 생각하고 번뜩이는 아이디어만 떠오른다면 수학자는 늘 자유롭게 일할 수 있습니다.

3) 여러 사람을 도울 수 있습니다

수학은 모든 학문의 기초가 되는 학문입니다. 컴퓨터, 자동차, 건축 등 모든 학문이 수학 이론 없이는 불가능합니다. 그러므로 수학 이론이 발전하면 동시에 다양한 분야의 기술이 발전할 수 있습니다.

수학자가 열심히 연구하여 새로운 이론을 세우면 과학이나 경제, 기타 실생활에 광범위하게 영향을 끼칠 수 있습니다. 수학은 오랜 시간에 걸쳐 인류 문명의 발전에 도움을 주었고, 지금도 많은 사람을 위해 쓰이고 있기 때문에 수학자는 누군가를 돕는 일을 하고 있다는 자부심을 가질 수 있습니다.

4) 역사에 이름을 남길 수 있습니다

우리가 알고 있는 피타고라스, 가우스, 오일러 등의 수학자는 이미 오래 전에 세상을 떠난 사람들입니다. 그렇지만 사람들은 그들이 이룬 업적을 알고 있습니다. 학계를 뒤흔들 만한 이론을 발표한 수학자는 몇 천 년이 지난 후에도 그 이름을 역사에 남길 수 있습니다.

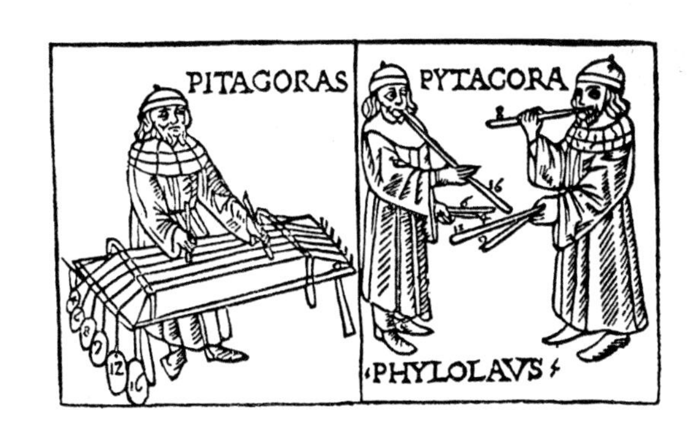

2 단점

1) 현실과 동떨어져 보입니다

수학자는 문제에 직면하면 끊임없이 그 문제에 대해 고민하고 생각합니다. 그래서 주변 사람들은 너무 수학만 생각하며 사람들과 어울릴 줄 모른다고 볼 수도 있습니다. 또한 실생활에 도움이 되지 않는 이론만 공부하고 있다고 생각할 수도 있습니다. 사실 수학이란 학문이 사람들의 생활에 장기간에 걸쳐, 그리고 간접적으로 영향을 끼치기 때문에 현실 감각 없이 이론만 붙들고 있게 되는 경우가 있습니다.

2) 일에서 완전히 떠날 수 없습니다

출근해서 일하고 퇴근하면 쉬는 일반 회사원들과 달리, 수학자는 업무가 끝나는 시간이 정해져 있지 않습니다. 문제를 풀기 위해서 고민하는 시간이 많기 때문에 집에서도, 쉴 때도, 친구들과 시간을 보낼 때도, 휴가를 가서도 수학자들은 생각을 멈추지 않습니다. 문제를 풀어내야 한다는 스트레스가 가득하다면 생각을 멈추지 못하는 것도 고역이 됩니다. 결과를 명확히 내기 전까지는 온전히 쉴 수 없기 때문에 꽤 힘들게 느껴질 때가 있습니다.

3) 돈을 많이 벌지 못할 수 있습니다

미국에서는 수학자들을 최고로 대우해 주지만, 우리나라에서는 상대적으로 아직 그만큼 인정받지 못하고 있습니다. 그래서 국내에서는 수학 전공자들이 다른 전공을 함께 공부해서 금융계나 기업, 컴퓨터공학 분야로 진출하는 경우가 많습니다. 미국에서도 대부분의 수학자가 인정받는 것은 아닙니다. 몇몇 뛰어난 수학자들만 학계에서 인정받거나 기업에서 능력을 발휘하기 때문에 어느 정도 입지를 굳히기 전까지는 돈을 많이 벌기 어려울 수도 있습니다.

4) 성공할 수 있다는 확신이 없습니다

수학자가 꾸준히 오랫동안 열심히 해서 성과를 낼 수 있다면 좋겠지만 평생 연구해도 학계의 인정을 받을 수 있을지는 누구도 확신할 수 없습니다. 새로운 것을 만들어 내고, 나만의 것을 만들어 내는 학문이기 때문에 언젠간 잘될 거라는 장담을 할 수가 없습니다. 또 언젠가 수학자로 성공할 것이라 기대하며 오랜 시간 연구하고 공부하기에는 생활환경이 뒷받침되지 않을 수도 있습니다. 그래서 중도에 공부를 포기하고 학생들을 가르치거나 회사에 취업하는 경우도 있습니다.

07 수학자가 되기 위한 과정

1 중 · 고등학교 시절

수학자가 되려면 우선 수학을 좋아해야 합니다. 문제 푸는 것을 즐기고, 왜 그렇게 되었는지 원리를 생각해 보는 것이 좋습니다. 또한 국제수학올림피아드(IMO)에 도전해 보는 것도 좋습니다. 수학자가 되기 위해 꼭 필요한 것은 아니지만, 세계의 수학자들 중 유명한 사람들은 대부분 IMO에서 수상한 경력이 있습니다.

고등학교에 진학할 때는 특목고인 과학 고등학교가 좋습니다. 비슷한 실력을 갖춘 학생들이 모여 있으므로 수학에 대한 열정을 함께 나누며 실력을 키울 수 있습니다. 인문계 고등학교에서는 이과를 선택해야 합니다.

2 대학교 시절

대학에서는 수학과에 진학해야 합니다. 수학과에 입학하면 미적분부터 배우게 되는데, 고등학교 때 배웠던 미적분보다는 조금 더 심화된 내용입니다. 극한에 대해 새롭게 정의하고 급수의 수렴, 발산에 대해 자세히 배우게 됩니다. 대학교 2학년 때부터는 제대로 된 수학 공부를 하게 됩니다. 논리의 기초를 배우는 집합론부터 해석학, 선형대수학, 위상수학 등을 배우는데 수학자가 되려면 반드시 통달해야 하는 과목들입니다. 3학년 이후부터는 더 세분화된 수학을 배우면서 본격적인 대학수학을 익히게 됩니다.

3 석사 · 박사 과정

대부분의 수학자는 대학 졸업 후 대학원에 진학합니다. 대학교에서 배우는 수학은 수학의 기본적인 것들로, 더 깊이 있게 공부하고 싶다면 대수학, 해석학, 미분학, 기하학 중 어느 한 분야를 선택하여 깊이 있게 공부해야 합니다. 대체적으로 석사 과정 2~3년, 박사 과정 4~5년 정도를 예상하지만 이는 평균적인 수치일 뿐, 유학을 갔다 오거나 개인적인 사정이 있다면 더 길어질 수도 있고, 석 · 박사 통합 과정을 거치면 단축될 수도 있습니다.

요즘은 석 · 박사 과정을 외국에서 하는 경우가 많습니다. 수학으로 유명한 대학은 미국의 MIT, 하버드, 스탠퍼드, 프린스턴 대학교가 대표적인데 유학 가서 전공 공부를 하고, 박사 과정까지 마치고 국내로 돌아오면 보통 10년 정도 걸립니다. 그러나 시간이 중요한 것은 아닙니다. 나이와 상관없이 어떤 성과의 논문을 발표하는가가 중요합니다. 그러니 수학자는 정말 열심히 공부해야 성과를 이룰 수 있습니다.

4 연구소나 대학교수로 진출

석 · 박사 과정을 마치면 국내에서 연구소에 들어가거나 대학교수가 되는 경우가 많습니다. 우리나라에 있는 국립 수학 연구소로는 고등과학원, 국가수리과학연구소, 기초과학연구원 등이 있는데, 이곳에 연구원으로 취업하는 경우 대학교수에 비해 수입은 덜하지만 누군가를 가르치지 않고 온전히 연구만 할 수 있다는 장점이 있습니다.

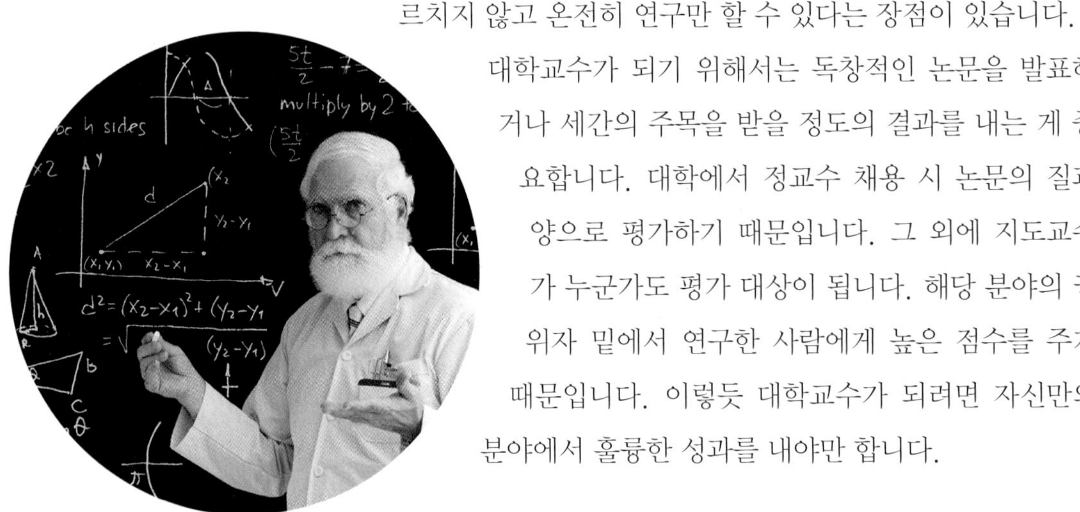

대학교수가 되기 위해서는 독창적인 논문을 발표하거나 세간의 주목을 받을 정도의 결과를 내는 게 중요합니다. 대학에서 정교수 채용 시 논문의 질과 양으로 평가하기 때문입니다. 그 외에 지도교수가 누군가도 평가 대상이 됩니다. 해당 분야의 권위자 밑에서 연구한 사람에게 높은 점수를 주기 때문입니다. 이렇듯 대학교수가 되려면 자신만의 분야에서 훌륭한 성과를 내야만 합니다.

08 수학자의 마인드맵

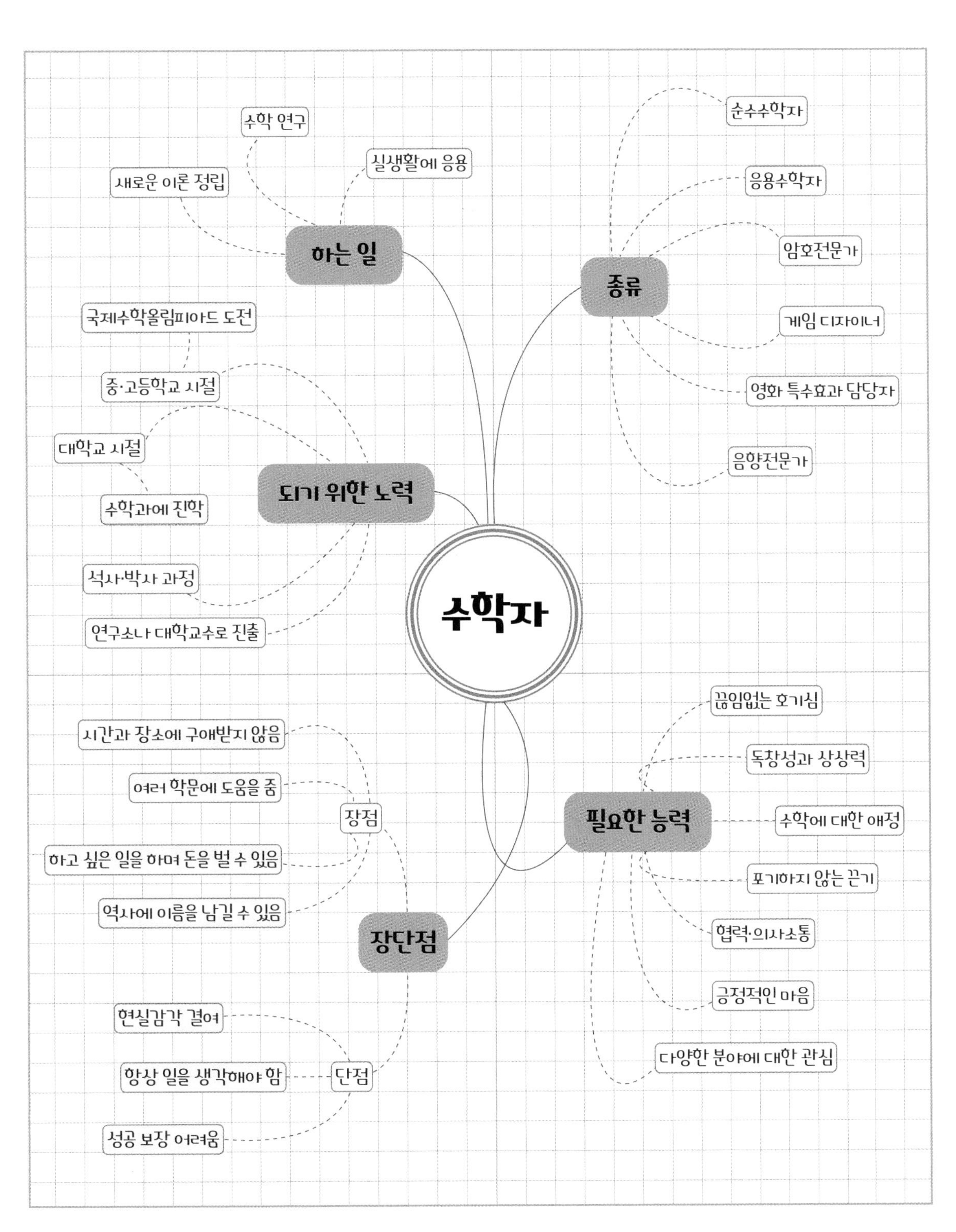
수학자
하는 일
수학 연구
실생활에 응용
새로운 이론 정립
종류
순수수학자
응용수학자
암호전문가
게임 디자이너
영화 특수효과 담당자
음향전문가
되기 위한 노력
국제수학올림피아드 도전
중·고등학교 시절
대학교 시절
수학과에 진학
석사·박사 과정
연구소나 대학교수로 진출
필요한 능력
끊임없는 호기심
독창성과 상상력
수학에 대한 애정
포기하지 않는 끈기
협력·의사소통
긍정적인 마음
다양한 분야에 대한 관심
장단점
장점
시간과 장소에 구애받지 않음
여러 학문에 도움을 줌
하고 싶은 일을 하며 돈을 벌 수 있음
역사에 이름을 남길 수 있음
단점
현실감각 결여
항상 일을 생각해야 함
성공 보장 어려움

09 수학자와 관련하여 도움받을 곳

1 직업 정보를 얻을 수 있는 기관

● 대한수학회(http://www.kms.or.kr) 국내 수학경시대회와 수학올림피아드를 개최합니다. 그리고 일 년에 봄, 가을 두 차례 연구 발표를 하며, 각종 수학교육 심포지엄을 열고 있습니다. 또한 수학과 관련한 학술대회 정보를 알 수 있고, 각종 취업 정보도 확인할 수 있습니다.

● 국제수학연맹(http://www.mathunion.org) 수학의 발전을 위해서 만들어진 비정부 국제협력 단체입니다. 80개 나라의 수학회로 구성되어 있고, 4년마다 세계수학자대회를 개최하고 있습니다. 사이트는 영어로 이루어져 있습니다.

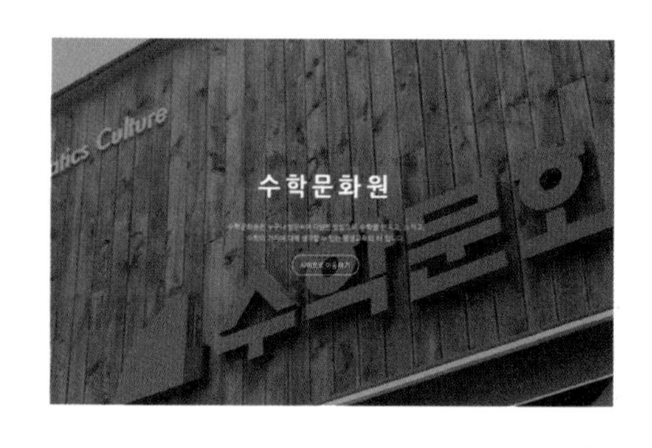

● 수학사랑(http://www.mathlove.kr) 국내에서 가장 대중적인 수학단체 사이트입니다. 수학의 용어들을 해설해 주고 실생활에서 쓰이는 수학의 궁금증을 설명해 줍니다. 중 · 고등학생들에게 유용한 사이트로 수학문화축제, 수학 캠프 등 체험활동 정보도 얻을 수 있습니다.

● 고용노동부 워크넷(https://www.work.go.kr) 한국고용정보원에서 운영하는 사이트로 무료로 직업 심리 검사를 이용할 수 있고, 수학자에 대한 직업 정보 검색, 진로 추천, 학과 정보를 얻을 수 있습니다.

● 진로정보망 커리어넷(https://www.career.go.kr) 한국직업능력개발원이 운영하는 사이트로 초등학생부터 성인, 교사에 이르기까지 대상별로 진로 및 직업 정보를 제공하며 온라인 상담도 할 수 있습니다. 심

리 검사를 무료로 이용할 수 있으며, 학생들이 만든 UCC 자료도 무료로 볼 수 있습니다.

2 직업 체험

● 한국과학창의재단(http://www.kofac.re.kr) 청소년과 이공계 대학생들을 위한 프로그램을 진행하고 있습니다. 수학 관련 직업에 대해 멘토에게 실시간 상담을 받는 '진로 멘토링 TV'를 진행했고, 중 · 고등학교에서 신청을 하면 전문가가 직접 찾아가 수학 분야 동향과 직업을 소개해 주고 강연 및 질의응답 시간을 갖는 프로그램이 있습니다.

● 부산 북부수학 체험교실(http://bukbu.pen.go.kr/sub.asp?id=174) 부산 북부교육지원청에서 운영하는 체험교실로서 상설프로그램과 특강프로그램으로 운영합니다. 홈페이지를 통해 신청한 학생을 대상으로 수학체험 캠프, 수학탐구 발표 등을 하고, 신라대학교 학생들을 멘토로 삼아 40여 개 주제로 수학체험 코너를 운영하기도 합니다. 또 수학전문도서관을 개설해 400여 권의 초등학생, 중학생용 수학 도서를 비치하고 있습니다.

● 국가수리과학연구소 이매지너리 체험(http://www.nims.re.kr) 국가수리과학연구소 수학원리 응용센터에서 운용하는 체험입니다. 수학적 개념을 3D로 시각화한 수학 대중화 프로그램을 대전 대덕연구단지에 위치한 수학원리 응용센터에 개설했습니다. 독일 오버볼파크 연구소에서 2008년에 개발한 대표적인 수학 대중화 프로그램으로 수학에 대한 쉬운 이해를 돕기 위해 빙하의 소멸과 화산 이동 경로, 지진의 진행 정도 등 다양한 자연 현상과 물리 현상을 영상 이미지로 볼 수 있습니다.

10 유명한 수학자

1 최석정(1646~1715)

조선 후기의 문신이자 수학자로, 최명길의 손자입니다. 조선 숙종 때 영의정을 지낸 최석정은 체계적인 수학책으로 유명한 〈구수략(九數略)〉을 썼고, 세계 최초로 9차 마방진을 만들었습니다. 마방진이란 가로 세로 9칸씩 81개의 칸에 숫자를 1에서 81까지 하나씩 넣었을 때 가로와 세로, 대각선 어느 방향으로 더해도 합이 같도록 이룬 배열을 말합니다.

37	48	29	70	81	62	13	24	5
30	38	46	63	71	79	6	14	22
47	28	39	80	61	72	23	4	15
16	27	8	40	51	32	64	75	56
9	17	25	33	41	49	57	65	73
26	7	18	50	31	42	74	55	66
67	78	59	10	21	2	43	54	35
60	68	76	3	11	19	36	44	52
77	58	69	20	1	12	53	32	45

최석정의 9차 마방진은 어느 방향으로 더해도 합이 369가 나오는데 어떻게 만들었는지는 알려져 있지 않습니다. 9차 마방진을 세 칸씩 나누었을 때는 3차 마방진 9개가 나오는데, 이는 세계적인 수학자인 오일러의 발견보다 60년 이상 빠른 것입니다.

2 피타고라스(기원전 569년경~497년경)

그리스 철학자이자 수학자인 피타고라스는 만물의 근원이 숫자라고 주장했습니다. 피타고라스 학파는 한계를 지을 수 없는 것을 싫어해서 현실의 경계를 정하고 질서를 부여하며, 현실을 이해할 수 있는 규칙을 숫자에서 찾았습니다.

피타고라스는 철학, 수학, 음악, 천문학, 종교, 의술 등 다방면에 관심을 가지고 사상을 발전시켰는데 특히 도형도 숫자로 표시하는 연구에 많은 힘을 쏟았습니다. 그래서 직각삼각형을 증명하는 '피타고라스의 정리'도 나올 수 있었습니다. 그런데 피타고라스는 자신의 사상을 기록하는 것을 금지했고 책도 남기지 않았다고 합니다. 그래서 그의 업적이 그의 것인지 제자들의 것인지 구별하기가 힘듭니다. 오늘날에는 그의 제자인 필로라오스와 다른 학자들이 쓴 글에 의해 피타고라스의 업적이 알려져 있을 뿐이어서, 일부 학자들은 피타고라스의 정리가 피타고라스 이전이나 이후, 또는 그의 사상을 따른 피타고라스 학파가 만들었을 것으로 추정하기도 합니다.

3 오일러(1707~1783)

스위스의 수학자이자 물리학자, 천문학자로 수학계의 세익스피어, 또는 수학의 마술사라 불립니다. 스위스 바젤에서 태어난 오일러는 요한 베르누이에 의해 발탁된 후 그의 제자가 되어 수학자의 길을 선택했습니다.

오일러는 기억력이 워낙 뛰어나서 한 번 정독한 책은 단어 하나 틀림이 없이 그대로 읊을 수 있었다고 합니다. 대학 시절에 이미 스승 베르누이와 견줄 만한 실력을 가지고 있었으며, 생애의 마지막 17년은 눈이 먼 채로 지냈는데 대필가를 고용하여 자신의 기억력과 상상력을 통해 집필을 계속했습니다. 오일러 업적의 대부분은 두 눈이 전혀 보이지 않게 된 뒤에 이루어진 것이라고 합니다.

오일러는 함수의 기호를 최초로 사용했고, 미적분학, 기하학, 대수학, 확률론에서 새로운 개념을 만들었습니다. 또한 음향학, 광학, 역학, 천문학, 항해술, 통계학, 재정학에 이용되는 다양한 응용수학 분야에서도 뛰어난 업적을 남겨 역사상 가장 많은 업적을 남긴 수학자로 평가되고 있습니다.

4 가우스(1777~1855)

독일의 수학자이자 천문학자인 가우스는 역사상 매우 위대한 수학자로 평가받고 있습니다.

독일 브라운슈바이크에서 벽돌공의 아들로 태어난 가우스는 어려서부터 수학에 뛰어난 재능을 보여 주변 사람들을 놀라게 했습니다. 19세에 자신의 첫 번째 독창적인 연구 결과를 완성했는데, 이 연구에서 가우스는 자와 컴퍼스만을 이용해 정17각형 작도법을 증명했습니다. 그러나 가우스는 자신의 재능에 안주하지 않고 많은 노력을 기울였습니다. 한번 자신의 연구실에 들어가면 결과물이 나올 때까지 안 나올 정도로 문제 해결에 대한 집념이 강했습니다.

그 결과 정수론, 통계학, 해석학, 미분기하학, 측지학, 정전기학, 천문학, 광학 등 많은 분야에서 뛰어난 연구 성과를 거두었으며, 모든 대수 방정식에서 해가 존재한다는 '대수의 기본 정리'를 증명하였습니다. 또한 전신기를 발명했으며, 전자기학을 수학으로 이론화하는 데에도 중요한 업적을 남겼습니다.

5 테렌스 타오(1975~)

오스트레일리아 출신의 수학자로, 지능지수(IQ)가 230으로 세계에서 가장 높은 사람으로 인정받고 있습니다. 타오는 8살 때 대학입학자격시험(SAT)에서 800점 만점에 760점을 받았으며, 13살 때는 수학올림피아드에서 금메달을 땄습니다. 1992년 미국 프린스턴 대학교에 입학하여 1996년 엘리어스 스타인 교수의 학생으로 박사학위를 받았습니다. 2004년에는 수학자 벤 그린과 함께 등차수열에 관한 정수론의 난제를 해결하여 더욱 유명해졌고, 이 업적으로 오스트레일리아 수학회 메달을 받았습니다. 2006년에 필즈상을 받은 타오는 2007년부터 캘리포니아 대학교 로스엔젤레스교(UCLA)의 수학과 정교수로 재직 중입니다.

타오는 조화 해석학, 편미분 방정식, 조합론, 해석적 정수론, 표현론 등을 연구하여 전 세계 수학계에 많은 영향을 끼쳤습니다.

11 이 직업을 가진 사람에게 듣는다

수학자(수학 교육자) 최수일

대한민국 수학 교육의 최고의 현장 전문가
최수일 수학교육연구소 소장의 단 하나의 꿈
"수학을 잘 가르치고, 잘 배우는 대한민국"

Q1 청소년기에는 어떤 학생이었나요?

저는 농촌에서 태어나 부모님의 농사일을 도우면서 컸고, 꿈도 별로 없었습니다. 보는 것도 없고 문화적인 혜택도 거의 받지 못해서 꿈이 '면서기'였습니다. 집 옆에 면사무소 마당이 넓어 자주 놀다 보니 어린 마음에 면서기가 부러웠습니다. 그러다가 커 가면서 엔지니어가 되고 싶은 막연한 꿈을 가진 적도 있습니다.

수학은 어려서부터 좋아했습니다. 저는 자기 주도성이 강해서, 꼭 스스로 해봐야 이해가 되고 익혀지는 스타일입니다. 이런 것들이 수학 공부에 많은 도움이 되었습니다. 농부인 아버지는 제가 기운이 세니까 농업을 이어받기를 원했지만, 형수님들 덕분에 고등학교와 대학에 갈 수 있었지요.

Q2 수학을 특별히 좋아하게 된 이유가 있나요? 또 어렸을 때부터 수학을 잘했는지도 궁금합니다.

특별한 계기는 없었지만 어렸을 때부터 수학이 쉬웠습니다. 중학교까지는 교과서 외에 다른 참고서나 문제집이 없었습니다. 교과서와 선생님들의 수업에 집중하는 것만으로도 충분했습니다. 본격적인 수학 공부는 고등학교 가서 시작했습니다. 형들이 보던 문제집을 벽장에서 찾아 풀어 보면서 공부했지요.

고등학교 때 수학 선생님의 실력이 많이 부족했습니다. 외부 모의고사를 50점 정도 맞는다는 고백이 사실로 믿어질 정도로 수학 문제를 잘 풀지 못하셨지요. 하지만 우리가 열심히 공부할 수 있도록 숙제를 내주시고 그것을 일일이 채점까지 해서 돌려주는 등 많은 노력을 하셨습니다. 선생님이 수학을 잘 못하셨기 때문에, 아이들에게 수학 개념을 가르쳐주고 문제를 풀어주는 것은 제 몫이었습니다. 이때 낡은 문제집밖에 없는 제게 아이들의 질문은 곧 다양한 문제에 대한 경험을 키워 주었고, 그것을 설명하는 과정에서 논리적인 사고가 자랐습니다. 그때의 경험들이 수학교사가 되었을 때 저를 지탱해 주었습니다.

Q3 보통 수학 머리는 타고난다고 하는데, 타고난 것과 노력의 비율이 어느 정도일까요? 수학을 잘하는 학생들의 특징이 따로 있나요?

올림피아드 등의 경시대회 시험에 강한 아이들은 수학적 능력을 타고났다고 할 수 있습니다. 하지만 중 · 고등학교 교육 과정 내에 있는 수학은 타고난 능력이 절대적으로 좌우하는 것은 아닙니다. 수학적 재능을 타고났다면 좀 더 유리하겠지만, 그렇지 않더라도 공부 방법과 양에 따라 얼마든지 잘할 수 있습니다. 그리고 수학 성적은 벼락공부로 오르지는 않습니다. 수학이라는 학문이 가진 위계성 때문에 중요한 순간에 소홀히 함으로 인해 영영 회복되지 않는 아이들을 많이 봤습니다.

얼마 전에 인터넷에서 모죽 이야기를 읽었습니다. 씨앗을 뿌린 지 5년 만에 죽순이 나와서 하루 70~80cm씩 자라기 시작해 무려 30m까지 자라는 대나무에 관한 이야기입니다. 이 대나무가 5년간 땅속에서 무엇을 했을까요? 바로 5년 동안 뿌리를 깊고 튼튼하게 내리는 기초 작업을 한 것입니다. 그렇기 때문에 죽순이 땅 위로 나온 후에 급성장할 수 있는 것입니다.

수학을 잘하기 위해서는 타고난 능력보다는 노력이 더 중요합니다. 그런데 이 노력은 철저하게 자기 주도적이어야 합니다. 수학에서는 개념학습이 중요한데, 문제를 풀기 전에 개념을 충분히 이해하는 것이 정말 중요합니다. 개념을 덜 이해한 상태에서 문제를 풀다가 개념을 이해할 수도 있지만, 이런 경우는 거의 행운입니다. 개념 이해가 부족한 상태에서 문제를 풀면 개념적으로 문제를 풀 수 없기 때문에, 자동적으로 공식을 암기해서 푸는 기술을 외우게 됩니다. 그런데 이렇게 한번 공식을 암기해서 문제를 풀어버리면, 그 후엔 인간의 심리가 수학 개념을 거부하게 됩니다. 공식의 달콤함을 뿌리칠 수 없기 때문에 보다 끈기와 인내를 요구하는 개념학습을 하지 못하게 되는 거지요. 이런 공부는 당장의 시험점수는 올려줄 수 있지만, 서서히 실력이 떨어지는 현상이 나타나게 되므로 자기도 모르는 사이에 수학이 싫어지게 됩니다.

Q4 수학을 공부하는 것이 실생활의 어느 부분에 적용될 수 있을까요?

많은 사람들이 수학공부는 대학 입시를 위해서만 필요하고, 실생활에는 쓰이는 곳이 거의 없다고 말하는데 이것은 우리나라만의 특징입니다. 수학을 제대로 잘 가르치고, 잘 배웠다면 수학을 괜히 배웠다는 말이 나오지 않습니다.

수학은 논리와 추상적인 사고를 동시에 가르치는 과목입니다. 물론 국어, 미술, 체육 등 다른 과목에서도 논리를 가르칩니다. 하지만 수학은 논리적인 사고와 합리적인 사고, 그리고 추상적인 사고를 가르치기에 가장 적합한 학문입니다. 수학은 초등학교 1학년 때부터 바로 추상화를 가르칩니다. 예를 들어 '셋' 또는 '세 개'라는 구체적인 개념을 '3'이라는 기호로 적는 것이 추상화의 시작입니다. 이렇게 기호를 통해서 배우는 것을 시작으로 해서 중학교에 올라가면 문자까지 배우게 되지요. 물론 학년이 올라갈수록 이런 추상적인 사고가 점점 복잡해져서 수학을 어려워하는 학생들이 많은데, 개념을 충분히 익히고 공부하면 실생활에 쓰일 수 있는 부분이 많습니다.

그런데 우리나라에서는 수학 문제를 푸는 과정보다는 결과에만 초점을 맞춰서 수업을 하므로 논리적인 추론 능력과 의사소통 능력이 잘 길러지지 않습니다. 추론이나 의사소통 능력은 수학에서 가장 중요시 여기는 증명이나 정당화 과정에서 습득될 수 있습니다. 모죽과 같이 충분한 개념으로 기초를 쌓은 후에, 수학 개념을 서로 연결하여 확장해 나갈 때 수학적인 힘이 위력을 발휘할 수 있습니다.

앞서 말했듯이 수학을 개념적으로 충실히 학습한 학생들은 실생활에서 수학을 적용하는 데 익숙합니다. 실생활 어디에서나 수학은 널려 있습니다. 쉬운 예로 지하철의 가장 빠른 노선도를 찾는 것도 수학적 능력입니다. 작가가 저를 인터뷰하기 위해 인터뷰 질문지를 작성할 수 있는 것도 수학을 배웠기 때문에 가능한 일입니다. 인터뷰 질문지를 작성하면서 가장 핵심 질문을 찾고, 수학자의 생활에서 빠지는 부분이 없도록 질문을 구성하면서 동시에 질문이 중복되지 않도록 노력했지요? 중복되지 않는 것, 이것이 수학의 기본이거든요.

Q5 우리나라의 많은 학생들이 고학년이 될수록 수학을 어렵다고 생각하여 아예 포기하는 경우가 많은데, 그 이유가 무엇이라고 생각하세요?

초등학교나 중학교 때 학습 습관이 잘못되

었기 때문입니다. 그런데 이런 잘못된 학습 습관은 점수에만 연연하는 어른들 탓이기 때문에 결국 어른들의 잘못이지요. 수학의 어려운 개념은 고등학교 때 배우고, 초등학교 때는 기초를 쌓아야 합니다. 그런데 우리나라의 교육제도나 부모님의 욕심 때문에 많은 학생들이 어릴 때부터 개념 공부가 아니라 그저 높은 점수를 얻기 위한 공부에 집착합니다. 그런데 혼자 풀어서는 점수가 잘 안 나오기 때문에 수학 학원에 많이 가게 됩니다. 대부분의 학원에서 내신 시험을 준비하는 방법은 똑같습니다. 시험 보기 한 달 전쯤부터 시험에 나올 만한 문제를 1,000개 정도 추려서 학생들에게 암기시킵니다. 개념을 제대로 이해하지 못했는데 무조건 암기를 시키는 겁니다. 특별한 경우를 제외하고는 이렇게 하면 90점 이상은 나옵니다. 90점 이상은 받지만, 사실 수학 개념이 없고 공식만 외워서 점수가 높은 상태입니다.

그런데 이러한 방법은 중학교 때까지만 가능합니다. 고등학교에 올라가면 이러한 방법으로는 높은 점수를 받기가 힘듭니다. 시험 범위가 넓기 때문에 단순히 문제를 암기해서 풀 수 없습니다. 또한 복잡한 개념의 문제가 많아지므로 초등학교와 중학교 개념이 부족하면 절대 풀 수 없는 문제들이 많아집니다. 그래서 개념학습을 충분히 하지 않은 아이들은 수학을 어렵게 느끼고 결국 포기하게 됩니다.

그러나 반대의 경우도 있습니다. 초등학교나 중학교 때 혹시 점수가 낮더라도 개념을 잘 익힌 학생들은 고학년이 올라갈수록 점수가 높아집니다. 저도 이런 경우였는데, 충분히 개념학습을 했기 때문에 어떤 문제를 보든 두려움이 없고 다양한 시도를 할 수 있었습니다. 반면에 개념이 약한 학생들은 처음 보는 유형의 문제를 보면 겁을 먹고 시도조차 못하는 경우가 많습니다.

즉 어른들의 욕심으로 학생들은 어렸을 때부터 잘못된 공식암기 학습 습관을 갖게 되고, 이것이 개념학습을 방해하게 됩니다. 이러한 습관에서 벗어나기 힘들기 때문에 학생들이 수학을 싫어하게 되는 것입니다.

Q6 우리나라 수학 교육의 좋은 점과 아쉬운 점이 있다면 각각 말씀해 주세요.

개인적으로 우리나라 수학 교육의 좋은 점은 별로 없는 것 같습니다. 점수에만 연연해서 밤낮 없이 수학 문제만 풀어서는 제대로 된 수학 공부를 할 수 없습니다. 국제적인 비교평가에서 우리나라가 항상 최상위권에 있는 것이 이제는 국제적인 망신거리입니다. 우리나라 학생들의 수학에 대한 호감도는 점수와 정반대로 세계 최하위권에 머물기 때문입니다. 공부시간 대비 점수로 나타난 학습 효율화 지수는 꼴찌 수준입니다. 수학을 싫어하는 아이들은 갈수록 수학을 못하게 됩니다. 고등학교 이후 대학까지 가면 우리나라 학생들의 수학 성취도는 세계에서 꼴찌로 추락합니다.

가장 중요한 것은 수학 점수가 아니라 수학 개념을 발견하도록 배려하는 교육입니다. 개념을 발견해 가는 과정이 수학 교육의 본질인데, 우리나라는 수학자들이 이미 발견한 수학을 학생들에게 강제로 주입하는 근대적 교육 방식에서 벗어나지 못하고 있어서 안타깝습니다.

Q7 많은 학생들이 수학 선행학습을 하는데, 효과가 있다고 생각하세요?

효과보다는 역효과가 더 많습니다. 많은 사람들이 상위권 학생들에게는 선행학습이 효과가 있을 거라고 생각하는데 그렇지 않습니다. 상위권 학생들은 선행학습을 하지 않아도 상위권을 유지할 수 있고, 오히려 더 높은 실력을 쌓을 수 있습니다. 그런데 선행학습으로 인해 수학 개념이 든든하지 못하게 되어 성인이 되어 수학적인 힘을 쓰지 못하는 경우가 많습니다. 80%의 학생이 선행학습을 하는 것으로 통계가 나오지만 고3 수능에서 80점을 넘는 학생은 20% 정도입니다. 선행학습이 효과적이지 않다는 증거입니다.

또한 선행학습으로 수학 개념을 충분히 이해하는 것은 수학적인 능력이 뛰어난 학생들에게는 무리가 되지 않지만, 최상위권을 제외한 나머지 90% 이상의 학생에게는 불가능합니다. 선행학습을 한 아이들에게 수학 개념에 대한 질문을 하면 대부분이 답변을 제대로 못합니다.

Q8 수학의 매력이 무엇이라고 생각하세요?

개인적으로 기호, 논리, 최적화가 수학의 큰 매력이라고 생각하는데, 기호는 수학의 매력이자 약점이기도 합니다. 기호는 복잡한 표현을 간단하게 나타내는 효과적인 기술로서, 수학은 기호화되어 수식으로 여러 가지 현상을 나타낼 수 있습니다. 하지만 일상에서 사용하지 않는 기호, 예를 들면 f(x) 같은 기호들이 많기 때문에 학생들이 수학을 어려워하게 됩니다. 그러나 수학은 기호가 없으면 불가능합니다. 기호를 사용하지 않는다면 수학책은 지금보다 몇 배는 두꺼워졌을 것입니다.

또한 수학 개념은 논리적으로 연결되어 있습니다. 자기 스스로의 논리적인 힘으로 문제를 해결하는 경험은 아이들에게 쾌감과 즐거움을 제공합니다. 수학을 못한다고 생각하는 아이들에게도 논리적인 사고를 하도록 유도하면서 수업하면 시간 가는 줄 모릅니다.

최적화 역시 수학의 큰 매력입니다. 적은 비용으로 최대의 효과를 거두고자 하는 경제성은 인간의 본성인데, 수학은 이러한 본성을 잘 나타내는 학문입니다. 수학 문제를 푸는 방법은 한 가지만 있는 게 아니라 매우 다양합니다. 수학을 좋아하는 학생은 다양한 방법 중에서 가장 적합한 방법을 찾아냅니다. 즉, 수학의 매력은 답을 찾는 것이 아니라 가장 좋은 방법을 찾는 데 있습니다.

그런데 우리나라의 수학 교육은 점수를 너무 강조해서 학생들이 여유가 없기 때문에 이런 수학의 매력을 느끼기 힘듭니다.

Q9 어떤 성격의 사람이 수학교육자에 적합하다고 생각하세요?

첫째는 수학을 좋아하고 연구하는 사람이어야 합니다. 어떤 것이든 자신의 힘으로 체험하고 사고해서 수학이 온몸에서 풍겨야 합니다. 즉, 수학이 체화되어야 합니다. 적어도 학생들에게 '우리 수학 선생님은 수학을 정말 좋아하는 사람이다.'라는 말을 들어야 합니다.

둘째는 교육의 근본인 아이들을 이해하는 사람이어야 합니다. 아이들과의 관계가 사제 간이 아니라 선후배 정도의 관계까지 내려가야 한다고 생각합니다. 학생들에게 고민이 생겼을 때 가장 먼저 떠올릴 수 있는 교사가 되어야만 교육이 가능합니다.

Q10 사람들이 수학자에게 하는 흔한 오해는 무엇일까요?

대부분 수학 점수에 대한 감정이 좋지 않기 때문에 수학을 전공한 사람을 특이하게 보는 경우가 많습니다. 이것은 국내외를 막론하고 반응이 비슷합니다. 수학을 잘하는 사람들이 특별나게 머리가 좋다고도 생각하는데, 수학 전공자나 수학을 잘하는 사람들도 보통 사람입니다. 또 복잡한 계산도 암산으로 척척 할 수 있다고 오해하는 사람도 많습니다. 그러나 수학을 전공한 사람들도 인간이기 때문에, 대부분 복잡한 계산을 싫어합니다. 마지막으로 수학을 잘하면 모든 것을 공식화하고 융통성 없는 꽉 막힌 사람들이라고 생각하는데, 절대 그렇지 않습니다. 다시 한번 말하지만, 수학자들도 평범한 사람입니다.

Q11 수학자이자 수학교육자로서 보람을 느끼거나 희열을 느낄 때, 그리고 힘들 때는 언제인가요?

수학자에게 있어 지적 희열은 매우 중요하고, 또 이를 많이 느끼는 직업입니다. 저는 문제를 푸는 새로운 방법을 발견했을 때 지적인 희열을 느낍니다. 또한 새로운 방법을 학생들에게 어떻게 설명해 줄지 상상할 때도 희열을 느낍니다. 아이들에게 일방적으로 가르치는 것이 아니라, 학생들이 사고력을 키울 수 있도록 도움을 줄 때 희열을 느끼고 보람을 느끼게 됩니다.

또한 수학교육자로서는 교사이기 때문에 인간적인 관계를 잘 맺어서 학생들과 인생의 선후배로 지속적인 관계가 유지될 때와 제자들 중에 수학을 이용하여 직업을 영위하는 사람들이 고맙다는 인사를 전할 때 보람을 느낍니다.

반대로 학생들의 수학적 사고를 향상시키기 위한 수업이 아니라 단지 점수를 높이기 위한 문제 풀이 수업만 하고 있을 때나 학생들의 수학적 사고력을 키워 수학 실력을 근본적으로 높이기 위한 제 노력이 현실적이지 못하다는 비판을 받을 때 힘이 듭니다. 특히 학창시절 수학을 좋아한다고 생각했던 제자가 대학에 입학한 후에 찾아와서, 대학에 들어와서 가장 좋은 점은 더 이상 수학 공부를 하지 않는 것이라고 말해서 정말 허탈했던 적이 있습니다.

Q12 수학자에게 가장 중요한 자질은 무엇일까요?

모든 학문이 그렇겠지만 수학은 특히 자기 주도적으로 성취해야 합니다. 스스로의 경험 속에서 새로운 자기만의 세계를 구축할 수 있어야 나름의 이론을 만들 수 있습니다. 책 속의 이론을 머리로만 이해하는 데 만족하지 않고 가슴으로 느끼고자 하면, 분명 우리 현실에 적합한지 아니면 차이가 있는지를 발견할 수 있습니다. 이런 식으로 노력해서 자기 나름의 이론을 만들어 내는 사람이 돼야 합니다.

Q13 평소 좋은 수학교육자가 되기 위해 어떤 노력을 하는지 궁금합니다. 또 수업을 어떻게 준비하는지 말씀해 주세요.

현재 우리나라 교육 과정은 일방적으로 교사가 끌고 가게 되어 있습니다. 교과서 자체가 주입식 교육을 전제로 만들어졌기 때문에, 이런 교과서로 수업하는 교사들은 일방적인 수업이 당연하다고 생각하게 됩니다.

저는 이러한 잘못된 고정관념을 깨기 위한 방법들을 연구하고 있습니다. 교사는 일방적인 주입식 교육이 아니라, 학생들 스스로 탐구하고 의사소통할 수 있는 수업을 디자인해야 합니다. 이를 위해서는 교과서도 바뀌고, 수업도 바뀌어야 하지요.

저는 학생들이 수학 개념을 잘 발견할 수 있는 질문과 과제를 개발하는 일에 가장 많은 노력을 기울이고 있습니다. 중 · 고등학생은 물론 대학생과 대학원생을 가르칠 때도 똑같습니다. 학생들이 당연하게 여기는 사실에서 모순을 경험하도록 유도합니다. 이때 학생들은 당황하게 되는데, 여기서부터 호기심과 동기가 유발됩니다. 그 후에도 흐릿한 환경에서 명확한 수학 개념을 스스로 찾을 수 있는 많은 질문과 장치를 만듭니다.

아직까지 성공 확률은 높지 않습니다. 준비가 완벽하지 못한 이유도 있지만, 아이들도 일방적인 주입식 수업에만 익숙하지 본인 주도의 수업 환경에는 익숙하지 않거든요. 하지만 수업 문화는 점차 바뀌게 될 것입니다. 그리고 이후에는 본인 주도 학습이 아니면 수업이 이뤄지지 않을 거라고 생각합니다.

Q14 기존의 방식과는 다른 새로운 수업 방식을 연구하게 된 특별한 이유가 있나요?

그동안 학생들에게 '수학에 미친 선생님'이라는 말을 들을 정도로 수학을 좋아하고 열심히 가르쳤습니다. 우물 안 개구리로 머무르지 않고 다른 교사들과 수업에 대한 의견을 나누고 싶어서, 1994년에 전국수학교사모임을 만들기도 했습니다. 매주 모여서 세미나도 하고, 아이들이 수학에 쉽게 다가갈 수 있도록 도구를 만드는 등의 노력도 했지요. 하지만 아이들은 여전히 수학을 싫어하고, 수학은 어려운 과목이라는 인식도 바뀌지 않았습니다.

수학교사로서 20년 정도 되었을 때, 갑갑함이 심해지고 회의가 들었습니다. 제 수업이 일방적이고 학생들이 잘 따라오지 못한다는 것을 느꼈거든요. '내가 유머감각이 부족해서 아이들이 재미없어 하는 건가? 코미디언처럼 개그 좀 해볼까?' 등 별별 생각이 다 들었습니다. 더 이상 가르칠 힘이 없을 정도로 회의가 들어서 휴직을 신청했습니다. 공무원으로서 아무 이유 없이 휴직할 수는 없기 때문에, 연수 휴직을 신청하고 대학원에 들어갔습니다. 대학원에 다니면서 스스로에게 계속 물었습니다. '20년 동안 아이들을 가르쳤는데, 과연 제대로 가르쳤는가? 나는 교사로서 옳은 길을 가고 있는 걸까?' 수학교사로서의 인생을 돌아보면서 많은 생각을 했습니다.

대학원에서 지도교수님과 동기들이 교사들의 수업을 영상으로 찍어서 분석해 보자는 제안을 했습니다. 일 년에 한 명의 교사를 정해서 녹화하고 집중 분석하면서 연구하기로 했지요. 이러한 본격적인 수업 연구를 통해서 놀라운 사실을 알게 되었습니다.

그전까지는 아이들이 수학을 싫어해서 수업시간에 자는 거라고 생각했습니다. 그러나 교사의 수업 전개에 따른 아이들의 표정과 상태 변화 분석을 통해 그 반대라는 것을 알게 되었습니다. 아이들은 오히려 수업을 듣고 싶어 했습니다. 그런데 일방적인 주입식 수업이 아이들을 소외시키고, 결국 졸게 만드는 거였습니다. 그때까지 저는 수업을 잘한다고 생각했는데, 그게 아니라는 것을 깨닫게 되었지요.

그때부터 수업 방식을 바꾸기 위해 노력했습니다. 아이들이 중심이 되는 수업을 하면서 제 마음이 열리고 감동을 받았습니다. 수업에 대한 철학, 아이들을 바라보는 철학이 바뀌면서 수업 방식이 바뀌었습니다.

그 후로 수학 수업에 관한 본격적인 연구를 위해 학교를 그만두고, 수학교육연구소를 설립해서 수학 교육 과정과 수학 대중화 등에 관한 연구를 하게 되었습니다.

Q15 수학을 어려워하는 학생들에게 수학에 쉽게 다가가고 잘할 수 있는 방법에 대한 조언 부탁드립니다. 절대로 답안지를 보지 말라고 하는데, 정말 답안지를 보는 것이 도움이 안 되나요?

수학 문제를 많이 푼다고 수학이 쉬워지지 않습니다. 점수가 일시적으로 올라갈 수는 있지만 수학 능력이 향상되는 것은 아닙니다. 수학 개념은 논리적으로 연결되어 있어서, 수학 문제를 푸는 것은 실마리를 푸는 것과 비슷합니다. 모든 개념은 그 이전의 개념과 연결되어 있으므로 개념의 뿌리를 찾아가면 시작점을 찾을 수 있습니다. 이렇게 뿌리를 찾아서 개념을 연결하는 작업을 하다 보면 모든 수학 개념이 서로 연결되어 있다는 사실을 발견하게 되는데, 이 순간까지만 노력하면 이후의 수학 공부는 그렇게 어렵지 않습니다. 고등학생이라도 새로운 개념을 배울 때마다 이렇게 뿌리를 찾는 작업을 몇 번 하다 보면, 한두 달 안에 만족할 만한 경험을 할 수도 있습니다.

개념이 든든해지면 그만큼 문제를 잘 풀 수 있습니다. 그렇지만 개념만으로 모든 문제를 잘 풀 수 있는 건 아닙니다. 사고력을 요하는 문제는 개념을 잘 갖춰도 푸는 것이 쉽지 않습니다. 그렇지만 몇 번의 시도를 해보면 사고력도 자라게 됩니다. 그런데 너무 오랫동안 도전을 하다 보면 지칠 수 있습니다.

그래서 보통 서너 번의 시도로 해결되지 않으면 해답을 볼 것을 권합니다. 하지만 해답을 보고 문제를 풀면, 일시적인 암기로 풀 수 있는 것을 마치 자신의 힘으로 이해했다고 착각할 수 있습니다. 그렇기 때문에 제대로 이해할 때까지 다시 원점에서 도전하는 시도를 계속해야 합니다.

Q16 수학교육자를 꿈꾸는 청소년들에게 조언 부탁드립니다.

비록 임용고시 등 공부가 쉽지는 않은 것이 현실이지만, 수학교육자나 수학자를 꿈꾸는 사람들은 시간이 걸리더라도 도전을 멈추지 않았으면 합니다. 특히나 아이들과 수학을 사랑할 자신이 있는 사람은 반드시 도전해 보길 권합니다. 설사 다른 직업을 선택한다고 해도 만족할 수도 없고 보람도 느끼기 힘들 것입니다. 수학자 또는 수학교사로서 느끼는 희열과 보람은 인생의 다른 어떤 것과도 바꿀 수 없습니다.

탐구형 출처

공통 출처

- 〈21세기 웅진학습백과사전〉
- 고용노동부 워크넷(www.work.go.kr)
- 진로정보망 커리어넷(www.career.go.kr)

의사

- 〈궁금해요! 의사가 사는 세상〉: 서홍관 지음. 창비. 2009
- 〈세상을 고친 의사들〉: 고영하 지음. 푸른나무. 2009
- 〈직업 옆에 직업 옆에 직업〉: 파트리시아 올 지음. 미세기. 2009
- 〈소중한 생명을 다루는 의사〉: 김남일 지음. 주니어RHK. 2009

과학자

- 〈직업 옆에 직업 옆에 직업〉: 파트리시아 올 지음. 미세기. 2009
- 〈우주 만물의 법칙을 탐구하는 과학자〉: 김영하 글. 다산교육. 2008

교수

- 〈직업 옆에 직업 옆에 직업〉: 파트리시아 올 지음. 미세기. 2009
- 〈최고의 교수〉: EBS 〈최고의 교수〉 제작팀 지음. 예담. 2008
- 〈대학교수 되는 법〉: 와시다 고야타 지음. 생각의 나무. 2003

심리학자

- 〈꼭 알고 싶은 심리학의 모든 것〉: 강현식 지음. 소울메이트. 2010
- 한국심리학회(www.koreanpsychology.or.kr)

수학자

- 〈미국직업전망서〉: 한국고용정보원. 2008
- 〈미국 속 별난 직업〉: 최영순 지음. 한국고용정보원. 2008
- 국가수리과학연구소(http://www.nims.re.kr)
- 대한수학회(http://www.kms.or.kr)
- 미국국가안전보장국(NSA, National Security Agency)(www.nsa.gov)

초판 1쇄 발행 2015년 5월 20일
6쇄 발행 2024년 7월 15일

저 자 | 스토리텔링연구소
발 행 인 | 신재석
발 행 처 | (주)삼양미디어
등록번호 | 제10-2285호
주 소 | 서울시 마포구 양화로 6길 9-28
전 화 | 02 335 3030
팩 스 | 02 335 2070
홈페이지 | www.samyangm.com

I S B N | 978-89-5897-299-0 (44370)
978-89-5897-297-6 (6권 세트)